黒海
コーカサス山脈
カスピ海
アラル海
シル川
バルハシ湖
地中海
ダマスクス
シリア
カイロ
エルサレム
アム川
エルブールス高原
天山山脈
パミール高原
ヒンズークシ山脈
エジプト
紅海
メッカ
アラビア高原
アラビア
ヒマラヤ
チベット
マサオア
インダス川
インド平野
エベレスト
ガンジス
モカ
アデン
ディウ
インド
カンバヤ
アラビヤ海
シャウル
ソコトラ島
デカン高原
エチオピア
ゴア
ベンガ
カリクット
コシン
セイロン島
PEREGRINAÇÃO
Fernão Mendes Pinto
モザンビク
インド洋
マダガスカル島

世界探検全集—03

アジア放浪記

Peregrinação

Fernão Mendes Pinto

フェルナン・
メンデス・ピント

江上波夫 訳

河出書房新社

①1498年にヴァスコ・ダ・ガマがカリカットに到着。ヴァスコ・ダ・ガマによるインド航路の発見以来16世紀の半ばまで、ポルトガルはインド方面の貿易を独占した。当時、アジアに産する工芸品・絹・香料などを求めてインド洋上を往来するポルトガルの貿易船はひきもきらず、中には海賊まがいの行為に及ぶ商船も少なくなかった。

②マラッカに築かれたポルトガルの要塞（16世紀）。ポルトガルが東洋へ進出する以前から、マラッカ海峡の要衝を占めるこの地は東南アジア交易圏の中心であった（上）。　③ゴアの市場。東洋に進出したポルトガルは、まず1510年インド西岸のゴアに総督府をおき、東方貿易の根拠地とした。図は16世紀末のゴアの市場を描いたもので、当時の取引の模様がたくみに描出されている（下）。

④オルムズ全景

⑤リァンポー（寧波）の賑わい。リァンポーは古くから中国の貿易港であったが、16世紀ごろ、明朝は朝貢貿易の立場をとっており、正常な貿易は行なわれなかった。しかし密貿易は半ば公然化しており、港はポルトガル人貿易商などで賑わっていた（図は17世紀後半ごろのもの）。

⑥⑦日本人によって描かれたシャビエル（左）とポルトガル船入港の図（右）。15世紀の半ば、ピントーやシャビエルをはじめとするポルトガル人の渡来により、日本は急速に西洋への目を開かされた。日用品はもちろん、信仰や絵画など文化面においてもポルトガルの影響は大きく、その名残りは今日にまで及んでいる。

ナビゲーション

虚実を楽しむ大旅行記の読み方

丸山ゴンザレス

希代の旅行家が描く世界

フェルナン・メンデス・ピントは「嘘つき」とされる人物である。彼のまとめた『遍歴記』のエピソードのいくつかは、正確性に疑問が投げかけられているためだ。日本語に翻訳された本書『アジア放浪記』を読む前から原書の内容が不正確だと突きつけられると読書欲が揺らいでしまうこともあるだろう。

歴史資料として本書を読むのであれば、専門家の研究の蓄積により導き出された不正確性の指摘に異論を挟《はさ》む余地はない。だが、旅行記として楽しむのであれば、正確であればいいというわけではない。特にピントの時代に描かれた作品であれば尚更《なおさら》である。

彼の描いた一六世紀の世界観は読み方によって様々な姿を見せて

くれる。それがいったいどんなものか、より楽しんでもらえるような私なりの読書視点を提案してみたい。

読者を引き込むエンタメ旅行記

まずは、ピントの作品の不正確性を含めたエンターテインメント作品としての楽しみ方である。いきなり間違いのエンタメ化というと受け入れにくい方もいるだろうが、旅行記とはそれ込みでも成り立つ分野なのである。

彼の経歴をざっと見てみると、一五三七年にポルトガル王国を出発してインドを目指す。生年は不明ながら二六―二七歳ぐらいだったであろう。それから約一九年間、故郷に帰ることなく訪れたのはインドネシア、スリランカ、イラン、エチオピア、アラビア半島、中国、日本。当時、アメリカ大陸はコロンブスに発見されていたが、そこまでは行っていない。それでも旅人としては十分に世界の大半を網羅《もうら》していたと言えるだろう。肩書き的には偉大な旅行家だが、日本に渡ったあたりでイエズス会との関係を強めて布教活動のサポートをして、フランシスコ・ザビエルとも繋がっていたことから宗教活動家の顔もあった。だが、私としては彼の本質はビジネスマンであったと思う。

彼を表すコピーに「五回難破し、一三回奴隷になり、一六回売られた」がある。実際、本書の冒頭でポルトガル王国を出発して、その二ページ後にはエチオピア皇帝の母親に謁見《えっけん》して大量の金貨を得るが、さらに二ページを読み進める間に戦闘に敗北して奴隷になる。この調子で最後まで続くのだ。人生が超展開である。しかも転んでもタダでは起きない。何かしらの利益を拾っていき、冒険とビジネスを両立させながらの旅を終えて一五五八年に帰国する頃には相応の財産を築いていた。

舞台が一六世紀であるから背景として分かりにくいところもあるが、リスク上等のハイリスクな賭けに出て、ひと山当てようとするだけでなく、命を拾った場合でもさらなる実利を求めている。この辺りが優秀なビジネスマンの証である。

そんな彼の書いた本に何を求めるのかは、読者側に問われるところだ。これが冒頭でも触れたような正確かどうかで迷うのであれば、これほどもったいないことはない。そもそも旅と正確性というのは相性が悪いが、それ込みで楽しむことができるのだ。繰り返すがこれはあくまで私の見方であるので、少々極端な例で説明したい。ガイドブック『地球の歩き方　インド』のムンバイ（ボンベイ）のページに「インド門周辺からバスで駅へ」と記載されている補足情報がある。ここには駅に行くバスの番号が記載されている。こうした情報に齟齬《そご》やミスがあると「嘘」だと指摘して「地球の迷い方」と呼ぶ人もいる。正確でない情報が掲載されているのはガイドブックとして価値がないと思うからだろう。

旅人ならばどのバスが駅まで行くのかは、情報として事前に知りたいだろうが、私の場合、現地で確かめればいいと思っている。不完全なガイドブックであるからこそ、掲載情報をなぞるのではなく、自分で修正していくことのほうが楽しいからだ（『地球の歩き方』が不正確というのではなく膨大な情報量があれば多少のミスはあるだろうし、他に代わるものがないほどの名ガイドだと思っている）。それに現場は常に変化するのだから、正確な情報は現地でしか収集できない。理屈と現実、直面した際に重視するのは、目の前の現実である。旅をする人、そして旅行記を記すような人は、大なり小なりこのような考え方を持っていると思う。

さすがに歴史資料の信憑性《しんぴょうせい》と現代のガイドブックの正確性を比較するのは階層が釣り合っていないところもあるだろうが、さらに誤解を恐れずに言わせてもらえばピントの場合、現代の旅行作家と同じで正確性にそれほど主眼を置いていなかったのではないかと思うのだ。

種子島を訪れた時期、中国での体験などが不正確な部分の代表例として指摘されているが、少なくともゼロからの創作ではない。ピントはどちらも現場を訪れて、様々な体験をしている。おそらく現場で書くに足るだけの情報を得たのではないだろうか。少なくとも現地に行ったと称する人が情報を集めてこのように書いたとぐらいは読み取ることができる。つまりはピントの不正確性は、捏造《ねつぞう》ではなく「盛った」ことによるのではないかと思う。

旅行作家的な視点で言わせてもらうと「盛る」と「捏造」の間に大きな差がある。

私は二〇〇五年に『アジア罰当たり旅行』（彩図社）でデビューした。内容は東南アジアからアフリカにかけて旅をしたもので、分類的にはピントと同じ旅行記である。二〇代で金のない無鉄砲なバックパッカーとして各地でトラブルにあいながら旅をしたものだ。その後も、ピントのような海賊に襲われたり、奴隷として売られた経験はないものの、スラムやドラッグビジネス、ギャングやマフィアなど危険とされるリスクの高い旅も経験し、今でも同じようなことを続けている。そんな私の取材旅でも特に危なかったのが、メキシコでの麻薬カルテル取材だ。シナロア州にあるウマヤ墓地を訪れた時のことだ。そこには、組織の大物幹部たちが眠っていて、普段は観光地となっているのにタイミングがずれて霊園の閉園時間後の到着となってしまったのだ。

間の悪いことにその日は、どこかのカルテルが死者に対するセレモニーを開催しているタイミングだった。取材どころではないと判断して逃げ去ることにした。ところが、私の車両にぴたりと車がついてきた。霊園を出ても追いかけてくる。これはまずいと、街中の観光スポットを目指すことにした。我々が取材ではなく営業時間外に訪れた観光客であることを匂わせるためだった。結果、数分後に車は離れていった。

さて、この内容に旅行作家として「捏造」する場合、派手なカーチェイスや撃ち合いに巻き込まれたとかになるのだろう。「盛る」のならば、無関係の車両も追跡しているかのようにして数を追加したりして描くこともできる。私の場合なら分析力や補足情報として、よく見えなかった運転手の姿、追跡車両の動きなどを加筆することだろう。これは、過去の事例や自分の経験に基づく推論に近いものので、それほど外れないと思っている。

ピントの盛りもこれに近いものだったのではないかと思うのだ。つまり「悪質な嘘」ではないが、ただ徹底的に信憑性を追及されてしまうと、完全なる本当とも言い難い。それでも作家のサービス精神からエンタメ性を高めるためのものかもしれない。

今さらピントがどこまでの意図を持っていたかは正確にはわからないが、本書には読者を楽しませようとする筆運びとネタ選びがあるように思える。そこを汲み取ることができればピントの旅行記がエンターテインメントとして楽しめるはずだ。

資料批判的な読み方の是非

エンタメを重視すると言ったものの、流石に正確と不正確の境界線について避けて通ることはできない。そこで資料批判をしながら読むことをおすすめしておきたい。

歴史的な資料にあたる場合、歴史学では資料批判をする。大学の史学科に入れば最初に教えられることだ。私は考古学を専攻していたこともあり、歴史全般の授業を必修科目として勉強していた。その中でも基本中の基本であった授業が大学一年生の時に受講した史学概論だった。受験用とは違う歴史の授業に期待していると担当の先生は「過去の文献や資料を批判的に分析しながら読め！」と言う。最初は何のことかわからなかったが、歴史資料の成り立ちを考えれば当然のことである。まず歴史書は書かれた時よりも過去のことを集めたものである。当事者がまとめたものではないのだ。例えば前王朝のことを書いた場合、その王朝を倒したり、取って代わった政権によって編纂《へんさん》されているのだから、現在の権力者にとって都合の悪いことは書かれるはずがない。

ものすごく単純化していうとであるが、その辺りのことを踏まえて行間や記述の矛盾などから読み取る方法が資料批判なのである。

やり方を知っても普通の歴史資料はどうにもならないことが多い。専門外の人間にはどこが怪しいかすらわからないからだ。幸にしてピントの旅行記は、先だって述べたように不正確性が具体的に指摘されている。あらかじめ予備知識が与えられている状態なのだ。資料批判のハードルは決して高くない。それなのに読み取れる報酬は大きい。例えばピントの代名詞である複数の難破、奴隷売買からは、当時の航海技術の水準がわかる。人権や命の程度、値段などを知ることにもつながる。随所で繰り広げられる戦闘やその後の拷問などから世界情勢としてオスマントルコ帝国と敵対しているのはポルトガルという国よりも、イスラム教とキリスト教なのだということ。宗教が違えば殺し合うのも積荷を略奪して乗組員を殺し乗客を売り飛ばすことも十分な理由となるということなどなど。

世界史の授業で知っているよという人もいるだろうが、知識の積み重ねが世界を読み解く知恵となっていくので、一個でも多く積み重ねていきたいところだ。特にこれは当事者の言葉として語られているのだから、マクロからミクロに視点を移動することで歴史の理解度が深くなることがよくわかるだろう。

それにピントの現場での観察力と導き出されるまとめ方はバランスが良い。種子島を訪れた際に日本人のことを「丁寧で人づき合いが好い」と評している。その数年後の訪問で火縄銃が三万挺あることを根拠に「日本人が世界でも類を見ない戦争好きである」としている。皮肉も含めてだろうが、異なる意見を同じ筋の中でまとめることは、誰かのチェックが入るような文章では成立しない。書籍の編集などをしていると「前後で矛盾」などと校閲《こうえつ》で指摘されてしまう。

矛盾しているということは本人の視点である可能性が非常に高い。資料批判的に読めばピントという人物の個性が浮かび上がってくるし、当時の世界観をフラットに見る材料として味わうことができるのだ。

贔屓目に見れば壮大なプロフィール文学

エンタメとして読んだり、資料批判的な視点を持つこと以外にもピントを楽しむことができる。それは、経歴や作品から浮かび上がってくる個性、性格などを加味してフェルナン・メンデス・ピントという作家のファンとなることである。

実はこの部分については、翻訳を担当している江上波夫先生の解説にこれ以上ないほどよくまとめられているのだ。

江上先生は、旅行家としての見聞した事実に小説的な要素を加えたルポルタージュ文学であるところにこそ価値があるとしている。ピントがまとめた旅行記は、私のようなジャーナリストが海外を取材してまとめる現代のルポと同じ階層にあるということなのだ。

ここに江上先生の贔屓目《ひいきめ》があったかどうかは、今となっては知る由もない（江上先生は二〇〇二年に亡くなられている）。ただ、少なからずピントのような生き方を肯定的に見ていたことは想像に難くない。

江上先生は東京大学名誉教授も務めているが、考古学の世界では異端児だった。提唱した「騎馬民族征服王朝説」は、大和王朝を創始したのは東北アジアの騎馬民族であるという説だ。学問において可能性を排除することはできないが、自由な発想に基づく大胆すぎる説には多くの研究者から批判されたり、疑問が呈されたりしている。つまりはピントと同じように「正確じゃない」と言われたようなものである。

だからこそ江上先生はピントのことを高く評価していたのではないだろうか。ピントの翻訳出版にこぎつけるまでに何度も推薦してきたがなかなかうまくいかなかったことを解説でも書かれていることから、彼に一定以上の思い入れがあったこともわかるだろう。

それと、ピントを評価した理由として、私は二人の共通点である「旅人」にこそあると思っている。ピントがポルトガルから日本まで旅しているのに対し、江上先生は中東から中国、モンゴルなどユーラシア大陸をまたにかけたスケールの大きい研究を旅＝調査しながら続けたのだ。考古学者はフィールドワークを重視すべきであるという哲学を持っていたからこそ、ユーラシア大陸を歩き「騎馬民族征服王朝説」に辿り着いたのかもしれない。そして、同じように大胆すぎる内容から正当な評価を得ていなかったピントの『遍歴記』にも思うところがあったのかもしれない。

最後にこの二人への特別な思い入れを記しておきたい。実は大学院まで考古学の分野に籍を置いていた。子供の頃からの夢である考古学者になるためだったが、さまざまな事情が重なって叶《かな》うことはなかった。同時に世界中を旅していたことがきっかけとなり、作家としてデビューし現在はジャーナリストのようなことをしている。別段、社会学を学んだわけでも新聞社や通信社に就職したわけでもない。考古学をベースにした自己流で現在も活動している。

旅と考古学。この両者のつながりがピントと江上先生が織りなしたオリジナルの『遍歴記』との不思議な縁を感じてしまう。だから私も贔屓目にピントのことを評価させてもらったところがある。

そうした各種贔屓目を差しひいてもピントという希代の旅行家の魅力は損なわれない。

彼が本書をまとめたのは晩年である。後世に伝わっている執筆の動機は自分の旅した一九年を思い出して子孫に読ませるためである。そこには自分がこんな人物であったことのプレゼンやPRが含まれている。できるだけ破天荒で強運の男であったことを伝えたい。実に人間臭い。つまりは、ピントの自分史を良く見せるために文章化したのが本書であり、プロフィールの文学化とも言える作品なのだ。

歴史資料、ガイドブック、旅行記、ノンフィクションノベルやルポルタージュ文学、壮大なプロフィール……。どんな分野の本として読むのか、それは私たちに委ねられている。難しく考えずにそんなものだと頭に置きながら、ピントの人生を知り気になった部分を眺めてみるだけでも十分である。まずは本書を楽しんでもらいたい。

丸山ゴンザレス（まるやま・ごんざれす）

一九七七年、宮城県生まれ。考古学者崩れのジャーナリスト、編集者。國學院大学大学院修了。無職、日雇い労働などの後、出版社勤務を経て独立。現在は国内外の裏社会や危険地帯の取材を続けるかたわら、ＴＢＳ系『クレイジージャーニー』に出演するなど、多方面で活躍している。國學院大学学術資料センター共同研究員。著書に『世界の危険思想――悪いやつらの頭の中』、『世界ヤバすぎ！危険地帯の歩き方』、『MASTERゴンザレスのクレイジー考古学』ほか多数。

目次——世界探検全集03——アジア放浪記

ナビゲーション
虚実を楽しむ
大旅行記の読み方　丸山ゴンザレス……1

＊

第一章……19
第二章……53
第三章……107
第四章……157
第五章……187
第六章……235

＊

訳者解説……279

世界探検全集03―アジア放浪記

第一章

1

一五三七年、三月一一日に、私は五隻の船とともに、ポルトガル王国を出帆した。それらは、女王号、聖ロック号、聖バルバ号、海の花号、ガレガ号という船で、別々の航路をとって、みなモザンビクに到達した。そこでヴィンセント・パガードと呼ばれる要塞の副官が、総督シーニョ・ダ・クーニャの命令書を見せたが、それによれば、全船舶をディウ〔インド北西岸の主要なポルトガル植民地の一つ〕へやり、乗組員を要塞の防備に残すようにとあった。というのは、当の総督が前年の夏、カンバヤの王、スルタン・バンドゥールを殺したので、人々はトルコ軍の襲撃を今か今かと待っていたのである。

船長たちは、特定商人所有の二隻の船をゴアへ、他の三隻をディウへやるようにとりきめた。実際に、船は一五三七年、九月五日にディウへ着き、ソルテリャ伯の兄弟、アントニオ・デ・シルベイラ隊長の非常な歓待を受けたので、乗組の七〇〇人の兵士たちは、町の防衛のために快く留まった。そのためには、これらの地方で、少なくとも攻囲を待つ要塞の中で常々なされるように、強制を加えるまでもなかったのである。こうして、船は積んでいた商品を売った後に、水先案内として、高級船員と数人の水夫を連れただけで、再びゴアに向かって出帆した。

ディウへ到着して一七日後に、トルコ軍の調査にメッカ海峡〔バブ・エル・マンデブ海峡〕へ行くため、三隻のフォイスト船が艤装《ぎそう》されたので、私はその一つに乗った。船長は私の親友であり、私が彼のお蔭で遠からず金持ちになることができると請合っていたが、それは私がこの世でもっとも望むところであった。

冬の終わりであった。われわれは霧と雨と強風をついて海をわたり、ついに、ソコトラ島の先端に着いて給水をなし、その地のキリスト教徒からかなりよい食糧を買い取った。

こうして生気を取り戻したわれわれはそこから海峡に入り、順風にめぐまれてマサオアの真向かいまで九日の航海をした後に、一隻の船を発見して追跡し、一番夜哨《やしょう》の立つ前にそれに近よって、トルコ人のことを何か知っているかと尋ねたのである。しかしそれに答えたのは、火縄銃の射撃と、五つの小砲と七つの野砲の、合わせて一二発の砲丸であった。それとともに彼らはこちらの降伏を命じながら叫び声を上げ、嘲弄《ちょうろう》の意味で、槍旗や帽子をみせびらかして新月刀を振り回しはじめた。しかしながら、船長たちは兵隊と相談して次のようにとりきめた。一晩中、彼らを砲撃し、翌朝、総攻撃を開始しようと。それは実行された。そして相手の船はわれわれの手中に収められた。

彼らの中の六四人は殺されていた。残る八〇人の中、大半はわれわれの投げた火器で焼かれるよりはと、海中に身を投じた。それを免れたのは、深手を負った五人の者であり、その一人は船長であった。拷問にかけられて、彼は生まれ故郷のユダヤからきたこと、トルコ軍がインド攻撃に出かける前にアデンに要塞を築くため、その地を占領する企みをもってすでにスエズを出発したこと、を白状した。彼は、セルデーニャ生まれのマリオルキン〔マヨルキン〕人であったが、美しいマホメット教徒の女を愛したがために背教者となった、ということもつけ加えた。

キリスト教徒への復帰を勧めて徒労に終わった結果、われわれの船長は彼の足と手を縛らせ、首に重い石をつけて、生身のまま海に投げこんだ。今やこの憐れな者は、あの世でマホメットの仲間となってその苦しみに与《あずか》るのである。その後で、われわれはこちらのフォイスト船の一つに他の捕虜を入れ、兵隊たちの衣服になる呉絽《ごろ》を幾巻きかせしめて、荷積の染料もろとも、船を沈めた。

われわれはアントニオ・デ・シルベイラから、彼の代理人の一人で、エチオピア皇帝プレストール・ヨハンの領土内に三年来住んでいる、アンリケ・バルボーザにあてた手紙をあずかっていた。マサオアの港よりもしもにあるゴトールルで、一人のポルトガル人がわれわれを非常に鄭重《ていじゅう》に迎えてくれたが、住民の歓迎もこれに劣らなかった。彼はヴァスコ・マルティンス・デ・セイシャスといって、アンリケ・バルボーザの命令により、われわれの国の船がくるのを待ちながら、ひと月もここに留まっているのであった。彼にトルコ軍の状況についての注意を与え、バルボーザのところへ数人のポルトガル人を連れて行くようにたのまなければならなかった。

船長たちが主だった兵隊と相談した結果、私を交えて四人の者が、アントニオ・デ・シルベイラの手紙を持ち、ヴァスコ・マルティンスの案内でバルボーザのところへ行くことにきまった。

翌日早々、われわれはよい騾馬《らば》に乗り、六人のアビシニア人に護衛されて出発し、六日の行程でフーンバンに到着した。そこはジレイトールの要塞から二里のところにある大部落で、バルボーザ及び彼の四〇人の手下がおり、プレストール・ヨハンの母、ティグレマオン女王の護衛にあたっているのであった。

翌、一〇月四日の日曜日、われわれは先方のしきたり通り、多くの儀式によって女王に拝謁《はいえつ》した。われわれ自分からわずか五―六歩の筵《むしろ》の上にわれわれを坐らせて、彼女はたくさんのことを聞いた。われわれの法王の名とか、キリスト教諸国には幾人の王がいるか、われわれの中で聖地へ旅したものはないか、ポルトガル王の権力はインドで大きいかなど、これに類する数々の事を尋ねた。

こうして、九日の間、われわれは彼女の傍で過した。その後で、彼女はインドの総督への美しい贈物をわれわれに託し、われわれの一人一人には、金貨八〇オケアス――われわれの金にして二四〇ドゥカット――を与えたほか、アビシニア人の護衛をつけてくれた。われわれはそれに導かれて、マサオアからほど遠からぬアルキコの港へ無事到達したが、そこでは、仲間がわれわれを待ちながら船腹に塡䋚《まいはだ》をうめていた。

われわれは、一五三七年、一一月六日火曜日に船出した。アビシニアの司祭とインドの総督宛ての女王からの手紙と贈物を持ったヴァスコ・マルティインス・デ・セイシャスが同行した。

午近く、暗礁島に着く前に、ゴサン〔カカン〕岬の尖端に達した時に、三隻の船を見てこれを追跡したが、風がないだため、帆ばかりか、艪《ろ》もつかわなければならなかった。しかし、いよいよ近づいて見ると、それはトルコの帆船だとわかったので、急いで陸地の方へ迂回した。

ほどなく、彼ら独得の騒ぎと叫喚《きょうかん》をもって、トルコ人たちは追撃してきた。彼らにとっては、多くの色彩で色分けされた帆と絹の槍旗を整えるのに、一五分たらずで十分であった。有利な風向にあってわれわれに追いついた彼らは、こちらに向けて全部の大砲を放った。その弾丸で九人の味方が殺され、二六人が傷ついたので、われわれの船は破壊されたままになり、彼らは槍で船尾からなんなくわれわれをつくことができるまでに近づいてきた。

しかし残る四二人の兵《つわもの》は、首領の帆船を襲撃し、船首から船尾まで激しく攻撃して、二七人のトルコ兵（ジャニザリー）を死に至らしめた。しかしながら、少し後にいた他の二隻の帆船が、味方の接近していた船に、救援のトルコ人四〇人を速かに乗り移らせたので、わずかの間に、総計五四人であったわれわれは、たった一一人の生残りとなった。さらに翌日、トルコ人たちはその中の二人をずたずたに切って、それを勝利の印とし、帆架の端に吊して、そのままモカ〔アラビアのバブ・エル・マンテブ海峡にある〕の町まで持って行ったのであった。

2

その町の総督は、三隻の帆船の司令官、ソリマン・ドラグスの義父であった。彼は港の入口で全住民と一人のハジ〔メッカに巡礼した回教徒〕とともに、自分の婿を待っていた。その男は、最近メッカへの巡礼から帰ってきたので、すべての人々から聖者と仰がれているのであった。われわれ生残りの九人は太い鎖で縛られて地上に下され、住民たちからひどい平手打を食ったので、私はもう死ぬよりほかはないと考えた。ハジは、このようにわれわれを虐待することについてはマホメットの絶対の赦《ゆる》しを得ていると言いながら、彼らをそそのかすのであった。そうして縛られたままで、勝ち誇った人々の後について、町中ひきまわされた。われわれが通るのを見ていた人々はみな、窓やバルコニーの上から、小便や汚物のいっぱい入った壺を投げつけた。夕方になって、薄暗い穴の中に連れていかれ、そこに一七日の間とじこめられて、その間の食物といっては、毎朝配られるわずかの燕麦《えんばく》の粉と、水につけた生の豌豆《えんどう》だけであった。

われわれの中の二人は、町をひきまわされている間に、頭にめりこむほどの殴打を受けたため、最初の一夜を過すや、死んでしまった。朝になって入ってきた牢番は、これを見ても手を触れようともせず、戸を再びしめて裁判官に知らせたので、裁判官自身が大勢の人を連れてやってきた。彼は死人の鎖をとり、箍《たが》で足を縛らせ、この憐れな肉体は、町中ひきまわされることとなったのである。町の住民や子供さえ、その後についてまわって、遂にずたずたにひきさかれて、海中に投げ込まれるまで、死体に、後から後から石をぶつけるのであった。

生き残ったわれわれ七人はといえば、一まとめに縛られて、競売のために公衆の面前に引き出された。まず最初に私が売りに出された。競売人が仕事にとりかかるや否や、一一——一二人の下位のハジとともにそこにいたハジは、町の総督に、情によってわれわれをメッカの神殿へ送付するように申し入れた。相手は、自分には獲物を勝手に処分する権限がないと答え、婿のソリマン・ドラグスにきくように彼に勧めた。

それに対してハジは、「神の名においてなされる情は、多くの手によって篩《ふるい》にかけられ、多くの人間の意見によって選択される時、その価値を失うものだということを、お前は知っているはずだ。その上、勝利は神意によってもたらされたもので、その名誉をお前の婿や兵士たちの勇気に帰そうとするのはまちがっている」と答えた。

この言葉を聞いていきり立った一人のトルコ兵——彼は、われわれをとらえた三隻の帆船の一つの船長であったが——は叫んだ。

「この気の毒な兵隊たちが、血を代償として手に入れた奴隷を盗もうとするより、あんたの持っている宝物を分けてやった方が、あんたの魂の救いのためによっぽどいいだろう！」

そこで、兵隊たちは船長に味方し、他の人々はハジの肩を持ったので、総督の努力も空しく、ひどい争いが持ちあがって、わずかの間に、六〇〇人の人がその場に、あるいは傷つき、あるいは死んで打ち倒れた。われわれ七人のポルトガル人にとっては、裁判所の役人の手をかりずに、もとの土牢の薄暗い中へ引返す以上によい救命策はなかった。実際、牢番がわれわれを監獄に入れてくれたのは、非常な幸運であった。

三日後に、われわれは再びフォイスト船の中にあった種々の衣類や大砲の分捕品と一緒に公衆の前にさらし出された。運命が私をギリシャ人の背教者の手に落したが、彼は三カ月の間、私をあまりに残酷に扱ったので、私は、たびたび、毒を飲んで死のうと思ったほどであった。ついに彼は、私を三〇〇レアル〔ポルトガルの小銀貨〕にあたる棗椰子《なつめやし》の実で、アブラハム・ムサというユダヤ人に売った。その男は、シナイ山から一レゴア半〔一レゴアは六・六キロメートル〕のところ、彼らがトロと呼んでいる町の生まれであった。こうして、私は新しい主人と大勢の商人とともに出発し、バビロンからカイゼンを経てオルムズへ行った。そこで私の主人は、当時要塞の隊長であったドン・フェルナンド・デ・リマと、インドの総弁務官、ドン・ペロ・フェルナンデスとに私を見せた。彼らは二〇〇パルダウン――われわれの金にして貨幣三七ソル六デナリオ――で私を再び買い受けたが、集まったその金の一部は彼ら自身のものであり、一部は町で私のために調達されたものであった。こうして私は再び自由の身となった。

3

オルムズに一七日滞在した後、私はゴアへ馬を運ぶ、ジョルジェ・フェルナンデス・タボルダという人の船に乗込んだ。

風向に恵まれて、一七日で、ディウの要塞を望むところにきた。そこで、情報を得るために陸に沿って進んでいた時、たくさんの火花を見、大砲の発射される音を聞いた。ついで港に近づきながら、要塞の周囲に多くの船を認めた。ある者は、総督が到着したのだといい、ある者は、親王ルイ伯だといい、また他の者はカリクットの王、ザモーリン（サモーリン）の船といい、トルコ人だというものもあった。われわれがまちまちの意見を取り交していた時、緑と赤で区分された帆をつけた五隻の大きなガリー船が、テントとマストと帆桁の上に数えきれないほどの幡旗をつけて船隊の中からでてきた。その幡旗のいくつかは、先端が海面とすれすれで今にも触れるかと思われるくらい長かった。それによってガリー船はトルコ人のだとわかったので、われわれは非常な不安を抱いて急いで沖をさして逃げ去った。相手の船は夜まで追跡してきたが追いつくことができず、二日後には、われわれはシャウルの町に到着した。

船長と商人はここに上陸し、要塞の隊長に会いに行った。彼はわれわれが出会った船は、カイロの総督、ソリマン・パシャの船で、二〇日前からアントニオ・デ・シルベイラが俘虜《ふりょ》になっているということを教えた。そこでわれわれは、そんな重大な危険からわれわれを免れさせた神に感謝した。

われわれはシャウルに一日留まっただけで、ゴアに向かって出帆した。

カラパタン川でわれわれは三隻のフォイスト船の船長、フェルナンド・デ・モライスに出会った。彼は総督の命令で、パシャの食糧を積んで港についている、トルコ船を攻撃するため、ダブルへ行くところであった。彼はあまりにも急いで艤装したため、十分な人を集めることができなかったからといって、こちらの乗組員二〇人の中の一五人をもらいたいと、われわれの船長に要求した。しかし、いさかいを重ねたあげく、彼は一二人で我慢することとなり、その中に私も含まれた。

次の日、朝の九時に、ダブルに着き、綿と胡椒を積んで、港の真中に碇泊していたマラバールの税関監視船を襲撃した。その船長と水先案内は拷問にかけられて、パシャの船が二日前に出発したことを自白した。そこで、船長モライスは方向を変えてゴアに向かい、二日後に目的地に達した。

そこではゴンサーロ・ヴァス・コーティーニョが、五隻のフォイスト船とともに、オノールへ向かおうとしていたが、それは、逆風にあってこの港に碇泊していた、ソリマンのガリー船をそこの女王に要求するためであった。船長の中の一人は、私に好意をもって自分と同船させ五ドゥカットの給料を支払い、兵隊たちは、私のみじめな様子を見て衣服をくれたので、私は再び生気をとりもどした。そして九日後に、オノールの港に投錨《とうびょう》したが、われわれが少しもトルコ人を意に介していないことをこの地の住民がわかってくれるように、(相手の大軍も恐れず)大砲の発射をし、帆桁を戦闘に備えて整備した。

それから提督ゴンサーロ・ヴァス・コーティーニョは部下の一人を女王の許へ派遣して、総督の手紙を渡し、トルコ人に保護を与えた非を責めた。彼女は、自分が港に敵を入れなければならなかったことは、賛美する至高の神の履物、金のサンダルにかけて、自分の意に反してであること、また敵を追い出すためには自分の力と部下をよろこんで差し出すこと、敵の敗北を見るのは、ナルシングアの王が、奴隷である自分を、彼の食卓で彼の妻と同席させる場合にも劣らず、うれしいことであろうと、彼に答えさせた。

ゴンサーロ・ヴァス・コーティーニョは、用心しつつもこの挨拶に満足し、トルコ人たちがいる場所を詳しく聞いて、ガリー船を攻撃するために川の中へ入った。ところが彼がそこに碇泊するや否や、ポルトガル語の達者な一人のバラモン教徒を乗せた小舟が私たちのフォイスト船に近づいてきて、女王の名において、トルコ人を攻撃しないように提督に勧告した。それというのは、ガリー船を横付けにした堀の傍の壕に拠ってトルコ人が軍備を固めたので、われわれには対抗できないというのであった。提督は知恵と慇懃に満ちた言葉で、「女王殿下の御手に接吻して敬意を表する、しかしポルトガル人は、攻撃前に敵の数を詮議する習慣をもたない」と答えた。そして、一巻の緑色の呉絽《ごろ》と赤いサテンの縁どりのある帽子を贈って、バラモン教徒を追い払ったが、彼は非常に喜んだ様子であった。

はたして前夜、女王の好意によって、トルコ人たちは堀の中にガリー船を置き、そのすぐ傍に非常に高い台を築いてその上に二五の火砲を備えたのであった。これを見たゴンサーロ・ヴァス・コーティーニョは、大砲の射程内に達するや、フォイスト船の守りに一〇〇人を残し、わずか八〇人を率いて上陸した。敵は勇敢に壕から二〇―三〇歩のところまで出てきたので、激しい戦闘の火蓋が切られ、数分足らずで、たちどころに四五人の死者が出たが、味方はそのうちわずか八人たらずであった。

その時、トルコ人は背を向けたので、これを追跡し、同時にこちらのフォイスト船が近よって、折よく大砲の猛射を浴せたので、貴族の印として緑色のターバンをかぶった一一―一二人のトルコ兵が打ち倒された。そこで、われわれは敵のガリー船に五壺の火薬を投げ込み、船に火をつけることができた。しかしトルコ人は火を消し大きな火器の一つを発砲したので、提督の息子も入れて、味方の六人が殺され、一五―一六人が傷ついた。そのため私たちは敗走した。

ところで、われわれの提督は、敵がマホメットに感謝を捧げているのを聞いて、われわれにイエス・キリストへ助力を乞うように勧めた。そこでわれわれは勧めに従った後、再び攻撃にでて壕の中へ突入したが、その時、敵は、火薬壺に火をつけたので、負傷者を別にして六人のポルトガル人と八人の奴隷がその場に打ち倒された。提督は川の方へ退却しなければならなくなったので、味方の死者と負傷者を集めてフォイスト船に乗り、艪を漕いで、でてきたもとの場所へ戻らせた。

壕の攻撃に参加したわれわれ八十余名の中、死者一五名、負傷者五四名、生涯の不具者九名であった。われわれは、敵の奇襲を避けるため、終日、見張りを厳重にした。翌日、オノールの女王の使いが、傷病者のために、牝鶏や雛鶏や新鮮な卵等のたくさんの見舞品を持ってやってきた。しかしわれわれの提督は女王への憤怒を示してそれを拒絶し、彼女がポルトガル王になした不忠は、死んでこの地に埋められた自分の息子が証拠立てていることであるが、やがて総督の耳にも入るだろうといって、必要以上に荒々しい言葉を抑えることができなかった。

そこで、使者はひどく驚いて引き返し、女王は、これではきっと自分が王国を失うことになるだろうと考えて、われわれの許へ別の使者を走らせた。彼は年老いた、彼女のもっとも近い親族で、女王が、四日以内に、私たちをひどい目にあわせた船を焼き、トルコ人を彼女の王国の領域外に行かせるはずだといって提督に保証した。この約束によって、和睦が成立したが、味方の負傷者が非常に危険な状態にあったので、ゴンサーロ・ヴァス・コーティーニョは女王のいった四日を待つことができず、その日の午後出発した。しかしながらわれわれは、この事件の始末を総督に報告するため、ジョルジェ・ノゲイラという者をオノールに残して行った。

4

翌日、提督ゴンサーロ・ヴァス・コーティーニョは生き残った部下とともにゴアへ到達し、総督の手厚いもてなしを受けた。

私はゴアに二三日間滞在して、戦闘でうけた二カ所の傷が完全になおった後に、ペドロ・デ・ファリアという貴人のところへ行った。彼は、マラッカの隊長をしていた、私の前の主人の親族に当たり、私を彼の中隊に兵隊として入れてくれた。それはちょうど、総督ドン・ガルシア・デ・ノローニャが、ディウの要塞の救援に赴く準備を整え、約二二五隻の艦船からなる海軍を編制している時であった。そのうち、八三隻は軍艦、大帆船、あるいはカラベル船で、残りは、二本マストの小船、フォイスト船あるいはガリー船であった。人々は、中には、一万の陸兵と三万の海兵がいるといっていたが、まだそのほかに、たくさんのキリスト教徒の奴隷がいた。

艦隊が出帆を予定していた日の前日、アントニオ・デ・シルベイラの使いがきて、トルコ人が退却し、ディウの包囲が解かれたことを告げた。しかし、それでも、総督はこの町に向かって出発し、そこで半ば破壊された要塞を築き直させた。ところで、三月一四日、ペドロ・デ・ファリアはこの地を去ってゴアに帰り、そこで必要なすべての装備を完了した。そして、八隻の船舶と、四隻のフォイスト船と、一隻のガリー船に五〇〇人の乗組員を乗せて、マラッカに向かった。私もその中の一人であり、一五三九年、六月五日に目的地へ着いた。

彼はマラッカ隊長の任をもったドン・エステヴァン・デ・ガマの後を継いだ。隣国の王たちが、彼の許に自国の大使を派遣したが、その中にはスマトラ島の大洋岸——ここには、金の島があると人々は確信しているのだが——に位するバタス〔スマトラ南岸の国〕の王の大使もいた。彼は、たくさんの沈香《じんこう》と、五〇〇ポンドの安息香《あんそくこう》の贈物とともに、シュロの皮に書かれた一通の手紙を、ペドロ・デ・ファリアの所へ持ってきた。それによれば、バタスの王は、マラッカ隊長のはからいで、自分の部下が無事に航海できる通行券を貰えるならば、また約束をやぶって自分の要塞を奪い、三人の息子を殺したアシェン王から救ってもらえるならば、ポルトガル王を支配者と認めるというのであった。

ペドロ・デ・ファリアは、バタス王の申し出がポルトガル王のために非常に重要だとみてとって、「仰せのとおり、税関の収入をずっと多くしてご利益をはかりたい」と言い、大使に火薬壺や投槍や爆弾を贈った。その上、マラッカのバンダラ〔回教裁判所の長官のようなもの〕に、マレー式の大饗宴で彼をもてなさせたが、それは、オーボエ、太鼓、トランペット、シンバルとともにポルトガル流にハープに合わせた美しい声、リュート、ドミン、ヴィオラで伴奏された。大使はこれに目をみはって、この国で物に驚いた時に人がよくやる、指を口にあてる仕草までした。

ところで、インドの商品をバタス王国に送ったならば非常な利益があるだろうと考えたペドロ・デ・ファリアは一種の小型カラベル船を艤装させ、思いきって一〇万ドゥカットに値する荷を積んだ。彼はこの船にマラッカ生まれの一人のマホメット教徒を乗せ、私に行きたいかどうかと聞いた。行けば、バタス王に会うことができるばかりか、アシェン王に向かって進軍するバタス王と行をともにすることもできて、これは何か私の得になるだろう、というのであった。

実のところ、私はこの航行をどんなに断わりたく思ったことだろう。というのは、この地方は私に馴染がなく、住民は不実で陰険だと聞いていたし、一〇〇〇ドゥカットの蓄えしかない自分に大きな儲けができるとは思われなかったからである。しかし船長の意志にあえて逆らおうとはしなかった。

水先案内は、スマトラ島に沿いながら、マラッカからアール王国の海岸にあるスロティラウの港まで行き、五日の後にイカンドレノーという川か海峡かへ、次にペーディールの王国から約一〇里隔った、ミニャトレイ〔スマトラ北西端にある地図によってはオレレとよんでいる小港〕とよばれる港に着いた。ここから、この川の、幅二三里のところをよぎって大洋の他岸へ出た。われわれは四日間、航海し、深さ七尋《ひろ》しかないグアテアムギンという川を七―八里進んで、投錨した。

ところで、追風を受けて船を進めている途中、薄暗い木蔭を通った時、たくさんの毒蛇や他の爬虫動物を見たが、その長さと言い、奇怪な姿と言い、類のないものであった。さして大きくないこの川に沿って、多数のワニがいたが、そのあるものは、小舟ほどの大きさで、背の真中に鱗をつけ、二フィートの広さもある口を持っていた。この動物は非常に豪胆で、時々小舟を――主に、四―五人しか乗っていないと見た時だが――襲い、尾で沈没させて、かみ砕かずに鵜呑みにして食べてしまうのだと、土地の人々はいった。

また、われわれは、カケセイタンとよばれている動物も見たが、鵞鳥《がちょう》ぐらいの大きさで、非常に黒く、背は鱗で飾られ、顎《あご》に、鵞ペンぐらいの長さの刺《とげ》がついていた。羽はコウモリの羽に似て、首は非常に長く、頭の上の小さな骨は鶏の蹴爪《けづめ》のようで、これまた非常に長い尾には、この地のトカゲのような黒と緑の斑点がついていた。これらは、群をなしてバッタのように跳びはね、飛翔し、猿や他の獣を追っかけて、木のてっぺんまでも登るのである。われわれはまた、頭の上が人間の腿のように太く紡錘形《ぼうすいけい》になった有毒な蛇を見たが、土地の黒人《ネグロ》のいうところによれば、その息にふれるや、生あるものはたちどころに死ぬということであった。そのほかには、このように頭が紡錘形になっていず、毒もないが、ずっと太く長くて、犢《こうし》大の頭を持っているのも見た。それらは、野生の木に上り、尻尾の先を枝にまきつけて、だらりとぶら下るのである。こうして、木の根元の草の上に頭をおき、地に片方の耳をつけて、夜の静寂の中で、何か動くものがありはしないかと耳をすます。その時、もし偶然、牛か猪か、何か他の動物が通りかかったとしたら、口で捕えてしまうのである。最後に、われわれはそこで、身の丈が番犬ほどもある、灰色と黒の猿を多数認めたが、非常に大胆で容易に太刀打ちできないというので、土地の住民たちは他の動物よりもはるかにこれを恐れていた。

川を遡って約七―八レゴア行った時、われわれはパナイウからわずか四分の一マイルのところにあるバトレンダン――われわれの言葉〔ポルトガル語〕では「フライにした石」という意味である――と呼ばれる小さな町に到着した。当時そこには、アシェンの王と戦う用意をしたバタス王がいた。

彼は、自分の軍隊の長官に私を迎えさせ、太鼓と鐘と人民の歓呼の響きの中を、カンパラトールと呼ばれる砂洲まで私を連れて行った。王国の総督が、宮廷の多くの貴人を従えてそこで私を待っていたが、彼らの大部分は、その衣服も生活様式も非常に貧弱であったので、それによって私は、マラッカで考えられているほど、この国は豊かでないということを知った。

王宮に着いた私は第一宮廷をよぎり、第二宮廷の入口に、一人の老女がいるのを見たが、彼女は私の出迎えに来た人々よりはるかに気品の高い、立派な身なりをした人々を従えていて、入るようにと身振りで示しながら、私に言葉をかけた。次に彼女は、私を王のいるところへ導いたので、この国の方式に従って、地に三度膝をついて敬意を表し、持ってきた手紙と贈物をさし出した。

彼は私がここへ来たわけを尋ねた。私は、「殿下の戦にお力ぞえに来たのだが、アシェンの町とその築城を見たいと思う。というのはマラッカの隊長が殿下を救けにくる時、大きな船が通ることができるかどうか、川の深さを知りたい」と彼にいった。この哀れな王は、ただちに私の言葉を信じ、花の冠で飾られた、牛の頭骸骨――それは金の角をもち、壁にめり込んだ棚の上におかれていた――の前に跪いて、目に涙を浮べながら、この親切な隊長の友情が永続するようにと祈った。これを見て、彼と同じように跪いていた宮廷人たちは三度、次のようにいった。Pachey par av tinacor すなわち、「それを見ることさえできればすぐ死んでもいい！」と。それから、王は眼をぬぐって、インドとマラッカのたくさんのことについて質問し、私の願いどおり、マラッカの隊長の商品に利あらしめる約束をして、非常に鄭重に私を退廷させた。

私がパナイウ〔バタス王の首都〕へ着いてから九日後に、王はトルバンへ赴き、そこにいた配下の軍隊とともにアシェンの王国を攻撃するため、一八レゴア先を目ざして出発した。

彼の率いる一万五〇〇〇の戦士のうち、八〇〇〇はバタス人で、七〇〇〇は隣国の君主たちが送った救援の人々であった。それに、四〇〇匹の象と一二台の砲車が加わり、その中にはロポ・ヴァス・ド・バタスがインドを統治していた一五二六年に鋳造されたフランスの火器もあった。

一日わずか五里の行程で、キレンという名の川に到り、そこで、アシェン王の間諜《かんちょう》を捕えて聞いたところによれば、敵は町から二レゴアのトンダリールで、トルコ人、カンバヤ人、マラバール人等の外人部隊とともに彼を待伏せしているということであった。そこで王は、敵の増援隊がくる前にこれを攻撃しようと決心して、常よりも早く進軍したので、夜の一〇時に敵の陣営から〇・五レゴアのところに到達した。王は敵に突進して町に逃げこまざるを得なくさせ、二三日間、そこで敵を攻囲した。しかしその後で、アシェンの人々が増援隊を得たため、退却しなければならなかった。うちしおれてパナイウに帰った王は、率いていた人々を——自分の国の者も、他国の者も——解散させた。そして彼自身は小舟に乗り、二—三の寵臣だけを連れて、川の上流のパシサルという場所へ行き、「嘆きの神」と呼ばれている偶像の塔内に一四日間閉じこもった。

帰ってから、彼は私と、ペドロ・デ・ファリアの商品を運んできたマホメット教徒とを呼びによこし、まず第一に売上げがよいかどうかと尋ね、もし自分に支払わなければならないものがあれば、すぐ払うように命じようといった。これに対してわれわれは非常に満足に思うこと、さらにマラッカの隊長はこの親切に感謝して、きっと彼に助力を与え、略奪された土地を返させるだろうと答えた。すると王はしばらく考えていたが、次のようにいった。

「ああ！　ポルトガルの人よ、三〇年を費しても、自分自身復讐することのできない人に、今私を救う術があるといわれて納得するほど、私を無智だと思わないでくれ！　そうでなければ、どうか、お前の王と総督たちは、何故、この残酷なアシェン王がパセン（パゼン）の要塞と多くの船を襲い、何千というポルトガル人を殺して、たくさんの宝を手に入れるのを防ぐことができなかったのか、そのわけを聞かせてくれ。この暴君がもう一度私にはむかってくることを考えれば、こんなにしばしば敗北をなめた人々の言葉に、どうして頼っていられるだろう。マラッカの要塞にいるあなた方も、私同様、安全ではないのだから、私は死んだ三人の息子と、大半破壊された王国とともに、このまま、ふみとどまっているよりほかに仕様がない」

実に、この答えを聞いて私は赤面し、彼のいうことは本当だと思って、救援について話すことも、先になした約束を繰返すことも、われわれの名誉のために、もはやなし得なかった。

一〇〇本の錫棒と三〇本の安息香を積み終えるまで、なお四日間滞在した。それから王に暇《いとま》を告げに行ったが、彼はもう一度われわれが満足であるかどうかと尋ねるのであった。彼は私に、ペドロ・デ・ファリアへの手紙と贈物——金で飾られた六本の投槍と、カテスの伽羅《きやら》材と、金の飾りをつけた非常に高価な鼈甲《べっこう》箱に真珠をいっぱいいれたもの——を託し、私には、二カテスの黄金と同じように飾られた短剣と二カテスの金を与えた。

夜の二時に、アポ・フィグアという小さな島に着いた。鯡《にしん》を漁る貧《すなど》しい漁師の群居しているところで、河口から二・五レゴアの地点であった。それから大洋の海岸を二五レゴア進み、ミンハガルウ海峡に入って島に沿いながら、ついにプーロ・ブガイの傍に到り、進路を転じて陸地〔スマトラの北西端を過ぎて、その島に沿って行く代りに、彼らは、マラッカの半島に到達しようとする。ランサランは、キロングの小湾の中にあり、ポルリス川と、その少し下流のケダーの小湾はマラッカにもっと近いところにある〕へ向かった。ジュンスランの港を過ぎて二日半航海したが、その先へ進むには、ケダ王国のポルリス川に投錨して、風向が変わるまで、五日待たなければならなかった。

そこでわれわれの計画に好都合なように、たくさんの贈物をもってケダの王を訪ねると、満足な様子を大形《おおぎょう》に示して彼はそれを受取った。その時、彼は、生みの母を娶《めと》ろうとして、自分の手で刺殺した父の葬式を厳かに行なっていた。これほど悪辣な行為が人民の間で取沙汰されるのを避けるため、王は、過ぎ去ったことを話す者は死刑に処するとのお触れをださせた。しかもすでに、王国の主脳やたくさんの商人を殺し、財産を没収して懐をこやしていた。

私の連れのマホメット教徒は、生来、おしゃべりであったが、自分が外国人であり、その上マラッカの隊長の代理人でもあるので、好き勝手なことを何でもいってよいと思いこんでいた。そこで、彼と同じような異国人のマホメット教徒から招かれた宴会の席上で、二人は酒と肉で満腹して、王の親殺しと残忍さについて話しはじめた。しかし彼らが口を開くや、間諜から通告を受けた王はその家を包囲し、一七人の会食者を吊し上げ、足と手と首と、終いには、胴体の真中を背骨に至るまで、鋸《のこぎり》で引いて、これらの気の毒な人々を死に至らしめた。

この死刑執行の後、王は、代理人をこのようにして殺した自分をペドロ・デ・ファリアが憤り、マラッカにある彼の商品を差押えしはしないかと恐れて、次の夜、私が寝ていた家へ、私を呼びにこさせた。驚いたことに、宮廷の中庭には、鎧と剣と槍で武装した一群の人々がいた。それを見た時、私を連れてきた人に、あれは泥棒をつかまえるために王が派遣した人々だといわれても私はどうにもならなかった。恐怖が私をとらえ、理にかなったことは一言も口にすることができず、しかも自分が一五―一六人の兵隊に取り巻かれているのに突然気づいた時にはなおさらのことであった。彼らは一晩中私を監視した。

翌朝、王は自分の前に私を導かせた。私は生きた心地もなかった。彼は象に乗り、護衛を別にして、一〇〇人以上の人に取り巻かれていた。

彼は私に、「恐れてはいけない。私の傍にきなさい。そうすればお前を呼びにやったわけがわかるだろう」といった。

そして彼の合図に従って見ると、そこにはたくさんの屍が血の海に浸って横たわっていて、その中には私の連れがいた。この光景は残っていたわずかの力をも私から奪ってしまった。気も転倒して王の乗っていた象の足下に身を投げ出し、泣きながら私は彼にいった。

「王よ、このようにして、あの世へ送る苦しみを私に与えるより、あなたの奴隷にして下さい。あなたを怒らせて死刑に処せられるようなことはしなかったことを誓います。私はマラッカの隊長の甥ですから、彼が私のためにお望みだけの金を差上げるでしょうし、たくさんの商品を積んで私が乗ってきた船は、あなたの港にいて、あなたはすぐ好きなだけのものを手に入れることができるということも考えて下さい」

「いや、いや、恐れることはない。坐りなさい!」と彼は答えて、水のいっぱい入った壺を私のために持ってこさせ、手下の一人に私をあおがせた。こうして優に一時間が過ぎ、恐怖が徐々に私から去ったのを見て、彼は私にいった。

「ポルトガルの人よ、お前はいかにも、私が父親を殺したということを聞いたろう。それは、誤った告口を信じて父が私を殺そうとしたからなので、危険から免れるために私が先手を打ったのだ。口の悪い人々が、私と母を中傷することをやめないので、このことを話す者はひどい目にあわせるというお触れを出させた。ところで、そこに下司どもと一緒に横たわっているお前の連れは、昨日私についで話すも恥かしいようなことをいったので、私はいやいや死刑に処させた。もしも、マラッカの隊長の商品を奪うために私がこんなことをしたと思うならば、そんな意思は毛頭ないことを信じてもらいたい。法にかけて誓うが、私は常にポルトガル人のよき友であったし、生涯そうだろう」

私は、このマホメット教徒は商品の一部を盗み、二度も私を毒殺しようとしたのだから、彼を死刑にしたことによって、殿下は、偉大な友であり、兄弟であるマラッカの隊長に非常な恩恵を施したことになるのだと答えた。そして、この下司は酔っぱらうと誰のことでも罵り続け、おかまいなしに何でもいったとつけ加えた。思いがけないこの答えは王をいたく喜ばせた。彼は私が正しい人だということがわかったと叫び、帯の間から金の装飾のついた短剣をとり出し、ペドロ・デ・ファリアへあてた手紙とともに私に与え、その後で退廷させた。私はなお一〇日あまり、この地に滞在するだろうと彼にいった。しかし急いで船に乗り、時をかせぐために錨を捨てて、水夫に出帆させた。

5

土曜日の日の沈むころ、ペルリス川を出て船を進め、次の土曜にマライ海岸〔マライ海岸は、マラッカの海岸である。サンビラン島は海峡の中、ペラク川と同緯度のところにある〕の最初の陸地、プーロ・サンビラン（サンバリン）島に到達した。そこで幸運にも三隻のポルトガル船を見つけたところ、ペグーからきたその中の一隻が、綱具と船頭と二人の兵隊と一人の水先案内をかしてくれ、その三人がマラッカまでの私の面倒をみてくれた。

船を下りた私は、真先に隊長のところへ行って挨拶し、航行中に見たすべてのことを報告した。二五日後にアールの王の使いがやってきて、アシェン王のさし向けた大軍を防ぐための救援隊と軍需品を求めたので、ペドロ・デ・ファリアは武器と大砲と火薬を与えた。彼はたくさんの報酬を出すとつけくわえながら、私にそれらのものを持って行って、隊長からといって差し出すように頼んだので、私は罪ほろぼしのために引き受けた。そこで一五三九年一〇月五日、火曜日の朝、船に乗り、非常に急いだので、次の日曜日には、アールの町のあるパネティカンの河辺に到着した。

ただちに私は上陸し、敵の下船を防ぐために王が自ら作業を指揮している壕に直行した。救援を期待させるペドロ・デ・ファリアの手紙を渡すと王は約束がすでに実現したものと考えて気の毒にも悦んだ。しかも、私の持っていった贈物に非常に満足して私を抱擁し、宮殿に連れていって、手厚く私をもてなしたばかりか、この国ではごく稀なことであるが、自分の妻にまで挨拶させた。

彼は老練な戦士をいっぱい乗せた二三〇隻の船を撃退するのに、ごくわずかの軍需品と六〇〇〇人の兵隊しかもっていなかったので、私はたちどころに、敵は苦もなく彼の王国を簒奪《さんだつ》するにちがいないと考えた。

「私が王国を失い、アシェンの王に占領された場合、モルッカ諸島や、中国、スンダ、ボルネオ、ティモール、日本の諸海域と通商するのを妨げられて、あなた方が非常な損失を蒙るということをポルトガル王が知ったならば、彼は貪欲と無分別から、敵の侵入をほしいままにさせた部下たちを罰することだろう！」と彼は私にいった。

私は答えようとしたが、彼は私が黙《だま》らざるをえないほどはっきりと、真実をもって私を説伏したのであった。

私の到着の翌日、アシェンの艦隊はすでに出発し、八日以内にここへくるだろうという情報が入った。そこで哀れな王は、女や戦闘に向かない人々を町から出し、六―七レゴア先の森の中に避難させた。象に乗り、四〇―五〇人の恐れおののく老人につきそわれて森に退く女王を見るのは、まことにあわれをもよおすことであった。

三日後に、彼は私にいつ立ち去りたいかと尋ねた。私は、「それは殿下のご命令次第だが、隊長が商品とともに私を中国へ遣るはずであるから、早ければ好都合だ」と答えた。「いかにも」と彼はいって、手首につけていた、三〇エキュばかりの重そうな二つの金の腕輪をはずし、「こんなわずかなものしかあなたに上げない私を吝嗇《けち》だと思わないで下さい。この手紙とこのダイヤモンドを私からといってあなたの隊長に上げて下さい。軍需品で私を助けて下さったご恩には充分報いていないと思いますが」と。

私はただちに乗船し、艪を漕いで河を下り、一五―一六軒の茅葺家からなる河口の部落までいった。ここは非常に貧しい人ばかりが住んでいて、彼らはトカゲを殺し、その肝臓から矢に塗る毒をとって、生計を立てているのであった。

翌日の夕方、アンシェピザン島を過ぎるまで、海岸に沿って進み、それから夜にかけて陸地から離れるために海の方へ進路を向けた。しかし、スマトラ島では常のことであるが、宵に風が北東に変わって嵐が荒れ狂い、私たちの船は帆柱と帆を失い、やがて龍骨に近い三カ所に浸水して沈没してしまった。乗組の二八人のうち、二三人は一〇分足らずのうちに溺れて死んだ。神のご慈悲で残った私たち五人はみな傷つき、波で暗礁に打上げられて夜を過した。

その浜は沼沢が多く、鳥が枝から枝へ飛び交うのもやっとであるほど、繁った木々で縁どられていた。私たちは三日、この岩の上にうずくまって、波の打上げる汚物だけを食料とした。それから出発する決心をし、腰帯のところまで泥の中にはまりこんで、島の海岸づたいに一日中歩いた。日暮ごろ、小さな川口に達したが、疲れと傷のためあえて泳いで渡ろうとはしなかった。そこで首まで水に浸り、ひどく虻《あぶ》と羽虫蚊にさされて、みながみな血だらけになってこの場に一晩中留まることを余儀なくされた。

朝になって、仲間の一人が死んだ。長いこと食べなかったのと、頭に受けた傷のためで、そこから脳みそが損われて腐った上、傷の中に汚れた水がたくさん入り、羽虫蚊が刺して痛めつけていた。私自身も頭と肩の傷から流れ出る血のために、一足ごとに水の中で倒れるほどまでに弱っていた。

その水夫を泥の中へ葬った後で、われわれは川を渡って向こう岸に見える大木の傍に眠りにいこうと決心した。私が前に話した、紡錘形の頭をした毒蛇や、息だけで人を殺す、黒と緑で飾られた蛇のような有毒動物のほかに、この地方にたくさんいる虎やワニが心配だったのである。私は仲間の二人が先に渡り、他の一人は水の中で私を助けるために一緒に残ってくれるように頼んだ。というのは衰弱のため、私はほとんどまっすぐに立っていることができなかったからである。そこで彼らは、後に続くようにとわれわれに勧めながら川に飛込んだ。が中ほどに達するや、二匹の大ワニが襲いかかり、私たちの目の前で、一瞬のうちにずたずたに彼らをひきさき、血に染った水の流れを残して、彼らを川底にひきずり込んだ。われわれは叫ぶ力さえなかった。そして私は、自分がどうして免れえたのかわからなかった。というのは、もう一人の水夫に手をとられて、すでに腰帯のところまで水に入っていたし、彼は危険を知って茫然自失していたのである。

私は三時間の間、話すことも泣くこともできないほど、気が転倒していた。ついに水夫と私は、海の中へ戻って、その日の残りを過した。

翌日、われわれは河口を探しにやってきた一隻の小舟を認めた。近づいてくるや、われわれは水から出て、ひざまずき、手を合わせて彼らを呼んだ。舟の人たちは漕ぐのを止め、どうしてほしいのかと尋ねた。われわれは、自分たちはキリスト教徒で、マラッカの住民であるが、九日間の嵐で、ひどい目にあっている、後生だから、どこでもあなた方がよいと思うところへ連れていってほしい、と答えた。

彼らの頭《かしら》と思われる者は、「見たところ、お前たちはわれわれの役に立つ状態ではないし、船に乗せた時、こちらにかかる支出を償えそうもない。だから、もしお前たちが金をもっているならば、すぐによこしなさい。そうでなければ、われわれに救われようと思っても無駄なことだ」といった。

こういって、彼らは向こうへ行きそうな様子をした。私たちは泣きながら、奴隷にして好きなところへ売ってほしいと頼み、さらに私は、自分はマラッカの隊長の近親者である名誉を担っているのだから、高い身代金が払われるだろうといいそえた。

「よし、もしお前のいうことが本当でなかったら、足と手を縛って、生身のまま海へほうり込んでやろう」と彼らは答えた。

そして、われわれは動くことができないほど弱っていたので、彼らの中の四人が川へ飛びおり、舟へ運んでくれた。しかし、拷問にかけて金の隠場所を自白させようと考えた彼らは、帆柱の下に私たちを縛りつけ、よった縄で情《なさけ》を知らぬ人のように殴打したので、われわれは血だらけになった。彼らは半ば死んだようになっていたわれわれを生き返らせようとして、私の連れにある飲料を与えたが、それは尿の中に溶かされた一種の石灰でつくられたもので、彼はそれによって肺臓と肝臓をはき出すほどのひどい嘔吐を起こし一時間後に死んでしまった。しかし探しても、望んだように金を見つけることができなかったので、私は同じ目にあわされずにすんだのである。彼らは、私が死なないように、拷問による傷をその飲料で洗うだけにしたが、それは私に今にも死にそうなほどのひどい苦痛を与えた。

アリスンエーと呼ばれるこの川を出て、翌日夕食後に、陸地に着いた。ジャンペス王国のシアカ〔海岸から少し隔ったシアカあるいはシアクの町、バンカリ島の後の海に流れ入る同名の川のほとりにある。バンカリ島はスマトラの北岸にあり、ほとんどマラッカに面している〕というところで、藁葺き屋根の家々があった。そこに、彼らは私を二七日間とどめたが、その間に幸いにも私の傷は治癒した。しかしその後で、私と利害で結ばれている七人の人々は、漁るために水上生活をする彼らの仕事に私が役立たないのを見て、三度私を競売に出したが、買手は見つからなかった。そこで、もう私を養おうとはせず、ついに家の外にほうり出してしまった。

この人非人どもに捨てられ、廃馬のように放たれてから三六日というものは、戸毎に施しを乞うたが、この地方の住民は非常に貧乏であったので、わずかのものをもらうのもごく稀であった。ある朝、太陽を浴びて、海岸の砂の上で寝ていた時、神がパリンバン島生まれの回教徒にそこを通らせ給うた。彼は私がポルトガル人であるかどうかと尋ねた。私はそのとおりであること、要塞の隊長の甥、つまり彼の妹の中の一人の息子で、両親は非常に金持であるから、もしマラッカに連れて行ってくれれば、私の身代金として彼が望むだけを与えるだろう、といった。そして私は自分の身に起こったことをぽつりぽつり彼に話した。

「見知らぬ方よ、私は一介の貧しい商人にすぎません。私はわずかの金で、鯡《にしん》の卵の取引をはじめましたが、それでは生計を立てて行くことができないのです。もしマラッカで隊長や税関の役人たちが、他の多くの人たちにするように、私の商品を奪うようなことが本当にないのなら、喜んでそこへいきましょう。もし、あなたのお蔭で私が安心してそこへいくことができるとお考えなら、漁師たちからあなたを買いもどすように骨折りましょう」と彼はいった。

私は目に涙を浮べて、あなたは私のいうことを信じない様子だが、もしこの誓いの証拠がほしければ、隊長が私のためを思って、マラッカであなたを鄭重に扱うように、そしてあなたの商品には手をつけず、私を自由にするためにあなたの出してくれる金の一〇倍を払うように自筆し、誓いましょう、と答えた。

「よろしい、できればあなたを買いもどしましょう。しかし、あなたの主人たちが、私には取りもどせないほどの値に、あなたを高くつけないように、相談ずみだということはいわずにおきましょう」

とこのマホメット教徒は答えた。

6

このとりきめの四日後に、もっとたやすく私を買いもどすため、商人は、漁師たちを配下に治めている、この土地生まれの一人の男を仲介に立て、金の七マーゼス——われわれの金にして約八リーブル一五ソル——でやすやすと私を手に入れた。

それから、マホメット教徒は、私を自分の家へ連れていき、前よりも手やわらかな監禁で五日間、そこにとどめた。次に、五里隔ったソロバヤというところへ行き、鯡の卵を船に積込んだ。住民たちは、ここから毎年二〇〇〇隻以上の船——そのおのおのは、少なくも一五〇か二〇〇の樽を積み、樽の一つ一つには、一〇〇〇個の卵が入っている——を送り出しているが、しかし、魚の他の部分からは何の利益も得ることができないのである。こうして、私の新しい主人はマラッカに向けて出帆し、非常に幸運にも、三日後に到達した。彼は、私を要塞へ伴い、二人で取りかわした契約を隊長に話した。ペドロ・デ・ファリアはあわれな恰好をしている私を見て、ひどく心を動かされて目に涙を浮べ、ただちにマホメット教徒の商人に、六〇ドゥカットと中国の上等の緞子二巻を与えた。その上商人が税関でせねばならないすべてのことを、王の名において免除した。それから彼は書記の家へ私を泊らせたが、私はそこで一月以上床につき、町で著名なすべての人々の見舞いを受けた。

ところで、アシェンの王は、マラッカ征服には海からいくよりほかに手はないと考え、そのためにはまずアール王国を占領してパネティカン川の上で体制を固め、シンガポールとサバーウン海峡〔シンガポール海峡の島々に面したスマトラの部分〕をふさぎ、われわれの船が中国、スンダ、モルッカ諸島等の海域を通るのを妨げようと計った。そこで王は一万七〇〇〇人の兵を率いて敵方の町に上陸し、兵力と陰謀とによってそこを奪い取った。そして私たちのよき同盟者であり、友であり、かつポルトガル王の忠実な僕《しもべ》でもあったアールの哀れな王は殺されてしまった。

彼の妻である女王は残った人々とともに、一七隻の艪船に乗ってマラッカへきたので、ペドロ・デ・ファリアは鄭重に迎えて、彼女を立派な家に泊めた。しかし女王はただちに、彼からは約束以外の援助は期待できないと見てとり、家来を連れてビンタンのジャンタナ王のところへいった。彼は彼女を娶り、アシェン人を完全に無視するというようなやり方で彼女に味方し、アール王国を解放した。彼は一五七四年、当のアシェン王が突然攻め入り、彼の身柄を奪って残忍に殺させた時まで、そこの支配者であった。

前の話にかえるために、私の全快後、ペドロ・デ・ファリアが私に命じたことを話そう。それは彼の財産の一万ドゥカットをパン王国に住むトメ・ロボという彼の代理人に渡しにいくことと、シャム王国にいる彼の義兄弟モンテオ・デ・バンシャの五人のポルトガル人の奴隷を解放するようパタンで王と談判することであった。

ところで、航海七日目に、プーロ・ティマノ島に向かい合ったマラッカから九〇レゴアの地点で、われわれは夜の明ける少し前、海の上で訴えるような大声をたびたび耳にしたが、その方へ行って、ようやくのことで、遠く水の上に漂っている黒いものを認めた。私と一緒に船に乗っていたポルトガル人たちは別の途を通るようにと勧めた。しかし、議論している間に陽《ひ》が昇り、船板や他の木の断片にすがってばたばたと泳いでいる人々を見わけることができたので、彼らを収容すると、一四人のポルトガル人と九人の奴隷であり、みな立っていることができないくらい、弱っていた。彼らは嵐で船をこわされ、一四七人いた乗組員のうち、自分たちだけが生残ったということ、二週間前からこの船板にのって漂い、死んだ東南アフリカの奴隷以外のものは何一つ食べずに八日間生命を支えたということを話した。さらに前の晩には、彼らの苦しみが明日は生命とともに終わるにちがいないと思われたので、ことときれた仲間の二人のポルトガル人を食べようとさえしたのだった。

われわれは神に感謝し、キリスト教徒らしく、客人たちを諫めた。その後で着物を分け与え、われわれわれの寝床に休ませた。彼らは長いあいだ眠らなかったので頭が混乱してめまいを起こし、一時間以上も知覚を失っていた。

夜中ごろパンの港に着き、翌日、夜明けとともに、艪を漕いで川を遡り、一レゴアあまり隔った町に行った。そこで、マラッカの隊長の代理人、トメ・ロボに会い、持ってきた商品をその手に渡した。

その日、海で見つけた一四人のポルトガル人のうちの三人と五人の若いキリスト教徒が死んだ。われわれは彼らの足と首に石をつけて、海の中に投げ込んだが、それは彼らを町に葬ることを人々が許さなかった上、トメ・ロボがそうすることに四〇ドゥカットを要求したためであった。が、それというのも、死人たちは、生前食べたたくさんの豚の穢れを浄められないと人々が申し立てたからであり、これはマホメット教徒にとってもっとも忌むべき大罪であったのである。

数日後に、私は旅を続けようとしたが、トメ・ロボから行かぬようにと切に頼まれた。それは、パンの町の上役の一人、トゥアン・シェラファンという人が、彼に盗みをされたと訴え、彼の家で商品もろとも彼を焼き殺すと誓ったという情報が入ったからであった。トメ・ロボのこの願いを聞いて私は困惑もし、他方、これを聞きいれて、極度の危険に身をさらさなければならないとも考えて、どうしてよいかわからなかった。ついに私があと二週間とどまり、彼は私と一緒に出発できるように、今からすべての商品を金や宝石に取りかえるように骨折る、ということにきまった。

こうしているうちに、ボルネオの王の使者が、自分の妻のあまり近くにパンの王がいるのを見てこれを殺したという事件が起こり、町は喧噪と動乱にまきこまれ、浮浪人とごろつきが五〇〇—六〇〇人でトメ・ロボの家に攻めてきた。われわれのうち、一一人の者が殺されたが、その中にはマラッカから連れてきた三人のポルトガル人がいた。トメ・ロボは剣で六度突かれながらも辛うじて命拾いをしたが、そのひと突きは右頬を首までさしたので、そのために彼は死ぬと覚悟したほどだった。彼はわれわれ二人に家を離れるようにせがんだので、商品――金と宝石にして五万ドゥカットに当たる――を少しも運び出さずに、五人のボーイと八人の水夫とともに船に避難した。

そして、われわれは四〇〇〇人以上の人が殺されたと同じ危険に身をさらすよりはと、パタナへ向かった。六日後に目的地へ着き、そこにいたポルトガル人たちは、王のところへ行って、マラッカの隊長の蒙った損害を述べ、ペドロ・デ・ファリアが失ったものを、パン王国にある商品で取り返す許可を彼に要求した。それを手に入れた後、彼ら八〇人はわれわれとともに、パン王国のマホメット教徒が所有する三隻の中国風ジャンクを兵力を以て奪い、このようにして五万ドゥカットを取りもどした。

7

われわれは二六日来、パタナに滞在していたが、その時、アントニオ・デ・ファリア・エト・ソーサという男に指揮された一隻のフォイスト船が到着した。彼はマラッカの隊長の命令でパタンの王とある契約を結び、インドの羅紗とリンネルを約一万エキュで売ろうとしてきたのであった。しかし、この商品のパタンでの売れ行きが非常に悪かったので、アントニオ・デ・ファリアは、北の方へなお一〇〇里行ったシャム王国の大都市、ルゴールへそれを持って行くように勧められた。ところで、彼のフォイスト船はこの旅に役立たなかったので、彼は一隻の船を港で手に入れ、自分の代理人として、クリストワン・ボラーリョという男を選んだ。彼とともに、兵隊と商人と、合わせて一六人が船に乗り、私もその一人であったが、みな、一人当たり、少なくも一六―一七エキュはもらいたいと望んでいた。

われわれは土曜日の朝、港を出発し、追い風に押されて木曜日にルゴールの碇泊所に着いた。そこでわれわれは実によい情報を得た。マライのこの海岸一帯とこれに属する地方は、プレシャウ・サレウと呼ばれる偉大な王が支配し、彼は全ソルナウの皇帝であるということを知る必要があったのである。この地方には、われわれが俗にシャムと呼んでいる一四の土侯国があり、それら小国の君主は、臣下として皇帝に敬意を表していた。すなわち彼らは貢物を持参して皇帝にスムバヤをする――正確には、彼の脇差に接吻することである――ため、ソルナウ帝国の首都、オディアの町に自ら行くことが、昔は習慣であり義務でさえあった。しかし、この町が国の中央五〇レゴアのところに位し、王たちが冬の間何度もそこへ行かねばならぬと非常な費用がかかるので、シャムの皇帝は、今後ルゴール(彼らの言葉ではポヨと呼んでいる)に副王をおいて、一四人の土侯は三年毎にそこへ敬意を表しに行くというように譲歩した。この時期には九月の一月《ひと》を通じて、商品はすべての租税を免れるのであった。私たちはちょうどこの免税の時に到達した。

驚いたことに、一〇時ごろわれわれが食卓につこうとしていた時、前檣のついた大きな船が、錨索《びょうさく》をくり出して私たちと並ぶまでに進み出、非常に長い二本の大きな鉄の鎖についたひっかけ鉤を投げてきた。そしてこの船は大きく、こちらのは小さかったので、私たちは引っかけられてしまった。

その時、それまでかくれていた七〇―八〇人のマホメット教徒――その中にはトルコ人がいた――が大声を上げながら船橋の下から出てきて、石と槍を雨霰と投げつけたので、一六人のポルトガル人のうち一二人と、三六人のボーイあるいは水夫がその場に打ち倒れた。残ったわれわれ四人は海に飛び込んだが、一人は溺れ、他は胴までめりこむ泥沼をよぎって陸地に至り、急いで森の中に身をかくした。

しかしながら、マホメット教徒は傷ついて船橋に横たわっていたこちら側の六—七人のボーイにとどめをさした。その後で、私たちの船の商品を全部積み込み終わってから、船を沈めた。そして、錨とわれわれをひっかけた鉤を捨て、正体がばれることをおそれて大急ぎで出帆した。

この不幸な出会いから免れたわれわれ三人は、泣きはじめ、この場所は沼沢が多く、蛇とワニがいっぱいいたにもかかわらず、胃まで泥に埋ったまま、この夜はそこにとどまった。

夜が明けてから、川に沿って小さな流れに達したが、ワニがいたため、越えることができなかった。草のおい茂った沼地のため、他へ行くこともできず、まる五日間ここにとどまったが、この間にバスティアン・エンリケスが死んだ。彼は船の中で八〇〇〇エキュをなくした金持であった。そこでとうとうクリストワン・ボラーリョと私の二人だけになり、半身しか埋められていない死人の体にすがって泣いた。というのは、われわれは動くことも、ほとんど話すこともできないほど、弱っていたからであった。

翌日、われわれの災難から七日目の陽の沈むころ、川を遡ってくる塩を積んだ大きな舟を見た。それが傍にきた時、われわれは地にひれ伏し、ひざまずいて、中に入れてくれるように頼んだ。彼らは驚いて舟を止め、われわれを注視したが、次には航行を続ける様子を見せた。しかし、われわれの叫びやうめき声で、一人の老婦人が船橋の下から出てきて、手に持った棒で水夫たちを四—五回打ったので、彼らは近づいてきて、幾人かでわれわれを肩にかついで舟に運んだ。

この尊敬すべき婦人は、こんなに傷ついたわれわれが、血と泥にまみれた下着やズボン下をまとっているのに腹を立てて、すぐにそれを洗わせ、それぞれに、着物を与えた後、自分の傍に坐らせ、われわれの食物を持ってこさせた。

彼女はわれわれに、「お食べなさい、お食べなさい、気の毒な方たち、心配なさることはありません。私はまだ五〇歳になっていませんが、六年前に、奴隷にされ、一〇万ドゥカット以上の財産を奪われました。私の三人の息子と夫と二人の兄弟と婿は、シャム王の象に、踏みつぶされました。結婚した三人の娘と両親と三二人の親族が猛火の中に投げ込まれるのも見ました」といった。

われわれは彼女にこれまでのことを話した。すると彼女の部下たちは、われわれのいう船は、コージャ・アセンというグザラト生まれのマホメット教徒のもので、彼は海南島へ行くために、蘇芳を乗せて、今朝、川から出発したのだといった。われわれの国の、エクトール・デ・ミルベイラという隊長がメッカ海峡でコージャ・アセンの父と二人の兄弟が乗っていた船を襲撃し、彼らを殺したので、彼は復讐を誓っていたのであった。

この尊敬すべき婦人は艪と帆で約二里川を遡って小さな村に至り、そこで夜を過した。翌日、彼女は出発し、さらに五里先のルゴールの町の右方に向かった。昼ごろ、彼女はそこに上陸してわれわれを彼女の家に導き、食事その他を豊富に与えた後、二三日間われわれをとどめた。彼女は一五三八年、ジャヴァ島のバンシャの町でクアイジュアンの王に殺されたプレヴェディンのシャバンダール、すなわち司令官の寡婦であった。彼女がわれわれを見つけたのは、碇泊所にいる、塩を積んだ彼女の船からでてきた時であった。その船は砂洲を通るのには大きすぎたので、当の舟で少しずつ荷を下させていたのである。

私のいった二三日が尽きた時、神はわれわれに完全に健康をとりもどさせ給うた。そこで婦人は、八〇レゴア先のパタナへ行く商人で、彼女の血続きのものにわれわれを託した。彼は自分と一緒に、サンエイタンという川に船を進めて、七日後にパタナへ着いた。

こうして帰ってきたわれわれを見たアントニオ・デ・ファリアは、商品からの有利な儲けを期待していただけに、ひどくがっかりして不機嫌になり、一言もいわずに半時間以上もじっとしていた。そしてわれわれが商品を預っていった他のポルトガル人たちはそれ以上であった。アントニオ・デ・ファリアは、無担保で一万二〇〇〇エキュの商品を彼に与えた人々から返済を迫られるのを恐れて、マラッカへ引き返す勇気がないと告白した。そしてそれを奪った人々を追跡し、是が非でも一〇〇倍にして返させると福音書にかけて誓いをなした。というのは、一六人のポルトガル人と三六人のキリスト教徒のボーイと水夫を殺したから、罰が当たらずにはすまされまいというのであった。

たくさんの若い兵隊が、この旅に同行を申し出たので、一八日の間に、五五人のポルトガル人が集まった。私は再びそこへ引き返さなければならなかったが、なんと不幸なことであったろう。友だちに貸した五〇〇ドゥカットがマラッカにあるほかには、鐚《びた》一文なく、私にくれようとする人もいなかった。私に残されたものといえば、投槍で三突され、石で傷つけられた哀れな肉体だけであり、そのために、数度私は生死の淵をさまよった。こうしてパタナでは私は骨まで奪い取られた。私の連れのクリストワン・ボラーリョはといえば、私以上の虐待を蒙ったのであった。

第二章

1

アントニオ・デ・ファリアは一五四〇年五月九日の土曜日に、パタナを出港し、チャンパ王国に向けて舵を北北西にとった。彼は、そこで一仕事する腹だったのである。というのは、彼はあまりに出帆を急いだので、食糧も、弾薬も、十分に準備する暇がなかったからである。

船を進めること七日で、われわれはプーロ・コンドール島を認めた。その島を一回りしてみると、東の方に、ブラピサンという良港のあることがわかった。われわれは陸地から六レゴア〔一レゴアは六・六キロメートル〕ぐらい隔っていたのであるが、その時トサ（土佐）の島の領主ナウタウキン・デ・リンダウの使節を乗せて、シャム王国に向かうレキオス（琉球）のジャンクが通りかかった。そのジャンクから、アントニオ・デ・ファリアに、シナ人の船頭が一人遣わされてきて、彼に、真情のこもったメッセージや、黄金作りの高価な短剣や、壺状の金の小箱に収めた二六顆の真珠などを捧げた。それをみてアントニオ・デ・ファリアは非常に立腹した。それというのも、彼の方では、その領主にとてもこんなに立派なものは、返礼できなかったからである。

われわれは上陸して三日間というもの、飲用水を積みこんだり、袋鼠や、鳥を捕ったりして過した。

その後でわれわれは、再び船出し、カンボジア国と、チャンパ王国の国境をなしているプーロ・カンビンという名の河を探すために、大陸の海岸に着いたのだが、それをわれわれが見つけだしたのは、五月の晦日のことであった。船頭は、その河を三レゴアばかり遡って、カティンパルという大きな町の対岸に錨を下した。われわれはそこで一二日間おとなしく過して、必要な品々を買いととのえた。アントニオ・デ・ファリアは、当然のことながら、好奇心に富んでいたので、その土地の人たちから、この大河はピナトールという湖から流れ出ていること、その湖というのは、キティルヴァン王国の中にあって海から東の方に二六〇レゴアはなれ、高山に囲まれていること、その高山の麓には三八の村落があることなどを聞き知った。そのうちの村の一つには大きな金鉱があって、そこでは金の延棒の一本半もとれぬ日とてはなく、一年にわれわれの貨幣で二二〇〇万も産するとのことであった。そうして四人の領主がその金鉱に関係していたのだが、彼らの間にはその権利を手に入れんがための争いの絶え間がなく、その中の一人は延棒六〇〇本に相当する金を粉にして瓶の縁のところまでびっしりつめ、自分の家の中庭の土の中に埋めているということであった。もう一つの村には、美しいダイヤモンドの採石場があって、そのダイヤはジャヴァのラヴァやタンアンプラのものより高価の由であった。そうしてそれらの領主を征服しようとするならば、わが国の射撃手の、ものの三〇〇人もいれば事足り、この河の上流にある国を征服することなどは全く朝飯前である、と思われた。

このプーロ・カンビンの河を去ってわれわれは、チャンパ王国の海岸沿いに北上し、約一七レゴア隔った、サレイジャカオという港に錨を下した。そこでわれわれは、岸に村落が六つほどあること、その中の一つには一〇〇〇にあまる家屋があって、それらがみな非常に高い木に囲まれていたことを認めただけで、余のことは何もせず、日没前にそこを去った。

翌朝、われわれはトバソイという河の河口に着いたのだが、水先案内人はその河底の様子を知らなかったので、あえて港内に入ろうとはしなかった。まもなく、沖の方からこの港を目ざして進んでくる船の大きな帆が目に映った。そこで、われわれは、錨を下したまま動かずに、その船の近づくのを待った。船がわれわれの近くまできた時、われわれは旗を掲げて、その船に挨拶を送った。彼らは、この旗を、シャラシナと呼んで、友情の証しとしているのである。ところが、その船の奴らは、われわれに同様の返礼をするどころか、逆に不愉快きわまる、怪しからぬ事を口々に叫び、その上、船尾に、尻をまるだしにした南阿土人の奴隷を縛りつけて、われわれに見せつけながら、笛や太鼓や鐘をやかましく打ち鳴らしてはやしたてた。これには、アントニオ・デ・ファリアも、かんかんに怒って、部下に大砲を一発打たせ、彼らがもっと鄭重になるかどうかをみた。ところが、奴らは、軽砲を三発、それに、ポルトガル人が駱駝と呼んでいる野砲を二発打って、返答した。そこでわれわれは、この船が、よく見えるようになるのを、つまり夜が明けるのを待つことにしたが、その間も決して要心を怠りはしなかった。

夜中の二時ごろ、水面に何か三つの黒い物が見えた。われわれがアントニオ・デ・ファリアを起こすと、彼は、「武器をとれ！　武器をとれ！」と叫んだ。われわれの方に近づいてきたのは、三隻のボートであった。

「諸君」と、われわれの船長はいった。

「われわれを襲いにきたのは泥棒だ。奴らは、われわれが、六―七人しかいないと思っているらしい。われわれの船には、普通それぐらいしか乗っていないからな。みな、背を低くして、あいつらに見られないようにしろ！　だが、火薬壺を準備しておけ、あいつらに火が見えないように、火縄はよくかくして、われわれが眠りこけていると思いこませるんだ」

銃弾の射程内まで近づくと、その三隻の舟は、われわれの船のともからへさきの方へと一回りし、それから一五分ほど、何事か相談するらしく集まっていたが、やがて小さい方の二隻はわれわれの船尾に、他の大きな一隻は右舷に近づいてきた。そして、それから七―八分もたったかと思われるころ、四〇人ぐらいわれわれの船に乗り移ってきた。ちょうどその時である、アントニオ・デ・ファリアは、やはり四〇人ほどの部下を引き連れて船橋のかげから躍り出し、守護神たるサン・ティアゴの加護を念じつつ、彼らに襲いかかって、そのほとんどをまたたくまにあの世へ送ってしまった。生き残った連中は、火薬壺を喰って海に飛びこんでしまった。われわれが救ったのはたった五人だけであった。すなわち、われわれに尻を出して見せてくれた南阿人の奴隷と、トルコ人が一人、アチン人が二人、それに他にもう一人である。アチン人の中の一人は、拷問にかけるぞといって嚇《おど》したら、その名前を白状した。曰く、

「私は、セバスチャンという者で、ガスパール・デ・メロに捕えられたんですが、そいつがまた、二年ほど前、リァンポー（寧波）で、二五人のポルトガル人と一緒に、今ここにいる犬みたいな奴に殺されちまったんです。こいつは、シミラウといって、ちょっとした海賊なんで、あんた方には、うっかりすると生命にもかかわろうっていう敵ですよ。あんた方が、六―七人しかいないと思ったもんだから、こいつは、あんた方を引っ捕まえて、革紐で脳味噌をたたき出そうとしたんですよ。ちょうど私の主人にしたようにね。だが、神様も、そいつが年貢を納めるのを許して下さるでしょうよ」

アントニオ・デ・ファリアは、シミラウが、手下の中で戦えるような奴はみな連れてきたこと、彼の船には、四〇人ほどのシナ人の水夫しか残っていないことを、奴隷に白状させると、この運の良さ

を確かめたいと思った。革の紐をもってきて、シミラウと、その手下の脳味噌をたたき出してしまうと、彼は三〇人の手下を従えて、敵の乗ってきた舟に乗りこんだ。潮加減も風向きも、ちょうど良かったので、彼は一時間もたたないうちに、敵のジャンクに着いた。音もたてずにその舟に乗り移り、ともを占領して、火薬のつまった壺を四つ、船首に投げつけたものだから、そこに眠りこけていた下っぱの奴らは、海中に吹きとばされて、一〇人から一二人ぐらいそれで死んでしまった。生き残って、海面で大声あげていた奴らを、アントニオ・デ・ファリアは、引っ張り上げさせた。というのは、艪を漕いだり、ものすごく高く、大きい帆を操ったりするのに、そいつらの手が必要だったからである。こういったわけで、彼は、神様の御心のままに、聖なる正義の正しい裁きによって、この残虐きわまりない、呪われたる無頼漢に、天誅を下したのであった。

夜が明けた時、分捕品の棚卸しをしてみたら、日本の金で、三万六〇〇〇両あることがわかった。これは、われわれの貨幣でいうと、五万四〇〇〇ドゥカットにもなる。なおその上、幾種類もの、高級な商品があった。しかし、このことでその国はもうずいぶんと騒がしくなっていたし、住民は至るところで狼煙《のろし》をあげて、お互いに警報を送っていたので、われわれは早々に帆を上げて、そこを立ち去らなければならなかった。

2

一五四〇年の聖礼祭の前日、それはたまたま水曜日であったが、このトバソイ河を発ったアントニオ・デ・ファリアは、海岸沿いに船を進めた。それは、新月と満月の交にとくにそうなのだが、この辺で、ひどくなる東風に乗ったからであった。次の金曜日に、われわれは、土地の人が、ティナコレーウと呼んでいる川――われわれは、これをヴァレラ河とよんでいる――の岸に着いた。シナに出かける、シャムやマレーの船はみな、普通この河で自分たちの商品を、金塊や伽羅の木や象牙などと交換して取引するならわしであった。われわれはそこで、何かコージャ・アセンの消息が得られるだろうと期待していた。

その河口のちょっと手前、タイキレウという村に相対して投錨すると、すぐ、たくさんのパラオスや獲物をいっぱいに積んだ漁船が、われわれの方にやってきた。彼らの中には、われわれのような鬚をたくわえた人間を見たことのある者が、一人もいなかった。アントニオ・デ・ファリアが、彼らにいろいろと尋ねてみたら、もしこの国を占領すれば、インドをとるよりももっと大きい利益を上げることができ、しかも費用はより少なくてすむこと、それにこの国を征服するのは大して苦労なことでもなく、血を流す必要もなさそうだということがわかった。

次の水曜日に、われわれは、プーロ・シャンペイロ島に近づいた。それは、無人島で、コーチシナ湾〔トンキン湾〕の口に位置している。われわれは、艦砲を整備するために、三日間そこに止った。それから、われわれは、ハイナン島に向かい、プーロ・カパスの暗礁をやり過して、港と河を見つけるために、陸沿いに航行した。パタナ出港以来われわれの乗っていた船が浸水してしまったので、アントニオ・デ・ファリアは、部下全員に、他の船に乗り移るよう命令した。しかし、乗り移ったその船は、とても大きく、深いところでないと坐礁してしまうおそれがあったので、ある河を前にして、岸から一レゴアもある沖合に錨を下さなければならなかった。そういうわけなので、船長は、クリストワン・ボラーリョに、その河を確かめ、向こうに見える火は何なのか調べるように命じた。ボラーリョは一四人の兵士を連れて、船で出かけた。

まもなく、彼はみなマストを二本か三本持っている、大きなジャンク四〇隻からなる艦隊を発見した。彼は、それが噂にきいたシナの海軍ではないかとおそれ危ぶんで、はじめは遠く離れたところに船をとめたが、やがて真夜中になって、潮が流れはじめた時、彼は音を立てぬように細心の注意を払いながら錨を引き上げ、眠っている船の傍を通りすぎて、火の見えた岸に近づいた。彼はこうして、幾人かの兵士の意見だとほとんど二〇〇〇近い船が碇泊している港に着いた。音をたてずに、それらの船の間を縫って、彼はある都市の近くに着いた。その街には一万以上の家族が住んでおり、周囲には煉瓦の防壁がめぐらされ、われわれのそれと同じような塔や大路があり、満々と水をたたえた濠があった。そこで、われわれの船の兵士一四人のうち五人と、妻を人質として残してきたシナ人が二人下船して、三時間その都会に入っていたが、誰にも見られもせず見破られもしなかった。そうした後で、船は帆と櫂で音を立てずに港を出た。河口で一隻のジャンクが投錨したのを見かけたボラーリョは、それがわれわれの探し求めていたコージャ・アセンの犬奴の船かもしれないと思い、そのことをアントニオ・デ・ファリアに報告するために帰ってきた。

われわれの頭《かしら》は、どうもそれがコージャ・アセンらしく思えるといって、少しでも早くと、錨も打ち棄て、帆に満風を受けながら急ぎに急いだ。例のジャンクが見えだすと、彼は他の側から進むように命じ、河上にいるシナの艦隊がきさつけるといけないから、絶対に発砲するな、といった。そこで、わが方の勇士が二〇人、そのジャンクに躍りこんで、ほどなくそれを占領してしまった。その船に乗っていた連中は、大部分、われがちに海にとびこんだ。もっとも勇気のある幾人かが、われわれに手向かおうとしたが、アントニオ・デ・ファリアが、新手の兵を二〇人引き連れてかけつけたので、まもなく、生きているのは海にとびこんだ連中と、われわれが味方の船の漕手や帆の操作係にするために生け捕った連中だけになってしまった。

彼らがどういう人間なのかを知るために、われわれは質問攻めにした。彼らの中の二人は、どうしても口を割らず、拷問されても頑としていわなかった。で、子供を縛り上げて、同じような目にあわせようとしたら、へさきに寝ていたその父親の老人が、何もかもいうからそれだけはやめてくれと、目に涙を浮かべて叫んだ。アントニオ・デ・ファリアは、すぐに子供を拷問するのを取りやめ、もし嘘を吐いたら二人とも生身のまま海中にほうりこんでしまうが、本当のことをいえば、自由放免にした上、かならず自分のもっている商品をくれてやるといった。

この老人は、白人のキリスト教徒で、シナイ山の生まれであり、名をトメ・モスタンゲオといった。一五三八年に彼が自分の船に乗って、ジエダーの港に碇泊中、カイロの副王、ソリマン・パシャが他の七隻の船と一緒に、モスタンゲオの船を分捕ってしまった。それは自分のひきいている六〇隻のガリー船の糧食や弾薬を調達するためであった。それというのも、モゴール人に占領されてしまったカンバヤの王位にサルタン・バンドゥールを復せしめ、次いで、インドからポルトガル人を追っ払ってしまえという、王の命令によるものであった。それでも、金は払うということであったので、それを受けとりにモスタンゲオはやってきたのだが、トルコ人たちは、それどころか、彼の妻と幼い娘を奪って、彼の目の前で凌辱した。彼の息子がそれをみて、泣いてこの侮辱を口惜しがったものだから、トルコ人たちは、彼の手足を縛りあげて、水の中に投込んでしまった。モスタンゲオ自身も、足枷をかけられた上に鞭で打たれ、おまけに六〇〇〇ドゥカットほどの財産もすっかり奪われてしまった。神の御恵みを享受できるのは、聖にして正義の徒たる回教徒《ムスリマン》に限られるのだ、というのが彼らのいい草なのであった。そういうわけで、彼の妻と娘が、その受けた暴行のために命を落してしまったので、彼はある夜、まだ幼かった息子と一緒に海中にとびこみ、スラートの島にたどり着くことができた。それからバサインの船長、ガルシア・デ・サースの船で、マラッカについた。そこから、ドン・エステヴァーノ・デ・ガマの命令で、モルッカスで問屋をやっていたクリストワン・サルディーニャと一緒に、シナに行った。が、サルディーニャが、シンガポールで錨を下していたある晩、この船の船長キアイ・タイジャノが急に襲ってきて、二六人のポルトガル人もろともサルディーニャを殺してしまった。で結局、年老いた彼モスタンゲオだけが命をとられなかったのは彼が砲手であったからである。

ここまできくと、アントニオ・デ・ファリアは、彼の話を遮らないではいられなかった。「何という話だ！　まるで夢を見ているようだ」。彼は拳で自分の頭を叩きながら、そう叫んだ。それから彼をとりまいていた兵士たちの方にふりむいて、彼は、この一〇〇人以上ものポルトガル人を殺し、一〇万ドゥカット以上もの掠奪を働いたキアイという奴の生涯を話してきかせた。彼はサルディーニャを殺してしまうと、その名前まで失敬して、自分をサルディーニャ船長と呼んでいたということなども。

すると、今度は老人が口を出していうには、キアイ・タイジャノはひどく負傷して、他の六―七人の奴らと一緒に、まさにこのジャンクの船艙の索の間にかくれているのだとのことであった。そこでアントニオ・デ・ファリアは、大急ぎでに船艙に降りて行った。大部分の兵士たちも、後に続いた。彼らは索綱のおいてあった場所の昇降口を開いた。するとあの犬奴と、六人ほどのこっぱが、やぶれかぶれになってかかってきた。味方は一四人ぐらいの若いのを別にしても三〇人以上いた。恐ろしい闘いが、また始まった。が、一五分もすると、皆殺しにしてしまった。しかし味方も、二人のポルトガル人と、若いのが七人ほど死んだし、傷を負ったのは二〇人以上もいた。

アントニオ・デ・ファリア自身も、頭と片腕の二カ所に刃傷を受けた。しかし、かれこれ、一〇時近くなっていたので、負傷者の手当がすむとすぐ、彼は帆を上げさせた。河にある四〇隻のジャンクに事が知れてはまずいと思ったからである。そしてその晩はコーチシナ湾の反対側に錨を下した。そこで海賊船に積んであったものを調べたところ、胡椒が五〇〇本、白檀が三トン、にくずくの実が二トン、錫が四トン、象牙が一トン半、蠟《ろう》が六〇〇〇キロ、伽羅木が二五〇キロ、しめて七万ドゥカットくらいの品物があった。その他、一門の野砲、四門の軽砲、それに一三の真鍮製砲台があったが、こうした大砲類はほとんど全部、クリストワン・サルディーニャや、ジョアン・デ・オリヴェイラやバルトレメウ・デ・マトスなどの船から強奪したものであった。

なおあらゆる種類の高価な財宝や、銀器がいっぱいにつまっている銅の箱が三つ、火薬が一八カンタル〔一カンタルは、五〇キロ〕、火縄銃が五八梃なども見つけられた。おまけに、六歳から八歳くらいの子供が九人、手足を縛られて、ころがされていたが、見ただけで憐憫の情を覚えずにいられないような姿をしていた。というのは、九人が九人とも、ほとんど骨と皮ばかりに痩せていて、その細い骨がはっきり見えるくらいになっていたからである。

3

その翌日、アントニオ・デ・ファリアは海南島の海岸地方にとって返し、夜までずっと、二五尋から、三〇尋くらいの深さのある、その沿岸を巡航した。そうしているうちに、ある入江に出たが、そこには大きな船が何隻も止っていて、真珠の採集をしていた。その船を分捕れという意見のものもいたが、彼らと取引して、商品の大部分を売りさばいてしまう方が安全確実だと考えるものもいた。後の方の意見が一番いいと判断して、アントニオ・デ・ファリアは、シナの習慣どおり、マストに平和の中にことを運ぶ商船たることを示す旗を掲げさせた。すると、すぐ、陸から、二隻の小船が飲物をたくさん積んでわれわれの方にやってきた。

彼ら流の挨拶をしおわると、その船に乗っていた人たちは、アントニオ・デ・ファリアの乗っていた大きなジャンクに上ってきたが、彼らはわれわれのような風采をした人間をかつて見たことがなかったものだから、驚いて口をあけたまま突っ立っていた。われわれはシャムの商人で、彼らさえよかったら、われわれのもっている商品を彼らと取引するためにここにやってきたのだ、ということを、通訳を通して彼らに知らせた。それに対して、一人の老人が、ここでは取引はしないが、もう少し先の、グァムボイという港でならしてよいと答えた。そうして彼は、われわれにすぐここを発つように勧めた。というのは、ここは天子のために真珠を採集する場所であり、コーチシナ全体を治める太守が、ここに近づくことを許したのは、その採集のための船だけで、他の船がそこに来れば、みな入江の中にいる監視船によって焼き払われるというのであった。さらに彼がつけ加えていうには、この真珠採集を統べているシナの艦隊は、食糧を補給するために、ここから七レゴアほどの、ブアキリンという村に行っているが、三—四日もすれば、かならず五〇〇〇人以上の兵隊と、七〇〇〇人くらいの漕手と水夫を乗せ、四〇隻の大ジャンクと、二五隻のヴァンコンを引き連れてもどってくるとのことであった。その全艦隊が、毎年、真珠の採集の行なわれる三月一日から八月三一日まで、そこを遊弋《ゆうよく》しているという。

アントニオ・デ・ファリアは、この老人に鄭重に礼を述べ、蠟を二塊、胡椒を一袋、それに象牙を一本贈った。それから彼は、老人に海南島について知っていることを知らせてくれと頼んだのだが、そのシナ人はこう答えた。

「まず、貴方たちが、どういう人なのか、そしてこの国になにをしにきたのかいって下され。貴方たちは、商人だといっておられるが、商《あきな》い船に、若いお方が、こんなにたくさん乗っているのを、まだ見たことがない。それにダマスクス織の布を、さいころに賭けたりしているのを見ると、どうも高い金を出して手に入れたようにも思えないでな」

アントニオ・デ・ファリアは、これらの漁夫たちが、そうした品物を全部盗品だと思っているのに気がついて、兵士たちに賭を止めるように合図した。

「この若い連中は、非常に富裕な商人の息子たちなのだよ」と彼はいった。「だから、物がどんなに高くとも、自分たちの父親がどんなに苦労して手に入れたものでも、何とも思ってはいないんだよ」

次いで、彼は、このシナ人たちの見ている前で、サルディーニャ船長から奪った胡椒を積んだ船のハッチを開けさせた。それを見て、彼らはわれわれについて抱いていたよろしくない考えを追っ払った。アントニオ・デ・ファリアが、リァンポーにいくのは、どうも季節が悪いから、どこか、われわれの商品を売りさばけるような、安全な港はないものだろうかと尋ねると、老人は、この国にはすすめられるような港はないし、それに決してシナ人を信用してはならない。しかし、水深を測るのを怠らずに進めば、タナウキール河に着けるから、そこなら碇泊するにも良い港だし、二日もすれば、品物を全部売りさばくことができるだろう、と答えた。

「だが」と彼はつけ加えていった。「荷物を陸揚げするのは、お勧めできぬ。船の中で売ることじゃ。

物をみると欲しくなるし、欲しくなれば無茶なこともやるものだでな」

そういうと、シナ人たちは、アントニオ・デ・ファリアに、贈り物のお返しといって、小粒の真珠をちりばめた（小粒の真珠がいっぱいはいっていた）亀甲の小箱と、かなり大きい真珠を一二粒贈り、例のありがた味もないお世辞をわれわれにやたら振りまきながら暇を告げた。われわれは帆を張り、西風に乗ってすすむこと二日でタナウキール河に着き、ネイトールという小さな村の前に錨を下した。

われわれは、厄介な積荷を一刻も早く売っ払ってしまいたかった。というのは、船にあまり荷物を積んでいたので、日に二度も三度も砂洲に乗り上げたからで、砂洲はところどころでは四―五レゴアも続いているのであった。そこで、夜が明けるとすぐそこから五レゴアほど離れた町に行くために、まず船を河口の方に向けたのだが、潮の流れが逆で、マストいっぱいに帆を張り出しても、船はいっかな進もうとしなかった。

こうしてわれわれが苦労していた時、河に、二隻の巨大なジャンクが現われるのを認めた。船首と船尾に、フォーク・ダブリックをもち、前と中のマストに赤と黒の絹旗をひるがえしていたが、一目で戦艦であることがわかった。力を合わせるために、その二隻の船は縦に並んで（鎖でつなぎ合わせて）烈しくわれわれを攻撃してきたので、われわれは邪魔になる索や綱をみな舷から海に投げこんで、大急ぎで大砲を据えつけなければならなかった。

大声で叫び、鐘を喧しく打ち鳴らしながら、二隻のジャンクは、われわれに近づいてきた。最初彼らの方から二六発ほど見舞ってきたが、そのうち九発は軽砲と野砲の弾であった。それで、彼らはマレー半島の海岸地方の奴らであることがすぐわかった。

アントニオ・デ・ファリアは、相手の二隻が前後に並んでいるのを見て（互いに鎖でつながれているのを見て）、こちらが後ずさりして逃げ出そうとしているようなふりをした。一つには、準備する時を稼ぐため、また一つにはわれわれがキリスト教徒でないと思いこませるためであった。するとすぐ、二隻の船はもっと容易に近づけるように互いに離れたが、その間も、とんでくる投槍と矢はいよいよはげしかったので、とても船橋に突っ立っていることなどはできなかった。

二五人の兵士や、一〇人から一二人の奴隷や水夫たちと一緒に、中甲板の船橋に身をかくしたアントニオ・デ・ファリアは、そこから火縄銃の射撃で三〇分ほど敵と渡り合ったのだが、とうとう船尾の甲板いっぱいにあった弾薬をみな使い果たしてしまった。そして敵の者どもが四〇人ほど、われわれの船の艫《とも》にとび乗ってきた時、彼は彼らをむかえ撃って、獅子奮迅《ししふんじん》の働きをしたので、小一時間もした時、その場に生き残った敵は二六人にすぎなかった。そこで勝に乗じて味方の兵士が二〇人、敵のジャンクに乗り移ったが、大した抵抗も受けなかった。敵の親玉がもう死んでしまっていたからである。味方の兵士は剣を左右に振りまわし、会う奴を次から次とやっつけたので、敵はとうとう降参してしまった。水夫の命だけは助けてやることにした。味方の船を操るのに人手が足りなかったからである。

それがすむと、さっそくアントニオ・デ・ファリアはもう一隻のジャンクに立ち向かわれて、とうてい勝てそうにも見えなかったクリストワン・ボラーリョの救助に向かった。だが、われわれの新手がきたとみるや、敵は海にとび込んで、その大部分は土左衛門になってしまったので、こうして、二隻のジャンクは味方の占拠するところとはなったのである。味方は、ポルトガル人が一人と、若いのが五人、それに九人の水夫が死んだ上、負傷したものはその数を知らなかった。だが、敵の方では八〇人が死に、ほとんど同数の者が捕虜になった。

味方の負傷者の手当をし、ベッドにねかせると、アントニオ・デ・ファリアは、海に身を投げたばかりに溺れそうになって、金切声で救いを求めている水夫どもを引き揚げさせた。彼は、彼らをジャンクに連れて行き、足枷をはかせろと命じ、それから彼らにその親分の名と、生死のほどを聞きただした。しかし彼らは、それに答えるくらいなら、われわれが準備していた拷問を受けて死んだほうがよいと考えているようであった。

その時、まだ敵のジャンクにとどまっていたクリストワン・ボラーリョが叫んだ。

「大将、大将！　早くきてくれ、思いがけない事の出来《しゆつたい》だ」

アントニオ・デ・ファリアは、味方のものを一五―一六人連れて大急ぎで、その船にかけつけた。ボラーリョは彼を船尾に連れていった。「ああ神様、どうぞご慈悲を！」と叫んでいるのが聞えた。それは、呪われた人間の声かと思われるくらいに、はらわたをしぼるような痛ましい声であった。昇降口を開けると、何人かとじこめられているのが見えた。若者を二人下にやって、その人たちを、船橋に連れてこさせてよく見ると、みな、キリスト教徒で、一七人いた。つまり、ポルトガル人が二人に幼児が五人、二人の娘、それに若者が八人であった。みな痛ましいかぎりの姿で、首枷《くびかせ》や手錠をはめられ、太い鎖につながれていた上に、大部分は素裸という有様であった。

彼らに必要なものを与えると、われわれの大将は、ポルトガル人の一人に（もう一人の方は、ほとんど瀕死状態であった）この子供たちは誰の子なのか、彼らはどういう人間なのかを尋ねた。その男は、次のように答えた。海賊は名前を二つもっている。一つは、ネコダ・シカウレン（ネカウレン）といって、これは異教徒としての名前であり、もう一つキリスト教徒としての名前は、フランシスコ・デーサという。それは、彼がガルシア・デ・サアが城主だったころ、マラッカで洗礼を受けたからである。

そう話している彼自身が、その名付親になったのであって、この新たに改宗した者を本当にその国の人間にするために、孤児ではあるが、由緒ある血筋の非常に美しい婦人と結婚させたのであった。

ところが、一五三四年に、この男はマラッカの富裕なポルトガル商人二〇人と、自分の妻を連れて、彼の舟でシナに出かけた。プーロ・カタン島につき、給水のため二日そこに留まった。ところが、彼の水夫たちは、彼と同じくシナ人であったが、大して信心深いキリスト教徒ではなかったので、ポルトガル人を殺して、その品物を奪おうと決心した。夜になって、ポルトガル人たちが、そんな裏切りがたくまれているとはつゆ知らず、深い眠りにおちこんでいる間に、シナ人たちは彼らや彼らの召使いたちを、斧でみな殺しにしてしまった。海賊の妻は異教徒になることを拒絶し、箱にかくされていた偶像を拝むことを頑として肯じなかったので、海賊は彼女の頭に斧を一撃喰わせて、首をはねてしまった。

その後、リァンポー（寧波）の港に行ったが、ポルトガル人の復讐が恐ろしくて、ベタナに寄港する気にはなれなかったので、冬を越すためにシャムに行った。翌年、彼は、シンシェオ（漳州）の港に戻り、そこでスマトラ・ジャヴァ方面からきた小さな船を分捕ったが、それにポルトガル人が一〇人乗っていたので、全部殺してしまった。その時以来、彼は、このコーチシナの入江に引きこもってしまい、そこで取引をしたりあるいは、出会った奴が、自分より弱いとみるとみな、掠奪したりしていた。こうしてこの河をかくれ家にしているうちに、三年もたってしまった。というのは、ポルトガル人は普通取引のために、海南島の港にやってくるようなことはなかったからである。

例の子供たちは、ヌノ・ペレト、ジョアン・デ・ディアス、ペロ、ボルゲスといった名の人たちの子であった。彼らは、海賊が、シャムにある河の河口のモンポラコタで、ジョアン・オリヴェイラの船をやっつけた際、他の一六人のポルトガル人と一緒に殺されてしまったのであった。話手ともう一人の瀕死のポルトガル人が命を失わないですんだのは、一方は大工であり、他方は船職人だからであった。海賊が彼らを連れ歩き、飢えと鞭で殺さんばかりにするようになってからもう四年たっていた。われわれを襲ったのは、彼が、われわれを他の船と同じくシナの商人だと思いこんだからとのことであった。

われわれの親分は彼の手をひいて、屍体を調べるために他の船に連れていった。が、その海賊は、そこにある屍体の中には見出されなかった。そこで、アントニオ・デ・ファリアは、ボートを用意させ、二人のポルトガル人と一緒に乗り込んで、水面を漂っている屍体を探しにかかった。とうとう彼らは、その海賊の屍体を見つけたが、頭に大きな刀傷を受け、身体のど真中を剣で一突き突きさされていた。その屍体には、金の大きな首飾りがあったし、そこに尻尾と足が緑と黒に塗られていて、頭が二つになっている、トカゲの形をした金の偶像がついていたので、ひと目で海賊の屍体であることがわかった。そこで彼はこの神を恐れぬ犬のような奴を、彼の船に運ばせ、舳にひきずって行かせて、首をはね、身体をバラバラに裁ち切ってしまえと命令した。そうしておいて、結局みな海に抛《ほう》り込んでしまった。

4

四万両ほどに相当する二隻分の船荷は、われわれの分捕品の競売人であったアントニオ・ボルジェに委託された。二隻のジャンクはよくできていて、大きかったのだが、残念なことにその一隻は焼き払ってしまわなければならなかった。それというのも、それを操るための漕手や水夫がいなかったからである。その船には、三門の軽砲と、一三門の小さい火砲があったが、ほとんど全部わが国の王室の紋がうたれてあった。彼らが攻撃して、分捕ったポルトガル船のものだったからである。

翌朝、アントニオ・デ・ファリアは、もう一度、河に入ろうと思った。しかし、彼は、夜の間に捕えた漁師から、町の人がみな彼と神を恐れぬこの海賊との間に起こったことをよく知っているから、ただでやるのでなければ、その品物を買おうなどとはしないだろうといわれた。なぜなら、この地方の太守はこの海賊と契約を結んで、海賊の分捕品を三分の一、太守に貢げば、彼の国の中に避難させてやると約束していたので、港の入口に、二隻の火船を用意して、それに乾いた木や、瀝青《れきせい》の樽や、松脂などをいっぱいつみこみ、われわれが錨を下ろすや否や、それらを投げつけて、船に火をつける身構えだったし、おまけに、射手や兵士がぎっしり乗りこんでいるパロアス船が、二〇〇隻も、手ぐすねひいて待ちかまえているといった調子だったからである。それ故、アントニオ・デ・ファリアは、東にさらに四〇レゴアほど離れたムチピナンという港に行くことにした。

三隻のジャンクと、パタナ出港以来われわれの乗っていた船は、舷を摩して、ティラウメラの岬まで進んだが、そこで風と潮の逆流のために三日間、食糧が欠乏してきていたのに、手をこまねいてとどまっていなければならなかった。だが、運よく、夕方になると、フォイスト船に似ていて、シナ人が、ランテアスとよんでいる、櫂で進む小舟が四隻やってくるのがみえた。その中の一隻に、花嫁が一人乗っていた。

舟の人たちには何か慶事があるらしく、盛んに太鼓を打ち鳴らしていたので、その音響のために相手の話声も聞きとれないほどであった。われわれの中のある者は、「彼らは、タナウキールの太守の廻し者だ、その証拠には、われわれを捕虜にすることができるとみて、喜びに打ち騒いでいるではないか」といったので、ただちにわれわれは錨を捨て、どんなことが起こっても大丈夫なように、万全の準備を整えた。しかし、われわれがありとあらゆる旗を掲げて火を焚いたところが、フォイスト船の人たちは、われわれの中に彼らを迎えて大いに喜んでいる新郎がいるとでも思ったのか、喜ばしげにわれわれに逢いに来、彼ら流の挨拶をした。その後で、彼らは陸地近くに錨を下した。

われわれは、こうしたことにどんな秘密がかくされているのかわからなかった。われわれの多くの者は、彼らは、われわれを攻撃するために他の船がやってくるのを待っているのだと考えた。で、われわれは日が暮れるまでのあいだと夜になってからも二時間ほど、不安な気持で過した。そうしたら、花嫁は、彼女の許婚がしきたりになっている挨拶をなかなかしないのにしびれをきらして、一隻のランテアに託して、彼女自身、彼女の船の舷に出るからという手紙をよこした。

アントニオ・デ・ファリアが、ポルトガル人に全員身をかくさせ、水夫として使っていたシナ人だけを外に出しておいたので、そのランテアは、何の疑念もなくわれわれの船に横づけし、中の三人が舷に登ってきて、許婚がどこにいるか尋ねた。答えは、彼らを捕えて船艙にとじこめてしまうことであった。ランテア船に残っていた奴らの大部分は酔っ払っていたので、誰も聞きとがめなかったし、逃げ出すにしても、大して機敏にはできなかったので、われわれの船尾の高いところから索を投げて、彼らのマストの先端を結びとめてしまうのは、いともたやすいことであった。それからわれわれが、彼らに火薬壺を投げつけたものだから、彼らはどうしようもなくなって海にとびこんでしまった。そこでわれわれの兵士が五―六人と、ほぼ同数の水夫が、彼らの船に乗り移り、救けてくれ！　と叫びながら、水面でじたばたしているあわれな奴らを助け上げてやった。次いで、われわれの大将は分捕った舟に乗って、花嫁のいる舟を不意に襲った。他の二隻は、まるでそのうちに悪魔でも乗りうつったかのように慌てふためき、尻に帆をかけて逃げ出したが、それでも、われわれの追撃から逃れることはできず、一隻の方はとうとうつかまってしまった。

もう真夜中だったので、ひとまず捕虜は、船橋の下にとじこめておくだけにし、夜が明けるとアントニオ・デ・ファリアは、あらためて彼らを調べに行った。大部分は婆どもで、いたずらに悲しがるだけで、何の役にも立ちそうになかった。彼は、捕虜をみな上陸させたが、ただ花嫁や、若くて皮膚の色が白く、良い顔色をしていた彼女の二人の兄弟、それに水夫を二〇人ばかり、船に残らせた。水夫たちはそれ以後、漕いだり帆を操ったりするのに大そう役立った。

後でわかったことだが、この娘は、コレムの太守の娘であった。翌日の午後、われわれは、「花嫁の場所」と名づけたこの岬を発ったが、やがて彼女を探しにきた新郎の船とすれちがった。その船には、信号旗をいっぱいつけた五つの帆が張られており、吹き流しや絹の天幕で飾られていた。その船が、われわれの近くを通った時、盛んに楽を奏し喜びをあらわにみせながらわれわれに挨拶し、前日彼のフィアンセをわれわれが捕えたティラウメラの岬を越すと、彼女がくるのを待つために錨を下した。だがわれわれは、それにもかかわらず帆にいっぱいの風を受けて進み続け、神の加護のお蔭で、三日後にはムチピナンの港についた。

われわれは港に挨拶もしなければ、音もたてずに錨を下した。夜になったらすぐ河をさぐるつもりであったから。月が出ると、アントニオ・デ・ファリアは、賢くて経験もあるヴァレンティィノ・マルティンス・ダルポエムという人に指揮をとらせて、一二人の兵士の乗り込んだ小舟を一隻、偵察に出してやった。彼は誰にも見られることなく戻ってきたが、港にはほとんど船が入っておらず、また河は広くて砂洲もないから、好きなだけ入ったり出たりできると報告した。彼はついでに、土皿をいっぱいつんだ小舟に眠っていた奴隷を二人捕えてきた。しかし彼らにはものをきかないことにきめた。なぜなら彼らをこわがらせても何にもならず、その必要も全くなかったからである。

夜が明けると、われわれは、マラッカにある、ノートル・ダム・デュ・モンの教会を修繕するために、相当の献金をすることを約束しつつ、聖処女への祈りを口ずさんだ。しかし、アントニオ・デ・ファリアは、出帆する前に二人の囚人に、やさしい態度で別々に尋ねたところ、二人とも、河の一番浅くなっている所でも、一五尋から二〇尋くらいはあると喜んで答えた。また、土地の人々は当然のことながら、弱く、武器も持っていないこと、外国人が九日ほど前、二列に並んだ五〇頭の牛に、銀や、伽羅木や、蠟や、象牙、絹、漆、安息香、樟脳、それにスマトラのそれのような砂金を積んで、ペナン王国からやって来、それでもって、胡椒や薬品や、海南島の真珠などを買ったこと、それに、そこから歩いて一二日ぐらいかかる所にでなければ、この国の軍隊はいないことなども話した。アントニオ・デ・ファリアは、彼らにいくばくかの褒美を与えて陸に揚げてやったが、彼らはその贈物にはなはだ満足していた。そこで風が吹いてきたので、彼は帆を上げさせた。彼の船のマストはみな色とりどりの絹の帆がはられ、旗や、信号旗や、船尾の旗も上げられ、さらにわれわれは取引のためにきたのであって、海賊としてやってきたのではないことを示すために、商船の標識も掲げられた。

一時間後、われわれは町の岸壁に横づけになって錨を下したが、礼砲は、人々を驚かせないように、あまりたくさんはうたなかった。するとたちまち一〇隻から一二隻の小舟が飲物をいっぱい積んでわれわれの方にやってきた。彼らは、われわれがシャム人でもなければ、ジャヴァ人でもない、さりとてマレー人でもない、とにかく彼らの知っている国の者ではないのを見て、「今、われわれの目の前にいる人々は、この夜を美しいものにしてくれているが、どうぞ、さわやかな朝の快い露も、われわれ全員に利益をもたらしてくれるものでありますように！」と、互いにささやきあっていた。

小舟の一隻が、われわれの船の舷に横づけしたのであったが、上ってよいかどうかきいた上で、それに乗っていたもののうち、三人がわれわれの船に上ってきた。アントニオ・デ・ファリアは、彼らをトルコ絨毯の上に腰を下させ、彼らに自分はシャムの商人であって、海南島でよりも、ここでの方が、商品をよく売りさばけるだろうということをきいてやってきたのだと告げた。それに対して彼らは、それは本当だと答えた。

しかし、アントニオ・デ・ファリアは、タナウキール河で海賊に荒療治をしたことが、陸からの噂で伝わってきはしまいかと心配していたので、彼は商品の陸揚げに同意しなかったが、それは太守の役人たちも望んだことであった。荷を陸揚げしないのは、六〇人もの水夫が、絶えずポンプを押していなければならぬほど水の浸みこむ彼の大きなジャンクを使えるようにするために、一刻も早く引き返さねばならないからだということ、および王の権利については、要求されている三〇パーセントはできないにしても、他の王国に対してと同じように一〇パーセントは即座に支払うことを、部下にいわせたにもかかわらず、談判は二度も決裂してしまった。

このメッセージに対する彼らの答えは、使者を人質にすることであった。すると、アントニオ・デ・ファリアは、売ろうが売るまいが、そんなことは、ちっとも気にしない、朗らかな人間のように、吹流しをいっぱい風にひるがえして船を出してしまった。それで、こいつは儲けられるぞと思っていた商品がみすみす港から出て行くのを見た外国の商人たちは、太守にわれわれを呼びもどすようにと、みな寄りあつまって懇願した。太守と税関の役人たちは、王の寵を失うのを恐れて、彼らの要請を受けいれた。しかし、それもわれわれが一〇パーセントしか払わない以上、商人たちがあと五パーセントだけ出しあうことという条件つきでのことであった。それも、商人たちが、喜んで承諾したので、アントニオ・デ・ファリアの使者は馬鹿丁寧に送り返される次第となった。

彼の返事は次のごとくであった。すなわち、彼はもう港を出てしまった以上、ちょっとやそっとでは引き返す気はない、しかし銀塊持参のうえで、彼の商品を大量に仕入れることを一時間以内に承知すれば話は別、その後になったらもう海南島に行ってしまう、と。商人どもは、一刻も早くとばかり、銀塊をつめた箱四〇と、胡椒をもち帰るための袋を用意して、五隻の大きな艀船に乗りこみ、大急ぎで荷受にやってきたので、三日もすると商品はあらかた秤にかけられ、彼らの所有するところとなってしまった。受けとった銀塊を計算してみたら、その全額は、一両三リーヴル一五スーの割合で、一三万両ほどになった。できるだけ早くやったつもりであったが、タナウキールでの一件が早くも土地の者たちに知れわたってしまい、以前のようにわれわれの船に上ってこようとはしなくなったので、われわれもさっさと船を出してしまった。

5

アントニオ・デ・ファリアはマテルと人のよぶ河を探して、浸水する大ジャンクを修繕するか、さもなくばもっと良いのを手に入れるために、船を北に向けて、海南島の岸に行くほうがよいと考えた。風が常に逆に吹いていたので、一二日もかかってやっと、ココス島のプーロ・イーニョ（イニョール）という岬に到着した。しかしそこでは、コージャ・アセンの消息は何一つとして得ることができなかったので、南海岸の方に引き返したが、そこでわれわれはいくつかの消息を手に入れた。それらは、全く正当で、しかもわれわれの意見とぴったり一致するものであった。というのは、アントニオ・デ・ファリアは、港にいるシナの艦隊とグルになって、数知れぬキリスト教徒の命と財産を奪い去ったこの海賊に仇を返すこと以外には何の心算ももっていなかったのであるから。

それで、われわれは、コーチシナ湾を航行し続け、聖母マリアの誕生日九月八日にマデルの港に入った。というのは、われわれは新月を恐れていたからである。実際ここの気候では、そのころになると、シナ人のいわゆるトゥファン（颱風）なる暴風が起こるのであり、四日前からすでに雲の厚くなっていた空模様は、正にそれがやってくることを示していた。

この港に避難した船の中に、どうした風の吹きまわしか、無神論者から最近回教徒になったばかりの、イニミラウという悪名高い海賊のもっている船の一隻がまじっていた。そのひどく大きく、高さもあるジャンクが、われわれが錨を下していた所に近づいてきて、彼ら流の挨拶をした。われわれも同じように挨拶を返したのであるが、向こうでこっちをポルトガル人だとは気がつかなかったように、こっちでも向こうが何であるか気づいていなかった。しかし、彼らの船中に、奴隷として捕えられていた五人の若者が、われわれの国籍を察して、三―四回「神様《セニャール・デユー》、ご慈悲《ミゼリコルド》を！」と叫びはじめた。それをきいてわれわれはみな立ち上がって彼らの水夫たちに帆を下せと叫んだ。しかし彼らはそうするどころか、二言三言、大声でわれわれを罵ると同時に、いかにも軽蔑しているような調子で太鼓を打ち鳴らし、サーベルを抜き払って、われわれをおどかすためにふりまわした。それから彼らはわれわれより〇・二五レゴアほど先に行って錨を下した。そこで、アントニオ・デ・ファリアは、神様ご慈悲を！　と叫んだのは誰であったのかを知るために、十分に装備を施した小舟《パロン》を出してやった。だが野蛮人の奴らは、その小舟に石を雨あられと降らせたので、われわれの船はあわや転覆してしまうかと思ったほどで、中に乗っていたものは、水夫も、ポルトガル人もみなひどく傷を負って帰ってきた。

われわれの大将はただちに、われわれの三隻のジャンクとフォイスト船（ランテアス）に、帆を上げさせた。次いで、マスケット銃の射程内まで近寄って三六発の大砲を見舞ってやった。その大砲のうち、一二門は軽砲、他は野砲で、その中に鋳鉄弾を発射することのできるものが一門あった。敵は、あまり驚いたので、錨を上げるひまさえなく、鎖を切って大急ぎで岸の方に避難した。しかしアントニオ・デ・ファリアは、彼らの前に回りこんで、全力を尽して彼らに近づいて行った。こうして近づくにしたがって、たちまち恐ろしい剣や、槍や、投槍の闘争が両者の間で始められ、ものの三〇分間はどちらが優勢かわからなかった。しかし幸いにわが方の勝利となり、敵は、戦につかれたのも、傷ついたのも、火傷したのもみな海に身を投じてしまった。すると、アントニオ・デ・ファリアは、強い潮流のために底の方に沈んでゆく哀れな奴らをみて、二隻の艀船を準備させ、大変な苦心のあげくやっと一六人ほど救い上げさせた。というのも、前の戦闘で、部下をかなり死なせたので、フォイスト船の漕手を補充することは急務であったからである。

彼が救ってやったこの一六人の中に、海賊の親玉イニミラウ自身もまじっていた。彼を自分の前に連れてこさせると、まず第一に、彼の受けていた二つの傷の手当を部下にさせた。それからアントニオは、海賊の親玉に、彼の奴隷であったポルトガルの若者はどうなったかを尋ねた。興奮その極に達していた海賊は、そんなことは何にも知らないとわめき散らした。だが、アントニオが、脅迫しながら、その質問を繰り返したので、彼は少しおとなしくなり、のどが渇いて喋ることができないから、といって、水を一杯求めた。もってきてやると、それをあまりあおったものだから大部分が床に流れてしまい、渇きを癒《いや》すに至らなかったので、もう一杯求めたうえ、もし十分に飲ましてくれれば、マホメットのコーランにかけて、何でも聞きたいことを喜んで白状すると誓った。アントニオ・デ・ファリアは、そこで喜んで、彼に水を与えた。ジャムも一箱出してこさせたのであるが、あんなに水を飲んだのに、それは食べたがらなかった。水を飲んでしまうと、彼は若いキリスト教徒たちは船首の室にいると白状した。

アントニオ・デ・ファリアは、三人の兵士をやって探させたが、昇降口の扉をひらくや否や、恐れおののいた様子で、叫んだ。

「大変だ！　大変だ！　親分、ちょっと来て、このすさまじい様子をみて下さい！」

アントニオ・デ・ファリアは、この声をききつけると、その時側近くにいたもの全員を連れて船首にかけつけたが、若者がみな首をはねられて、重なりあって倒れているのをみると、彼はどうにも我慢することができず泣きだしてしまった。「イエス・キリスト様！　このような侮辱まで耐えられるとは。あなたの慈悲の深さと、憐みが、永遠に祝福されんことを！」と、憤怒に駆られて、大声で叫んだ。

そういうと、彼は死体を船橋に運ばせた。中に、六歳にもならぬ可愛い子供が二人と一緒に、女の人も一人いたが、彼らも情容赦もなく首をはねられていたし、五人の若者はみな上下にひきさかれて、はらわたが外にはみ出ているという有様であった。アントニオ・デ・ファリアは腰を下して、なぜ罪もないこれらの可哀そうな人たちを、こんなに残酷に殺したのかと海賊に詰問した。海賊は、それは彼らが裏切って、ポルトガル人なる彼の最大の敵に、自分たちのことを知らせたからだと素気なく答えた。それに彼らが神に助けを求めたから、神様が彼らを見すてるかどうかを知りたかったからだと言い、最後に子供たちについては、彼らがポルトガル人の子供であるということだけで、もう十分だった、という言い草であった。

アントニオが彼にしたほかの尋問に対しても、彼は同じように無法に、しかも頑迷な答えをした。たとえば、ドン・パウロ・デ・ガマが、マラッカの太守《カピタン》であったころ、彼はキリスト教に改宗したが、ポルトガル人は、改宗の後は常に彼を軽蔑するようになった。なぜなら、以前彼がキリスト教徒でなかったころには、ポルトガル人は彼をキアイ・ネコダ、すなわち、船長殿とよんでいたのに、洗礼を受けたら、もう鼻にもかけなくなってしまった。それは、彼の目を開くために、マホメットの許しでとくに彼の身になされたことなのだと彼は考えた。ところが逆に、彼がビンタンで回教徒になった時には、ジャンタナの王自らその式に臨場し、それに引き続いて彼を大そう名誉ある人として待遇した。シナ人はどうかといえば、彼が聖なる花の書に手をおいて、生命あるかぎりポルトガル人を不倶戴天《ふぐたいてん》の仇とすることを誓って以来彼を兄弟とよんだ、というのである。

キリスト教徒のどんな船を分捕ったか、また人は何人くらい殺し、うばった商品はどんなものかと尋ねられて、彼は次のように答えた。まずポルトガル人は一〇〇人近く殺したこと。パンの王が、自分の港を彼の避難所として提供したばかりでなく、商品の半分を貢ぐことを条件として、彼を助けるために一〇〇人ほどの人間を彼に与えさえした。二年ほど前、彼は難破していた(彼のかつての親友ルイ・ロボというポルトガル人ほか一七人を救い上げたが、(彼らが元気を回復して謀反するのをおそれて)、夜彼らが眠っている間に卑怯にも暗殺してしまった。この言葉に、アントニオ・デ・ファリアは全く激怒し、その先をきこうともせずに、彼をまだ生きていた他の四人と一緒に殺してしまい、みな海に投げこんでしまった。

6

この裁きを済ましてしまうと、アントニオ・デ・ファリアは、船の中にあるものの調査を命じた。生糸、繻子《しゆす》、ダマスクス綿、絢《より》替えした絹、麝香、それに磁器など、しめて四万両という莫大な額にのぼったが、船は大量の衣服と一緒に焼くほかなかった。それというのも、船を操る水夫が足りなかったからである。

シナ人たちはこの戦果にすっかり驚いてしまい、港にいたジャンクの船長どもは、みな、彼らのいわゆるビカラという集会に馳せ参じて、協議した結果、アントニオ・デ・ファリアに、銀塊で二万両を提供するという条件で、海の王者として彼らを守ってくれるように願った。彼は、鄭重をきわめた態度で彼らを迎え、その願いをきき入れてやった。二人の使者のうちの一人が人質として残り、他の一人は銀塊を持ってくるために帰ったが、一時間後に美しい贈物と一緒にそれをもってきた。

その後で、アントニオ・デ・ファリアは、コスタという一人の召使いをして、各船長に渡す証書を書かせた。その価格は、大きなジャンクでは五両、小さいのでは二両であった。彼は、一三日間に、四〇〇〇両以上もの銀を得たほかに、証書を早く手に入れたいと願っていた船長どもから貰った素晴らしい贈物も相当量に上った。その証書の形式は次のようなものであった。

「誰某船長は、われわれの誰からも攻撃されることなく、自由に全シナ海岸を航行しうる者たることを、わが真実に誓って保証する。ただしポルトガル人と逢った場合は、同胞として対すべきこと」

この証書は、きわめて正確に守られたので、こうしてアントニオ・デ・ファリアは、非常に恐れられる存在となった。そういうわけで、海南島の太守までが使節を送って、真珠や宝石などの贈物と一緒に一通の手紙を届け、その手紙で、一万両の年金を与える故、太陽の子たる王（天子）のために、ラマウからリァンポー（寧波）の全海岸の海軍総司令になってほしいといってきた。しかしアントニオ・デ・ファリアは、彼ら流の鄭重な挨拶をして、この申し出を受けられぬ故を述べた。

その後、六カ月間、彼は、あるいは南、あるいは北と、コージャ・アセンの消息を得んものと、かけずりまわった。岸には、煉瓦の城壁をめぐらした小さい村がたくさんあった。しかし、すぐれた兵士が三〇人もいれば、やすやすと攻略できるような村で、その住民は弱く、武器といっては火で焼いて固くした棒やひどく短い刃物や、赤と黒に塗りわけた木の楯くらいのものであった。土地は肥沃で家畜がたくさんみえたし、見渡すかぎりの広野は、小麦、稲、大麦、そば、その他、ありとあらゆる種類の野菜、あるいは、船を何隻も作れるほどの樹木が植えてあった。（人の話によればこの国には）銅、銀、錫、硝石、硫黄等の鉱山もたくさんあった。

しかし、この地方の海岸をさまようこと七カ月半に及ぶと、あまりに長時日の旅に飽きてしまった兵士どもは、互いにより集まって、アントニオ・デ・ファリアに、ちゃんと文書にしるして約束したように、分捕品の分け前をくれるよう要求した。それでもって彼らは、インド、あるいはよそのどこへでも行きたいというのであった。こうしてわれわれの間に大きな動揺がおこったが、最後に彼らは、冬の間シャムに行って、そこで商品を売り、金をわけるということに同意した。

この協定の署名がすみ、全員が誓約した後で、船はラロン島（盗賊の島）に錨を下して、順風を待つことになった。

しかし一〇月の月のかわり目に、ひどい暴風雨が突然おこり、まるでこの世のこととも思えないいくらいであった。風のために、われわれはすっかり裸にされてしまい、かてて加えて、大波が寄せてきたので、マストをきったり、船橋の造作をとりはずしたり、不必要なものを全部とり除いたりしたが、すべて無駄で、大量の商品を海に投げ棄てなければならなかったし、大砲の類は、しっかり船にゆわえつけなければならなかった。これも神の思召しとあれば、まことに余儀ない次第で、真夜中を二時間ほどまわったころになると、われわれの四隻の船は、あらぬ方に押し流されてついに岩にぶつかってしまった。その時、五八六人が死んでしまったが、その中にポルトガル人が二八人いた。神様のお蔭で助かったのは、ポルトガル人がただの二二人に、奴隷や水夫をあわせて、五三人くらいという有様であった。

翌朝、われわれは、海岸に屍が累々と転がっているのを発見した。その光景は、正しく憐憫の情と痛恨を覚えさせずにはおかないもので、それをみて、われわれはみなほとんど気を失ったようになり、それぞれが悲嘆のあまりに泣き、自らの身に叱責の平手打を加えた。それは、神の思召しで命が助かったアントニオ・デ・ファリアが、その場所にもどってきた時まで続いた。彼は、屍の一つからはぎ取った真紅の外套を着こみ、明るい顔つきで、目には涙一つ浮かべず、われわれに手短に次のような説教をした。この世のことは、いかに無常きわまりないものであるか、それ故われわれは兄弟としてすべてを忘れ、たとえ五万エキュを一時に失っても、次には六万エキュ手に入れうることをかたく信じて、希望をもち続けて欲しい、というのであった。

この短い説教は、みなに涙を流させたし、落胆もさせた。そこで二日半ばかり、われわれは屍体を埋葬して過した。われわれは食糧を難破した舟からかき集めたが、それとても五日と続かなかったし、その上水に浸ったためにちょっと時間が経つとすぐ腐ってしまい、口に入れても、その味はとうてい堪えられるものではなかった。

　われわれがみな海岸で裸になってしまい、森の中では、ひどい寒さと飢えに苦しみながら歩いて行かねばならぬとは、全くもって情けない姿であった。しかし、神様は全く無限の恵みを下さるのであって、聖ミカエルの日に、島の南にある岬からやってきたトビが、長さほぼ一フィートもあろうかというボラを、偶然アントニオ・デ・ファリアの近くに落していった。われわれの大将は、それをみると跪いて、心の奥底から感謝の祈りを神に捧げた。それから彼はそれをオキ火でもって焼き、もっともそれを必要としている病人たちに食べさせた。

　それから、この僥倖のやってきた島の岬を見たら、他にも何羽かの鳥が高く低く飛んでいるのがみえた。それは、そこに何か餌になるものがいることを想定させるに十分であった。実際、そのまま歩き続けてみたら、深い谷があることがわかり、そこには淡水の川が流れ、果樹が一面に生えており、虎が一頭いて、殺したばかりの鹿を食べはじめているところであった。われわれが突然大声でどなったら、虎は鹿をそのまま残して、森の中に逃げこんでしまった。

　われわれはその夜、川の畔に宿を張り、鹿と何尾かのボラで大饗宴をやった。というのは、付近にはトビがたくさんいて、ときどき海面に近づいては、この魚をとっていたのだが、われわれが大声でどなると恐れをなして、時にはそれを落してしまうこともあったからである。こうしてわれわれは、この種のすなどりを翌週の土曜日まで続けた。

　その日、夜の明け方にわれわれは島に向かってくる一隻の船を認めた。われわれは森に身を潜めた。それは櫂で漕ぐ美しいランテアであった。乗員たちは、船首と船尾から索を投げて船をとめると、出入に便利なように板を一枚渡し、それから上陸した。約三〇人くらいのシナ人であった。彼らはただちに水と木を積みはじめ、下着を洗ったり食物を準備したりしていたが、他の者は拳闘をしたり、その他つまらぬ時間潰しをしたりで、そこに彼らを亡きものにせんと待ち構えているもののいることなどは、露思わぬ様子であった。

「諸君、われわれが、幸運の女神に見放されて今どんなに哀れな状態にいるかは、周知のことだろう」とアントニオ・デ・ファリアがわれわれにいった。「神様のありがたい思召しでここに姿を現わしたあの船を占拠することが、いかにわれわれにとって必要であるかは、いまさらいうまでもあるまい。神の聖き名を口に誦し、心に抱きつつみなが打って一丸となり、あの船を襲おうではないか。行きつく前には絶対に物音をききつけられないように。そしてまたよく自らの身を守るために、そこで武器を奪うんだ。おれがイエスの御名を三度唱えたら、みなおれの後について来て、おれのやるようにやってくれ」

そういうわけで、われわれは彼らの搦手《からめて》にまわって、なんらの抵抗も受けることなく、船を占拠することができた。二本の索を切り離すと、われわれは弩の射程外の沖まで船を岸から遠ざけた。あまりのことに呆然としたシナ人どもは、みな波打ちぎわまで走りよった。しかし船の中にあった軽砲を見舞ってやったので、みな森に逃げこんでしまった。

7

そこでわれわれはシナ人たちが、船の中に留守させていた老人に用意させた食事を、がつがつ食べはじめた。それは、米と細く刻んだ豚の脂肉とをいためたものであった。われわれは、神の摂理によって得たものに対して神に感謝の祈りを捧げてから船荷の調査を始めた。生糸、ダマスクス織の錦、繻子などが大量にあったし、麝香が大壺に三つほどあった。それらだけでも優に四〇〇〇エキュ以上の値打ちはあったが、なおそのほかに、米や砂糖やハムが大量に用意してあった。一番ありがたかったのは、若鶏の肉が二つの籠にぎっしりつまっていたことである。それというのも、かなりの数に上っていたわれわれの中の病人を癒すのに、これはもってこいだったからである。われわれは、必要に応じて、各自の服を作るために絹を小さく裁ちはじめた。仲間がそうこうしている間に、アントニオ・デ・ファリアは、ランテアの中にいた、一二―一三歳くらいの色が大変に白く、目鼻だちも整った一人の子供に、舟は誰のものだったのかと尋ねた。すると、その子供が答えていうのに、「ああ、あの船は、私の父のものだったのです。あなたは、父が三〇年以上もかかって手に入れたものを、一時間足らずのあいだに、父から奪ってしまわれた。父は、クオアマンというところからきたのです。そこで銀塊数個と引き換えに、あなた方が手に入れたすべての商品を買い込んでその商品を、コンアイにいるシャムの船人たちに売ろうと考えていたのです」と。

アントニオ・デ・ファリアは、泣くなといって、自分の息子として大切にすることを約束して、彼をなだめはじめた。しかしその子供は彼をじっとにらみつけ、軽蔑を含んだ微笑を顔に浮べながら、彼に願うことは、父のいるこの悲しみの土地に泳ぎつけるように、海に身を投じてもいいという許しだけだと答えた。そして彼は船の隅っこの方に行って泣きとおし、三日というもの、われわれが何をもっていっても、決して食べようとはしなかった。

みなで南に行こうか、山に行こうかといろいろ相談したあげく、われわれは、そこから二六〇レゴアほど北方にあるリァンポー(寧波)に船を進めることにした。というのはこの海岸伝いに行くうちに、今の船よりもっと大きく、もっと便利な船を、手に入れることができるかもしれなかったからである。

われわれはそこで、だいたい日の暮れる頃に北東に船を進め、夜が明けた時、ギント島（キントー島）という島の近くで、とったばかりの魚をいっぱい積んだ漁船を一隻捕えた。われわれは必要なだけの魚をとり、さらにそこにいた一二人のうち八人を、ランテアを操るためにわれわれの船に残した。われわれの多くのものが、まだ弱り果てていたからである。その八人の漁師に、われわれがマラッカの船を見つけることができそうに思われたシンシェオ（漳州）までにどんな碇泊所があるかと尋ねたら、彼らは、ここから一八レゴアほど離れたところに、良い河が一つあり、シングラウという恰好の碇泊所があると答えた。そこには船が数多く出入りし、食糧も補給することができるだろうとのことであった。それでわれわれは翌日、夜の食事を済ました後、用心して一レゴアほどの沖合に碇泊した。その次の夜、われわれはまた漁船を一隻引っ捕らえたが、それに乗っていた漁師たちが、その河にあるサモイという小さな村で、われわれの必要としているものを売ってくれるだろうと、教えてくれた。それで、われわれはその河口に入り、村の近辺に投錨したが、ほとんど真夜中になっていた。その時、港にいたのは碇泊しているジャンクが一隻きりで、その乗組員たちもみな眠りこんでいた。われわれの乗り込んでいたランテアは、リァンポー（寧波）までの船路にはとても堪えられそうもなかったので、アントニオ・デ・ファリアは、その船の舷に横付けにわれわれの船をつけて、まだ手下としてもっていた二七人の兵士と、八人の若者を引き連れて、索伝いに、その船に入りこみ、六―七人のシナ人の寝込みを襲った。大声を出すと殺してしまうぞといって凄味をきかして手足を縛りあげ、ジャンクについていた綱を二本とも切ってしまって、大急ぎに帆をあげるとそのまま沖の方を目ざして船を出してしまった。すべては三〇分くらいのあいだの出来事であった。

翌日、われわれは、プーロ・キリンという名の島についた。そして神のお蔭で、風に恵まれ、三日の後には、ルーシタイという名のもう一つの島についた。病人の恢復をまって、そこに一五日間留まった。というのは、空気も水も、とても健康によい所だったし、シャモイで捕えた舟は、米しか積んでいなかったのだが、その米と引き換えに漁師たちが毎日食糧をもってきてくれたからである。ジャンクがもっと軽くなるようにと、われわれは、積荷の大部分を海に投げこんでしまい。ランテアの水もれを防ぐために陸地にひき上げた。なぜなら、港々で、水の貯えを補給するのに、それが是非とも必要だったからである。やっとのことで、われわれは、リァンポー（寧波）に向けて出帆した。そこにマラッカやジャヴァや、シャムや、パタナから、多くのポルトガル人が毎年冬を越しにやってくると聞いていたのである。

順風と適当な潮流に乗って、ラマウの海岸沿いに航行すること二日、偶然われわれは、レキオ（琉球）からやってきたパタナのジャンクに遭遇した。頭《かしら》は、キアイ・パンジャンというシナの海賊で、ポルトガル人の大の友だちであり、実際、彼の部下には三〇人くらいポルトガル人がいた。われわれが何者であるかに気がつかなかったらしく、彼は、例のごとくわれわれを攻撃してきたが、彼はこの道の達人で、たちまち風上に回りこみ、軽砲の射程内まで近づいたかと思うと続けざまに一五発ほどの一斉射撃を浴せかけてきた。それらはほとんどが軽砲か、青銅製の小砲であったので、われわれはひどく度肝をぬかれてしまった。

そこでアントニオ・デ・ファリアは、部下を励しながら、彼らをもっとも必要とする場所にそれぞれ配置した。ちょうどその時、神の配慮か、敵のマストに十字の旗が上り、船尾の防備を施したところには、当時わが国の軍隊が着用していた赤い帽子が幾つとなく動きまわっているのが見えた。われわれは、彼らにポルトガル人であることを示す合図を送った。それを見ると、彼らは大声で叫んで、即座に友情の印に、二枚の帆を下し、われわれが何者であるかを調べるために、二人乗りこんだ一隻の小舟をわれわれの方によこした。彼らはわれわれの船に乗りこんできたが、味方の兵士の中に彼らの知己のものが幾人かいたので、かなり長く、話しこんでいった。

アントニオ・デ・ファリアは、クリストワン・ボラーリョを遣って、敬意と友情をこめた手紙を、キアイ・パンジャンに送った。彼は、この手紙に全く満足し、またそれを誇りにも思ったので、帆を船いっぱいに張って、二〇人のポルトガル人と一緒に訪問にやってきた。お近づきのしるしにと龍涎香や真珠や、金、銀の延棒などをもってきてくれたが、その値、一万ドゥカットにあまるものであった。アントニオ・デ・ファリアは、彼にもその側近のものにも腰を下してもらうと、難破の次第や、彼の船旅の一部始終を語った。そして最後に、リァンポー（寧波）で船と手下を手に入れた上で、コーチシナ湾に行き、誰でも何らの危険もなしに金持になれるというクオアンジャパルの鉱山に行くつもりだったと話した。すると、パンジャンが答えていうには、

「私はといえば、妻や子供を残してきたパタナに帰れるかどうかと、心配しています。というのも、私が、王の許可もなしに出かけたといって、王がきっと私の商品をとりあげてしまうに違いないからです。だから、あなたが収穫の三分の一を私にくれると、書きもし、誓ってもくれたら、船にいる一〇〇人の部下、軽砲一五門、三〇梃のマスケット銃、それにここにいるポルトガルの人々がもっている四〇梃の銃、それらを全部そのままあなたにあげて、ご一緒に参りたいものです」と。

アントニオ・デ・ファリアが、それを誓ったので、二人とも、そこから五里ほどはなれたアナイ河

という川に行き、そこで、町にいたシナ人に一〇〇ドゥカットを与えて、必要なものをすっかり整えた。そうした後、彼らはシンシェオ（漳州）の港についたのである。

8

われわれはシンシェオ（漳州）で、故国の五隻の船に会った。彼らは非常に歓んでわれわれを迎えてくれ、また相当な数のポルトガル人がリァンポー（寧波）に冬営している由を知らせた。このために、一週間目には、かの船の三五人の兵士を率いて、われわれはリァンポー指して帆をあげたのである。向かい風に進むこともできずに船を操ること五日、ある晩、宵のくちのこと、われわれは、八人のポルトガル人と五人の奴隷を乗せた小船に出会ったが、彼らはみな傷ついていて、ひどく憐れな有様であったので、見る者みな同情を禁じ得なかった。彼らの語るところによれば、自分たちは一七日前に、リァンポーからマラッカ目指して出発したのだが、スムボール島の近くで、コージャ・アセンと名乗る海賊が、三隻のジャンクと四隻のランテアに乗った、一五〇〇人の手下を率いて襲いかかり、彼らの値い数万両の積荷を奪い去ったということであった。

「それでお前たちは」とアントニオ・デ・ファリアは一抹の疑心をもって尋ねた。「他の人たちがやられてしまったのに、よく助かることができたね」

「ものの一時間半も大砲で応戦したのですが、奴らの三隻の大型ジャンクはくり返しくり返し、五度もわれわれに近づいてきて、ついにこちらの船の底を打ち破ったために、同時に戦ったり修繕したりはできるものではありませんでした。

われわれの船は沈没しはじめたのです。ところが、うまいことには、全く天佑でした。奴らの一隻に火がつき、続いてそれに繋いであった船が燃え上ったものですから、乗っていた奴らは後から後から、海へとびこむという始末でした。この間にわれわれは、漁師たちがかつて河口に近い孤岩に向かって作った棒杭の柵に、こちらのジャンクをうまく近づけることができました。その岩にはシャムの寺院（仏教寺院？）がありました。

このようなわれわれの行動を見て、コージャ・アセンはこちらの船に鎹《かすがい》をひっかけて、鎖帷子に身をかためたイスラム教徒とともに、われわれの船にとび乗ってきて、彼らのために、一八人のポルトガル人を含む一五〇人の仲間が殺されたのです。われわれ生きのびた者は、みな傷つき、火傷をしましたが、一隻の小船に乗り移り、大きなジャンクがわれわれを追ってくることができぬような、孤岩と例の柵のあいだを縫って進むことができました。コージャ・アセンはというと、われわれには見むきもせず、船が燃えて海にとびこんだ手下の連中を、自分のランテアに救いあげさせることや、われわれから奪った分捕品を調べる方に大わらわだったのです。そして陽が沈んでゆく頃、凱歌をあげて、奴らは河上の方へとひきあげて行きました」。コージャ・アセンに関する以上の報告を聞いてすっかりよろこんで、

「奴らがすっかり参って、支離滅裂な様子で、そこにとどまっていることはまちがいのないところだぞ」

とアントニオ・デ・ファリアは叫んだ。

そして彼は脱帽してひざまずき、腕を高くさしのべ天をみつめながら、自分の仇敵をついに再び見出しえたことを神に感謝した。それから船首をめぐらし、順風に帆をあげ、海賊との戦闘に必要なあ

らゆる品物を備えるために、八レゴアばかり手前にあったライローの港さして一路船を急がせたのであった。

この地にキアイ・パンジャンは、両親と友人を多数もっていたが、アントニオ・デ・ファリアが彼に与えた一〇〇〇ドゥカットの贈物を用いて、やすやすとシナの役人を買収した。それで、味方の何人かが上陸して、火薬用の硝石と硫黄、鉛、弾丸、食料品、綱具、油、壁土、樹脂、麻屑、大工道具、板、武具、投槍、やきを入れた棒、マスト、帆架、舷幕、斜桁、円楯、火打石、滑車、錨を買いこみ、水を貯え、船の帆を操ったり、漕いだりするために三〇人の水夫を備えることができた。一三日目に、われわれは非常に大きく舷の高い二隻の新造ジャンクを伴って出発した。このジャンクはわれわれの船長が、彼の小舟と、櫂で漕ぐランテアに加うるに幾ばくかの金子を支払って工面したものである。

乗ったのは、九五人のポルトガル人と、その他五〇〇人。一行は一六〇梃の火縄銃、四〇門の青銅製の大砲、九〇〇の火薬壺、すなわち四〇〇の火薬の壺と、五〇〇の火薬用生石灰の壺、それにわれわれに特別に雇われて、レヴァントの一技師が造ったおびただしい数の弾丸、漕手の投げる礫でいっぱいの船六隻、船をひっかけるための、何本かの太い鉄鎖のついている鉤のある銛と、火具多数で武装をととのえていた。

このように支度して、われわれはライローを出発した。檣楼は絹綱で張られ、両舷には二列の舷幕を、舳と艫にはフォークを、また必要に応じて用いるために他の掛けフォークの列を飾りたてて。そして三日後、われわれは、コージャ・アセンがポルトガル船を襲った漁場に着いたのである。

夜になるや、アントニオ・デ・ファリアは岸に数人の偵察を送ったが、彼らはパロー船に乗った漁師を虜にしてきた。この連中がいうには、海賊はそこから二レゴアのところ、ティンラウという名の岸にいて、ポルトガル人から奪ったジャンクを修繕させ、その船と彼の持ち物である二隻のジャンクとを率いて、生まれ故郷のシャムへと、二―三日後に出発する準備をしているのだということであった。アントニオ・デ・ファリアは彼の部下と相談した後、キアイ・パンジャンの水夫たちを漁夫たち二人とともに（他の漁夫たちは人質として手許に置き）、シナ服をまとった勇敢な兵士、ヴィンセンティオ・モロザの指揮下に、このパラオ船に乗せた。この男は、敵の近くにいたって、釣をしているようにみせかけたのだが、帰ってくるや、われわれに、敵はひどく弱体で、やすやすとやっつけられそうだと語ったのである。

そこでアントニオは、明朝必ず、敵を攻撃するために、河口に投錨しようと決心した。三〇人のポルトガル人が、キアイ・パンジャンのジャンクで行くことになった。キアイ・パンジャンを名誉あらしめるために、われわれの船長が彼らをパンジャン自身に選ばせたのである。また、二隻のランテアのそれぞれに六人、クリストワン・ボラーリョの船に二〇人、そして、アントニオ・デ・ファリアの船に奴隷と何人かのキリスト教徒を除いて三三人、みな勇敢で忠実な人たちであった。このようにして、われわれは岸辺を指して夜航し、その翌朝四時ごろ、敵の近くに到着したのである。

敵は、土地の人々を信用しなかった。土地の人々は、始終ひどい目にあい、盗難の害を受けていたので、彼らを憎んでいたのだ。それ故、賊は警備の者どもに頼っていたのである。警備の者がわれわれの姿を見つけるや否や、張番は警鐘をならした。これは上陸していた者にも、乗船していた者にも非常な騒動をひき起こし、とても理解されないほどの物音をたてた。われわれはまず大砲の一斉射撃を行ない、神の加護で、舳と艫の楼《やぐら》にいたすべての人々をうち落した。この砲撃の後、味方の一六〇門ほどの小砲の一斉射撃が始まった。甲板にいたすべての敵勢が一掃されたほどである。そしてこの時、味方の二隻のジャンクは敵船に横づけし、鐘や太鼓や盥や砲弾の怖るべき喧噪のうち、夜のあける前に敵味方入り乱れて戦うこととなった。

このあいだに、敵の小船とフォイスト船は、下船していた連中をジャンクに集結すべく、岸を離れた。しかし、ディエゴ・メイレレスという、キアイ・パンジャンのジャンクに乗っていた男は、砲手がおびえて、無我夢中で、打ち損ねてばかりいるのを見て、「土百姓、そこをどけ、碌なこともできやしねェ、これはおれがひきうけた」と、砲手を昇降口の天辺から突きおとし、勝手知った照準器に大砲の狙いを定め、弾薬と石弾をこめた砲を発射して、最初の小船の艤舷を一掃してしまい、その乗組員もろとも沈没させた。すぐまた次の発砲はその船の上を通って、すぐ側に続いていた小舟の甲板に当たり、その船長と六—七人の連中を殺した。このことはひどく後の二隻をおどろかし、彼らはお互い同士綱具がもつれあって、くっついたまま、進退いずれも不可能となった。

味方の二隻の船の船長、ガスパロ・ドリヴェイラとヴィンセンティオ・モロザの二人は、彼らに多数の火薬壺を投げつつ突入したため、これらの船は燃えだし、水面すれすれで炎上した。

他方、味方は自分のジャンクからわざわざ小舟にとび乗ってきたキアイ・パンジャンの援助の下、投げ槍で、炎をのがれて海にとび込んだ敵勢をやっつけたのである。

この時、ジャンクの中で闘っていた敵勢、一五〇人ほどでもあろうか、彼らも水にとびこみ出した。しかし首領コージャ・アセンは、この連中を励ますべく馳せつけた。彼は誰かポルトガル人から奪ったに違いない、暗赤色の絹で裏打ちをし、金の飾り房で縁どった、鉄の甲冑を身にまとっていた。二度、彼はこう叫んだ、「ラー・イラー・イラー・ラー・マフメッド・ロソール・アラー！　マホメットの教えの信者たちよ、お前たちは、キリスト教の犬畜生どもに打ちまかされて、それで済むのか。

生《なま》っ白《ちろ》い牝鶏か、鬚の生えた女ほどにも勇気のない奴ばらに！　さあ打ちかかれ！」。そしてこの罵言によってこの悪魔は、ひどく部下を勇気づけ、戦闘体制をたてなおさせることができたのである。幸いにも、彼に襲いかかったアントニオ・デ・ファリアが、二束の大刀で頭めがけて打ち降ろした鋭い一撃は、敵の鎖帷子の兜を絶ち切り、また背面より再び襲って、その両脚をきかなくしたので、敵は再び立つことができなかった。これを見て敵勢は五度も六度も、アントニオ・デ・ファリアに襲いかかり、彼をかばってその周りに闘った三人のポルトガル人の働きにもかかわらず、アントニオは腹に二度、刃をうけ、あやうくその場に倒れるところであった。しかしわが勢は、彼を救わんものと馳せよって、七―八分のうちに、たおれふすもの敵勢四八人、わが方一四人、そのうち五人はポルトガル人という有様であった。

残る敵勢は、体制を固めるべく、舳の楼に退却しようとした。しかしキアイ・パンジャンとともにいた四〇人のうち、二〇人のポルトガル人が、彼らと合戦すべく飛び出して行った。その結果奴らは海におちてしまったのである。こうして、味方は敵を壊滅させ、残すところわずか五人の敵となった。彼らはとらえられて船の淦溜《あかだめ》に手足をしばられたまま放りこまれた。人々は、彼らを詰問して若干のことを白状させようと思ったのだが、すでに彼らはお互いに喉をかみ切ってしまっていた。しかし、こんなことは、われわれの召使いが彼らをばらばらにして甲板から海中に投げこむのを何らさまたげなかった。こうして彼らは、その首領であり、ビンタン王の偉大なるカシス、ポルトガル人の吸血鬼（事実彼は書簡等で常日頃こう自称していたのだが）である、コージャ・アセンと道連れに、海の藻屑となった。

アントニオ・デ・ファリアがまず行ったことは、自身も傷ついていたが、味方の九二人の怪我人の手当をさせることであった。それから、八人のポルトガル人を含む四二人の死者を埋葬した。これら八人の死は、何人《なんぴと》の死にもまして彼を悲しませた。敵勢は、三八〇人を失い、そのうちの二三〇人は溺死したものであった。

上陸してわれわれが見たものは、四〇—五〇軒のひどく低い家の村で、それは以前に、人非人、コージャ・アセンが掠奪し、遁《に》げおくれた村人たちを虐殺したところである。村の望楼は敵方の病人と負傷者で満ち、その数九六人を数えた。はるかに、アントニオ・デ・ファリアをみとめるや、彼に生命請いをしたが、彼はそれに頓着なく、建物の六—七カ所に火を放った。建物は全くの木造で、壁土を塗って、乾いた棕櫚の葉をふいただけであったから、見るもすさまじい有様で炎上した。彼らの何人かは、上の窓からとびおりようとしたが、味方はそれを下で待ちうけて、投槍、槍、鉞《おの》つき槍で串刺しにしたのであった。この恐ろしい光景が終わるやアントニオ・デ・ファリアは、敵がリァンポー（寧波）のポルトガル人から奪って修繕してあったジャンクを海に出し、またポルトガル人たちが自分らの商品であると誓った品物を、他のもののあいだからよりわけて取らせ、その後でジャンクを彼らに返してやった。そうしてこれらのポルトガル人たちが、島の中で、コージャ・アセンの手下の者が木の上に掛けて乾したり、大きな家に二軒もぎっしりつみかさねていた絹布を集める姿が見受けられた。

続く数日、われわれの総船長は、部下の負傷者を訪れ、また味方の手にかけたすべての死体を海に投げ棄てさせ、ばらばらにされたコージャ・アセンの死骸もともども、船の囲りに群れつどうワニの餌食としてしまった。最後に彼は、奴隷と囚われた人々とをすべて集めた。彼らはわれわれとともにここまできたのだが、いま同行の主人たちに、彼は彼らに自由を与えるように懇願したのであった。

主人たちはこれに同意したので、一つの約束が結ばれ、全員がそれに署名した。商品は、ポルトガル人たちに返されたのは別として、日本の地金で一三万両の値があったのである。

9

このティンラウの岸辺に二四日間滞在しているうちに、負傷者はみな全快したので、アントニオ・デ・ファリアはリァンポーに冬営するためにここを出発した。しかしミクイ岬の突端と同緯度の辺りまできた時、大変強い北西の風が吹き起こったので、舵手は逆行しないようにと、前檣の帆を引きおろさせた。この悪天候は夕食後雨をまじえ、海は大時化に時化て、二隻のランテアは荒海にもちこたえることができぬほどになった。一行は、そこから一里半のシレンダウの岸にたどりつこうと必死の努力をした。

アントニオ・デ・ファリアのジャンクはわずか五―六枚の帆しか張っていなかったが、夜の闇はきわめて深く、島と岩鼻のあいだにひろがっていた砂礁を識別できず、この砂礁に非常な勢いで衝突して、上部龍骨と下部龍骨の一部とが、四カ所で裂けてしまった。そこで一人の砲手が、他のジャンクに救いを求めるべく軽砲を発射しようとしたが、アントニオ・デ・ファリアは、もし天なる主が自分のここに死することを望まれるならば、自分のために他の者たちが難破するのは無用のことだといって、それに同意しなかった。彼はメイン・マストを切り倒させたが、それが倒れる時、三人の水夫と、われわれの召使いの一人が犠牲になった。さらに他のマストも切り倒させ、次いで吃水線上にありとあるもの、甲板から上の船室、廻廊等のすべてを取りこわさせた。この間に、たちまち他の四隻のジャンクも難船信号を送ってきた。そこでわれわれの船長は、手を組み合わせ、祈りをささげ、部下のすべてもそれに声をあわせて叫んだ、「主なる神よ、憐みたまえ！」。その後彼らは無我夢中で商品を海中に投げ棄てた。コージャ・アセンから奪った金塊のつまった大きな箱を一二も舷から放りだしたのだから、その夢中のほどが察せられよう。お蔭で船はだいぶ軽くなった。

陽が昇りはじめる頃、神の思召しで、嵐はなぎだした。船は砂礁の上に乗っており、船中には一三ほどの水浸しの部分ができていたが、ともかく船も少しは落ちついた。この時、メン・タボルダとアントニオ・エンリケスのジャンクがわれわれを発見した。この船は帆を下げて、士官たちが嵐によく耐えるようにと、シナ式に木の筏を舳につけさせてあったのだ。その船は、われわれを見つけるや否やすぐにこちらへやってきて、われわれがその船に乗り移ることができるようにと、綱でつなげた多数の棒を投げてよこした。誰しもまっ先に助かりたいという欲望からの混乱で、小一時間も乗船にかかった、またこの時に、二〇人の男が溺れ死ぬという有様であったが、ついに多大の困難と危険をおかして、われわれはタボルダの船に乗り移ったのであった。

夕刻、われわれは斜航路をとっている二つの帆影を認めた。彼らがわれわれの合図に答えたので、味方の者であることがわかった。こちらの船に近づいてきたが、まだ波が非常に高く、危険な事態の到来も考えられたので、われわれは彼らに遠ざかっているように合図した。辛うじて、夜明けに、キアイ・パンジャンのジャンクに乗っていた二人のポルトガル人が、小舟でわれわれの船へやってきた。われわれの災難をきいて、彼らも自分たちの災難を語った。それによると、突風がその仲間の三人の男が石がとばされでもするほど遠くにふきさらっていったのだが、こんなことは見たことがなかったという。また他方、ヌーノ・プレトに指揮されていた小さなジャンクが、乗組の五〇人もろとも沈没してしまったということであった。その時ちょうど、われわれの二隻のランテアのうち一隻がわれわれの所へやってきた。彼らの告げたところによると、もう一隻の船の錨索が切れて岸辺で船体が裂け、助かったのは五人のポルトガル人と、キリスト教徒である三人の召使いを含む一三人だけであったが、不幸にも土地の住民が彼らを奴隷にしてノーダイという名の町に連れ去ったというのである。

このような恐ろしい暴風は、シナ沿岸のこの地方にはしばしば起こる。で、満月の日の合う折には、危険のない良港に、(ラマウとスムボールの港はやめた方がよい。港口から〇・五レゴアほどのところ、南岸にいくつかの暗礁があるから)避難するのが当を得たことなのである。

再び海がないだ時、アントニオ・デ・ファリアは、コージャ・アセンから奪った大型ジャンクに移り、彼に残っていた他の三隻の船と、フォイスト船(すなわちシナ式によべばランテア)とで出発した。

彼は第一に、ノーダイにとらわれている一三人の俘囚についての情報を得ようと、夜を待って、港と岸辺の様子をさぐるべく、バロンと呼ばれる小船を三隻派遣した。これらの小船は、夜明前に戻ってきた。彼らは陶器と砂糖きびを積んで、八人の男と二人の女、それに六―七歳の男の子一人の乗った舟を連行してきた。われわれのジャンクにやってきて、この連中は大層おびえてしまっていたために、こちらから懇願しなければ、何もききだすことはできなかったほどである。しかしわれわれの船長は、水先案内が以前に連れてきたキリスト教徒のシナ婦人に、彼らをなだめ、安心させるように頼み、この婦人が大変うまくやってくれたので、彼らは、用が済みしだい、自分たちの船に返してくれさえすれば、知っていることは何でも話すと約束した。アントニオ・デ・ファリアは必ずそうすると約束したので、この人々は次のようなことを語った。すなわち、二日以前に、自分たちは、大きな鉄の鎖を足にゆわかれて、俘囚たちがノーダイの牢獄へひかれて行くのを見たが、それは、彼らが正真正銘の盗賊で、することといったら、航海する人々に盗みを働くことのみであったからなのだそうだ、というのである。

この言葉をきいて、アントニオ・デ・ファリアは大いに怒り、これらのシナ人の一人を遣して囚《とらわ》れ人に手紙を送り、またこの男の代りに残りの全員を人質とした。彼は非常にはやくことを運び、翌日の正午戻ってきて、持参した手紙の裏にかかれた、五人のポルトガル人の署名のある返事をもたらしたのである。アントニオ・デ・ファリアは全員の面前でそれを読みあげたが、いろいろ意見が紛糾して、なんら決定ができないのに業《ごう》を煮やした彼は、かっとなってこう叫んだ。

「諸君、俺は神に誓った。おれの仲間のこの哀れな兵士たちを釈放せぬうちは、この地を一歩も動かんぞ。もし諸君にしてこれに逆らう者があれば、その連中はおれの魂の救いをさまたげるが故に、おれの仇敵とみなされるだろう」

ここにおいて全員は、彼の良心を安らげるべく、自分たちの命を賭けようと固く誓ったので、彼は帽子を手に持って、彼らの勇気と忠誠を讃え、相擁したのであった。

彼は、囚えられていた二人のシナ人を遣して、シナの役人に書簡を送り、そのうちで俘囚の身代金として正当な額は支払おうと約し、二〇〇〇ドゥカットに相当する贈物を添えておいた。使いの者は翌日、請願書の裏にかかれた返事を持って帰ってきた。その趣旨は次のようなものであった。

「その方の口が自ら余の足下に出向くよう、而してその方の申し条聴聞の上、その方を裁き、またその方の正しき折は、その方の正義を守らん」

ただちに彼は二人のシナ人に、相当調子の強い手紙をつけて送ったが、その文中、俘囚の身代金として、銀塊と商品で二〇〇〇両を進呈するといった。まずいことにはそこに、ポルトガル王はシナ国王と兄弟のごとき友情で結ばれているという一句があったが、これがシナの役人に堪忍ならぬものと解釈され、彼は手紙を持参した者を残酷に鞭刑《べんけい》に処し、その両耳をそぎ落した。こういう姿で送りかえされてきて、ひきちぎったひどい紙片に書きなぐってある返事をもたらしたのである。そこにはこう書かれていた。

「腐れ蠅わく悪臭の屍、掃除もしない牢獄にうちすてられた、世にもけがらわしい芥溜めの住人よ、何がおまえのごとき卑しい者を、天上のことに口出しさせるほど強気にしたのか。余は寛大であるから、その方献上の些少な品にて満足いたし、その方の申し条を容れむという気がなきにしもあらずであったに、折しも、あきれはてたるその方の暴言が余の耳をけがしおった。なんと不逞の輩よ、その方、たかがポルトガルの王風情を、天子の同胞《はらから》と呼びおった。絶倫なる御威力をもって全世界の王座に位せる獅子なる王ぞ、その御方の足下には、すべての王冠も笏杖も、おしなべてひれふし、そちの王がごとき、広大無辺な御沓の、鉤ほどの役にもたたぬ奴ばらであるというに」

通訳が、この高慢きわまる役人の手紙を翻訳し終わるももどかしく、われわれはこぞって上陸し、町を襲う決意を固めた。

その翌日、アントニオ・デ・ファリアは、前に奪ったフォイスト船と小船はのこして、三隻の自分持の船で河を遡り、城壁寄りに投錨した。それから音もなく帆を巻かせ、取引旗をひろげ、役人に新たに手紙を送り、こちらがひどい扱いをうけたというような素振りも見せずに、俘囚の身代として莫大な額をいま一度進呈すると書いてやった。しかしこのシナの犬は、使いのシナ人を無残にもずたずたに引き裂かせ、城壁の上に、その屍骸をこれ見よがしに曝したのである。

そこで船長は、その船に絶えず砲撃せよとの命令を下した後、(四〇人のポルトガル人を含む)同勢三

○○人を上陸させた。一群のシナ人どもが、さまざまな色の絹布の旗じるしをつけて、城壁の頂に姿を現わしていた。彼らは横笛や鐘や太鼓で大きな音をたて、帽子や旗をふって、人を馬鹿にしたように寄ってこい寄ってこいと合図をしていた。

味方の勢が火縄銃を携えて少しく近づいた時、敵勢は一〇〇〇から一二〇〇人ほど、どっと門からうってでた。そのうち一二〇人ほどはひどい痩せ馬にうちまたがり、小競合せんものと原を駈け出したのはいいが、何ともぶざまなことにはお互い同士ぶっつかり合って、地に落ちるのもしばしばという有様であった。味方の勢がそれにもかかわらず頑として動かないのを見て、彼らは一団に集結した。まさにこの時である、アントニオ・デ・ファリアは部下に、火縄銃の一斉射撃を命じたのであった。これはまた大いに成功し、このあっぱれな騎兵殿たちは仰天して落馬した。われわれはただちに突撃、はげしく追い撃って、城門の濠に掛け渡した橋に追いつめ、彼らの混乱は極点に達し、その進退ここにきわまった。味方は三〇〇人の敵勢をそこに撃ち倒し、城門に至った。ここには例の役人が（どうせ以前にポルトガル人から奪ったに違いない）古風な紫のビロードの飾りのついた鎧を着、部下六〇〇人を引き連れて、反撃しようと待ち構えていた。この連中は橋のところの連中よりははるかにましであったが、しかし味方の召使いの一人が撃った火縄銃が、かの役人の右腹に命中し、もんどりうって彼が落馬したため、これを見たシナ人どもは、ほうほうの体で逃げ出して、門を閉すことなど誰も思ってもみなかった。彼らが他の城門から郊外へ逃げだすために通った大通りに沿って、われわれは家畜の群を追うように槍で前をなぎたおして行ったので、ついに一人のこらず追い払って、残ったのは死人ばかりであった。

そこでわれわれは騒乱が起こるのを恐れて結集し、アントニオ・デ・ファリアはわれわれをただちに牢獄へ連れて行き、斧で戸と格子をうち壊し、ついに無残に囚われていた味方の鉄鎖を取り除いた。それから彼はみなに半時間ほど掠奪することを許した。

彼は役人の館へ赴いた。そこでは八〇〇〇両の銀貨と、五つの大壺にいっぱいの麝香が発見されたが、それらは保管させ、残りの財宝は彼の召使いのなすがままにした。彼らは持てるかぎりの品物を分捕り、その量はわれわれを上陸させた七隻の艀《はしけ》が陸と船の間を四度も運ばなければならないほどであった。また召使いも水夫も剛の者ばかりであったから、現金以外にこの分捕品の話が出ると、みなおのおのが自身のために特別に隠しているものを考えたほどである。

一時間半後、アントニオ・デ・ファリアは引きあげることを命じたが、私たちはみな恐ろしく掠奪に夢中だったので、味方を集める方法とてなかった。彼が町の一〇ないし一二カ所に火を放ったのはこのためである。こうしてわれわれは全員満足この上なく大喜びで船を出した。

船には、さらってきた多くの美女が積み込まれていたが、銃の火縄で四―五人ずつ縛りあわされ、こちらが談笑放歌する間に、救われるすべもなく、悲しみもだえているのを見ると、正直なところ憐れでならなかった。

10

人々はまず、かの八人のポルトガル人と、四二人の奴隷および船乗りの手当をし、九人の死体を葬ることにとりかかった。夜、警備を厳しくし、そして朝方、船長はわれわれを河の対岸の町に連れて行った。そこには、住民はみな逃げて一人もおらず、ただ家々には、山ほどの商品と食料品がのこされていた。彼は自分のやったことのために、行く先々の港々で入港を拒否されはしまいかと心配しつつも、それらの商品や食糧品を船に積ませた。この後で彼は手下と相談してプーロ・イニョールという名の孤島で冬営する決心をした。そこはリァンポー（寧波）から一五里のところにあり、よい入江とよい水とに恵まれている。この決心をしたのは、リァンポーに積荷とともに冬営しているポルトガル人に不利にならないようにとの配慮からであった。

コモレン諸島と大陸の間を航行することすでに五日、ある土曜日の正午ごろ、われわれは、プレマータ・グンデルという名の海賊に襲われた。彼はわれわれをシナ人だと思って、船員のほか、二〇〇人の戦闘員を乗せた二隻の大型ジャンクでわれわれに攻めかかってきた。その一隻が、メン・タボルダのジャンクに近づき、あわやこれを乗っとろうとした時、キアイ・パンジャンが、満帆に船を急がせて、敵の右舷にはげしく船を衝突させたので、敵味方の船もろともに沈没してしまうということになった。幸いにして、キアイ・パンジャンはただちに三隻の小船に助けられたが、この三隻というのは、われわれがノーダイの港で獲得したものであり、味方の大部分を救ったが、敵は一人残らず溺死した。

この間、プレマータ・グンデルは、舳と艫に二本の鎹を引っかけて、アントニオ・デ・ファリアに近づき、勇猛果敢に彼と闘い、アントニオの手勢は楼に追いつめられ、彼自身二度も捕えられたかと思ったほどである。幸い、わが船長はうまい時に、味方の三隻の船と、ペドロ・デ・シルヴァが指揮している大きなジャンクに救われた。そして戦いは八六人のマホメット教徒の死をもって終わりをつげた。なぜなら味方は見つけしだい一人も残さず剣の錆にしたからである。しかも水夫は別で、彼らはみな海中に身を投げてしまっていた。この勝利は、不幸にしてわれわれの方にも死者一七人と溺死の重傷四三人をだした。しかもそのうちには、槍で一カ所と、剣で二カ所に傷をうけたアントニオ・デ・ファリア自身もいた。しかし敵船から奪った商品は、八万両に見積もられ、その最良の部分は日本の銀塊であった。そうして海賊は同じくらいの財宝をもう一隻の船にもっていたのだろうと推測されたため、この船をやり逃してしまったことを大いに悔やむ人々も多かった。

この分捕品をもって、われわれは、そこから東方三―四レゴアのところにあるブンカローという名の小島にひきあげ、そこの小屋に泊って、怪我人全員の傷をなおした。それから再び航海を続け、六日後、われわれは向かい合った二つの島からなるリァンポー（寧波）の港に到着したのである。

当時、そこでポルトガル人が貿易に従っていたが、そこには約一〇〇〇戸の家、二つの病院、一軒の慈善会館があり、それに一二〇〇人のポルトガル人やそれ以外の国のキリスト教徒を含む三〇〇〇の住民が、知事、陪席、死亡者および孤児係長それぞれ一人、判事、警察官、町役場の書記、市街警吏、その他四人の公文書書記、六人の書記課員といったようなすべての種類の官吏によって治められていた。官職は、三〇〇〇ドゥカットないしそれ以上の値で売買されていた。公証人は証書の下にこう書くのである。すなわち、「我らが主なる国王によりて、リァンポーの町の法律に従って、正本の正式公証人たる余、某」と、まるでこの土地が、サンタレンとリスボンの間にでもあるかのごとく、確信をもってそう書くのである。ポルトガル人の商取引は、私のきいたところでは三〇〇万両を越え、一五五三年以後日本の銀の延棒で取引がなされるに及んで、彼らは商品の販売によってその財を三―四倍に増加することとなった。これらの繁栄はすべて、われわれの悪業のために、シナ人たちによって破壊されたのであるが、このことに関しては後に詳細に物語る折もあろうと思われる。

アントニオ・デ・ファリアは、水曜の朝、リァンポーの島に投錨したが、メン・タボルダと、アントニオ・エンリケスの二人は、船長がノーダイでなした所業について噂が流れているかどうかをさぐるために、ただちに町へ赴いた。何故なら、船長の到着がポルトガル人たちにとって迷惑なことならば、プーロ・イニョールで冬営するためにひきかえさずばなるまいから。彼らが町に着いたのは夜の二時ごろであったのに、人々は鐘を打ちならし、住民は「孕れる聖母」の教会（他の六―七の教会の本山である）に集まった。人々は、アントニオ・デ・ファリアに対し、一通の書簡をもって答え、そのうちで彼らは、アントニオ・デ・ファリアがかくも多数の敵を打ち破り、その商品をかくも多大に救ってくれたことを、きわめて優雅な調子で感謝し、貴族ジェローム・デ・リエゴの命令に従って、二隻のランテアに飲み物を満たして彼に贈った。そして六日後、わが船長が上陸して町に赴いた時、彼らは彼のために、まるで彼が王子様でもあるかのように、壮麗な祝典を開いたのであった。

彼がそこで過した五カ月というもの、鷹狩に、隼《はやぶさ》狩に、鹿、猪、牡牛、野馬の猟、宴会に舞踏会にと、気晴らし、遊びに、欠くことをしらなかった。やがて彼は、クオアンジャパルの鉱山へ向かう準備を始めたのであるが、キアイ・パンジャンが病の床に臥すこと数日ならずして他界するという事態が起こったためと、他方、シナの騒乱によってこの土地が武装しているとの報に接して、この鉱山へは行かないことにきめた。そのころ、シミラウという海賊が、カレンプルイという島に、一七人のシナの王がたくさんの黄金の像やその他すばらしい宝物とともに、黄金の墓に埋められているという驚異的な話をしたので、アントニオ・デ・ファリアは、その島さして旅立つ決心をしたのであった。

第三章

1

　どんな大船でも帆だけでは南京湾から下ってくる潮流に抗しきれないということを聞いていたので、われわれ一行はやや丈が高いが、ガリー〔帆橈両用船〕に似ている二隻のパノーレスに乗り組んだ――一五四二年五月一四日、月曜日のことである。この二隻の船には、ポルトガル人五六名、ミサのための牧師一名、パタナ生まれの水夫四八名、それに奴隷が四二名乗っていた。われわれの水先案内人シミラウ船長は、南京湾を通る時に見つかるのを恐れて、これ以上人も船もふやしたくなかったのだった。

　われわれは、アンジトゥール諸島から出るのにまる一昼夜かかり、それからポルトガル人がまだ見たこともないまったこともない海を通って航海を続けた。揚子江の河口までは陸地沿いに進み、それから四〇レゴア〔一レゴアは六・六キロメートル〕ほどある湾を横切り、ナンゴフォと呼ばれる非常に高い山に向かって北方に進み、さらに五〇日間航海を続けた後、シミラウはあるかなり立派な港に投錨させた。そこには、シナ人のようにとても小さい目をしているが、言葉や衣装がちがっていて、色のとても白い中背の人間が住んでいた。ところが、われわれがそこにいた三日間、住民たちは全然われわれと交渉をもとうとしなかったばかりか、かえってわれわれが碇泊している近辺の海岸に隊を組んでやってきて、奇妙な声を出しながら、石を投げたり弓矢を射たりした。けれども彼らは気違いのようにあちこちと走り廻り、われわれをこわがっているらしかった。

三日後、風と潮流の工合が航海を続けるのに適当となったので、シミラウは船を東北東に向けて出帆させた。船は陸地沿いに七日間進み、またもう一つの湾を通り、東に向きを変え、シレウパキンという幅一〇レゴアほどある海峡を通過した。それからさらに五日間、幾つかの立派な都市に沿って航行し続けた。けれどもそれらの河には無数に船が通っていたので、われわれは自分たちがいる南京湾を出て、もっと広くてずっとすいているスンエパダノという河を行った方がよいと思った。しかし、そうするとかなり遠廻りになるので一カ月遅れるだろう、とシミラウはいっていた。

それで南京湾を出て、陸地沿いに五日間航海を続けた。その最後の日に、幸いにもわれわれは東方に丸い岩のある非常に高い山を見出した。シミラウはその山がファニンというのだと教えてくれた。われわれはそのすぐ近くを通って、水深四〇尋の非常に美しい港に入った。それは三日月形をしており、あらゆる風を防ぎ、どんな大船でも二〇〇〇隻は楽に碇泊できそうな港であった。

アントニオ・デ・ファリアが部下を一〇人ぐらい引き連れて上陸し、港を一廻りして見たが全く人影が見あたらなかった。それで彼はこの無謀な旅を企てたことを深く後悔しだした。不快な気持をできるだけ面《おもて》に表わさないようにしていたけれども、とうとう彼は我慢しきれなくなって、こりゃあ全く盲滅法な航海じゃないか、とシミラウにいった。それに対し、このシナ人は、

「めっそうもない！　隊長、私はこの航路に絶対自信があるんです。だからリァンポーで私がした約束の人質として、私の子供たちを隊長に差しあげてもかまいませんよ。でももし、あなたの部下が私

についてとやかくいったり、私が一度ならず気づいたように何かにつけて彼らがあなたに耳打ちする言葉を聞き流すのが気懸りでしたら、私にご命令さえ下されればいつでもお気にめすようにいたしますから」と答えた。

この言葉で、アントニオ・デ・ファリアの気持はいくぶん鎮まり、他人のすることにいちいちけちをつけるのは閑《ひま》人の常なのだから、部下たちがぶつぶつぼやくのを、別に気にする必要はないといった。

われわれはその港を出て、海岸沿いに一三日間以上航海し続け、やっと北緯四九度にあるブシパレンという港についた。そこはよそよりも寒かった。そこには、アカエイのような形をして、周囲が四尋もあり、牛のような鼻面をした魚がいた。また緑と黒の斑点があり、背骨のところに弓矢ほどの大きさの三列の刺がある大トカゲに似た魚もいた。この魚は身体全体がやや小さな刺でおおわれていて、猪の牙のように腮《えら》から突き出た牙のある、先のとがった黒い鼻面を持っているところを除けば、まるでヤマアラシのように刺が逆立っていた。また身体が黒く頭部だけでも六パンほどもある大魚もいた。要するに、われわれがそこに留まっていた二晩の間、昼となく夜となく姿を見せるワニや鯨や怪魚や蛇などにわれわれはおびやかされてばかりいたのだった。

ブシパレン港を出て、シミラウは同じ航路をとり、そこから一五レゴアぐらい進んで、一行はもう一つの湾に入った。そこは前のよりもずっと美しくて、ずっと深く、三日月型をしていて、山々に囲まれ、周囲が六レゴアもあるカリンダノという湾だった。シミラウが、「いま一行が碇泊しているのはパテベナン河口だから舳を東・西・東という順に向けて、われわれの後方二六〇レゴアにある南京湾に再び向かわなければならない」といったので、われわれはそぞろに心配になってきた。けれどもシミラウは、「これから通る河や海峡を越えるには一四―一五日かかるけれど、それから五日もすればカレンプルイ島に着きますよ」といって一同を安心させた。この言葉を聞くと、アントニオ・デ・ファリアはシミラウを抱いて、これからもずっと友達になろうといい、不平をこぼしていた彼の部下たちとシミラウを仲直りさせた。それからファリアは部下に武装させ、大砲に弾丸を込めさせて、われわれが一緒に連れてきた牧師ディエゴ・ロバートに向かって部下たちを元気づけるために一つ説教をしてくれといった。説教が終わると、われわれは一路東に向かって出帆した。

くねくねと曲った河に沿って行くと、翌日ボティナファウという高い山のところにきた。そこからは、静かな川が幾つか流れており、また、虎や犀やライオンや豹など、こういった種類の動物がたくさんいた。みんなが面白半分に船から叫び声をあげてこれらの動物をおどかしたけれども、それらはめったに狩人に追っかけられたことがないのであろう、大してこわがらなかった。

この山のところを通過するのに六日ぐらいかかり、そこを越えたところにガンジタノンという山があった。シミラウの語るところによると、その山の麓にはジガーニョスといわれる畸形の人間が住んでいて(最も野蛮な生活を営み)、狩猟の獲物と多少の米――それは毛皮と交換にシナ商人がカタンにもってくる――だけを食料としていた。その毛皮はシナ商人がそこからポカッソールやランタウに運ぶのであるが、関税の帳簿によれば、その量が毎年二万包に上り、各包に六〇枚の毛皮をおさめているということであった。

帆を張り、橈で漕いでこの山に沿って進んで行くと、岬の向こう側にひげの全然生えていない少年が六―七頭の牛を追っているのが見えた。シミラウがその少年にナプキンで合図をして緑色の琥珀織《タフタ》を見せると、少年はわれわれの方に近づいてきた。アントニオ・デ・ファリアが琥珀織《タフタ》を三―四ヤールと六個の磁器を部下に命じて彼に与えさせると、その蛮人は明らかに喜んだ。ということは岸辺に牛を残したまま森の方に走り去ったのでもわかった。蛮人は虎の毛皮をまとい、腕を露わにし、足は素足で、頭には何もかぶっておらず、武器としては端を焦がしてある棒切れしか持っていず、身体は均整がとれていて、赤茶けて縮れている髪毛が肩までたれていた。

一五分ほどしてから、蛮人は一頭の鹿を背負い、男八人女五人を伴ってもどってきた。彼らは牛を三頭連れており、ときどき五回ずつ打つ太鼓の音に合わせて踊り、また手を叩きながらしゃがれた声で「クール・イナウ・フアレン」といっていた。彼らはみな同じようなものを身にまとっていた。ただ女たちは腕の真中に錫の腕輪をつけ、髪毛は男たちよりずっと長くて花がさしてあり、首には赤い大きな貝殻の首飾りをつけていた。男たちは身にまとっているのと同じ毛皮で真中あたりまで巻きつけてある大きな棒をもっていた。それに、彼らはみな恐ろしい顔つきをしていて、唇が大きく、鼻が平べったくて、その孔が大きく、身体の他の部分もすべて妙に大きかった。けれどももっとも背の高いのでも一〇スパン半を越えていなかった。

アントニオ・デ・ファリアが部下を通じて磁器六〇個、緑色の琥珀織と籠いっぱいの胡椒をやると、蛮人たちは地にひれ伏し、手を三度上に上げて蛮人流の言葉で礼を述べた。彼らはわれわれに牛を三頭と例の鹿と多量の梨とをくれた。われわれは、身振り手振りで話をし、蛮人たちがわれわれを見て驚いているのと同様に彼らを見て驚きつつ三時間近く彼らと一緒にいたが、やがて蛮人たちは太鼓に合わせて跳びはねながら森の方にもどって行った。

それからさらに五日間河に沿って同じ航路を進み続け、その間いつも河岸に蛮人たちの時には真っ裸で水浴みしている姿が見えたけれども、われわれはもう話しかけたくなかった。四〇レゴアほどあるこの河を通ってからさらに、二度ほど陸地のかなり奥の方に火を見た以外は、岸辺に何も見えないという一六日間の航海を続け、とうとう南京湾に到着したのだった。

2

そのとき、水先案内人シミラウは、この辺ではシナ人たちはまだ外国人を見たことがないから、どんな用事があってもポルトガル人は一人も姿を見せないで下さいといった。そして彼は、無数の大船小船が右往左往しているため、海岸沿いに進むよりも湾の中央を行った方がよいといった。

はじめ東に向かい、次に北東に向かって六日間航行した時、シレウパモールという大きな町が見え、一行はそこに向かって直行した。夜中の二時にわれわれはその港に着いた。けれどもあまりに多くの船が碇泊していたので、全然そこには投錨しないで一行はずんずん進んで行った。ところが、食糧も残り少なくなっていたので、一三日間というものはどうしても一人に一日三口《くち》の米飯しかあてがわれないという状態だった。幸いある日の未明タナマデルといわれる非常に古い建物があるところについて、ここに上陸し、一軒だけ他の家々から離れた家を襲って、その中に米、豆、蜂蜜の入った壺、香をつけた鵞鳥、たまねぎ、にんにく、さとうきび等を多量に見出した。後でシナ人たちのいうところによると、その家はシナの諸王の墓を訪れる巡礼が饗応されることになっている、ここから二里のところにある休養所の食糧庫だということだった。

一行は船に戻り、また七日間航海した。ところで、一行がリァンポーを出てからもう二カ月半にもなるので、アントニオ・デ・ファリアはシミラウを疑いはじめた。ある朝、ファリアがシミラウにいないるのはどの辺だと思うかと聞いたら、この水先案内は自分が通ったことがある航路しか知らない男なので、全くとんちんかんな答えをした。それでアントニオ・デ・ファリアはカンカンに怒って、腰にさしていた匕首でシミラウを殺そうとした。しかし数人の人がまあまあと彼をなだめたので、一応は怒りを和げたけれども、やはりあごひげに手をやって、「シミラウの奴め、もし奴が前にいったことがほんとうか嘘かを三日たってもはっきりさせなかったら絶対に殺してやるぞ」といっていた。

シミラウはそれを聞いて恐れをなし、その翌晩一行が陸地近くに碇泊した時、監視に見つからないように船を抜け出て泳いで逃げてしまった。この報が伝わるやアントニオ・デ・ファリアは激怒し、監視がぼんやりしていたといって監視二人を今にも殺しそうになった。けれどもいつも不平を持っている部下たちが反乱を起こしはしないかが気懸りだった。彼はただちに部下をひき連れて上陸し一晩じゅうシミラウを探しまわったが、シミラウについて知っている者には全然会わなかった。しかしもっと悪いことには、船に戻ってみると、四六人いたシナ人の水夫が三六人も逃げてしまっていた。それでみんなはすっかり落胆して、泣きはじめた。それでもみなで相談してしばらく議論したのち、この計画を続けることにし、また誰かを捕えてカレンプルイ島までどのくらいあるかを聞き出そうということになった。で、それによってもしカレンプルイ島に行くのがわけないことがわかれば、このまま航海を続けることにし、さもなければ大洋に出ようということになった。

翌晩、艀船が一隻碇泊しているのをみつけたので、そっと忍び込んで行って五人の男を捕えた。アントニオ・デ・ファリアは彼らのいうことが符合するかどうかを見るために一人ずつ別々にして質問した。彼らはみなわれわれがいる所はテンキレンといい、そこからカレンプルイ島までは一〇レゴアしかないといった。アントニオ・デ・ファリアとその一行はこの上なく満足したが、この五人のシナ人は牢にぶちこまれた。それから二日半してから、有難いことに、ギマイ・タラオ（グルイナイタラン）という岬を廻ったとき、二レゴアくらい向こうにわれわれが八三日間探し続けたカレンプルイ島が見えた。それは周囲が一レゴアくらいある美しい島だった。夜中の三時ごろに大砲の射程距離のところに投錨した。われわれは喜びとともに大きな不安を感じた、というのは、こんな大きくて素晴らしい島を守っている者がいないなどとは考えられなかったからだ。それで、適当な時にどのようにして上陸したらよいかを見るために島を一周することにした。

島は全く碧玉の壁で囲まれていた。その石がとてもよく細工され組み合わされていたので壁全体が一つの石でできているように見えた。壁は水底まで浸っており、高さは水面上二六スパンくらいあった。壁の上部は塔風に刻まれた同じ石で縁どられ、その上には六尋《ひろ》ごとに銅柱に連なっている古びた銅の手摺のついた廻廊があった。またそれぞれの銅柱の上には球を手にした女の像があった。廻廊のうちには鋳物のさまざまな怪物像がダンスのときのように手をつないで、一列に並んでいて島全体を囲んでいた。これらの怪物像たちの中側にはもう一つ、色とりどりの材料で作ったアーチがあって、オレンジ林を囲んでいて、その林の真中にはその年の神々に奉献された一六〇の草庵が建っていた。草庵から一キロぐらい東の方に高い塔を付属し、金色に塗られた、幾つかの美しい楼閣が目に入った。これらの建物の両側には、大きな柱で支えられたアーケードから成る二つの大街路があった。すべてがピカピカと金色だったので、この寺は壁だけでさえ非常な費用がかかっているのだから財宝がたくさんあるにちがいないとわれわれは思った。

アントニオ・デ・ファアリアは、槍兵と火縄銃兵と同じくらいずつ四〇人の兵隊と二〇人の奴隷、それに先の艀船で捕えたシナ人のうち四人を通訳兼案内人として引き連れて上陸することにした。彼は留守船長としてディエゴ・ロバート師を選んだ。誰にも気づかれないで上陸したわれわれは、島にある八つの通りのうちの一つから入り、オレンジ林に入り込んで、みなイエス・キリストを口にとなえながら、最初の草庵の門のところに着いた。

両刃の大剣を手にして先頭を歩いていたアントニオ・デ・ファリアがシナ人の一人に戸を叩けと命令した。すると中から声があった。

「幸いなるかな、神々の美を賞《め》でし者よ！　扉を叩きし者よ、廻られよ、さらば裏側の扉の開きしを見るならん」

そこでシナ人はすぐに草庵をぐるっと廻って裏戸から中に入り、アントニオ・デ・ファリアとその部下のために門扉を開けにきた。中に入ると長い紫色の緞子の衣をまとった古風な老人がいた。彼は大勢の男を見て大いに驚き、腰を抜かしてしばらくは言葉もでなかった。けれどもやがて我に返った老人は、澄んだ眼でわれわれを見ながら穏かな言葉で何のご用かと尋ねた。アントニオ・デ・ファリアは通訳を通して、自分は難破したが奇蹟的に助かり、この聖なる地に神に感謝しにこようと決心したシャム王国生まれの船長だ、と答えた。隠者はしばらく考えていたが、ファリアをじっと見据えていった。

「汝が誰人であろうと、我に汝の貪欲がありありと見えることを知るべし。なぜなら、汝は、汝に恩寵を与えた神に感謝する代わりに、今その神の聖宿に盗みを働きにきたからじゃ。下劣なる者よ、神の裁きを思え。汝の邪まなる考を変えよ」

アントニオ・デ・ファリアは、自分がこんなふうに行動するのは必要に迫られているからなので、どうか怒らないでほしいと懇願した。そのために隠者はしばらく祈った。それから、われわれが棺を壊している時、大剣に寄りかかって立っているアントニオ・デ・ファリアをじっと見て、自分のそばに坐らないかといった。ファリアは、それにきわめて慇懃に応じながらも、なお身振りで部下にすでにやり始めたこと、すなわち棺を掘り返して死人の骨の中に混っている金銀をとり出すことを続けるように合図した。

隠者が再び口を開いた。

「汝の魂が永遠不滅となるために、いかにしたら汝の罪が許されるかを教えよう。必要に迫られてかくも大きな過失を犯さねばならないのだというのだから、まず汝は盗んだものをすべて死ぬ前に返さねばならぬ。第二に、汝の肉体を絶えず罰し続けることによって神の許しを乞わねばならぬ。第三に、汝の最後の日に悪魔から難くせつけられないように、汝の財産を汝自身にと同様に気軽に貧乏人に分け与えねばならぬ」

アントニオ・デ・ファリアはきわめて愛想よく、きっとそうしましょうと約束し、甘言でもって隠者をおだて、もし自分がいまこの盗みを止めろといったら部下たちは自分を殺すと脅すだろう、しかしこれは誰にもいわないでくれといった。隠者は答えた。

「それが真実であって欲しい。なぜなら、汝は少なくとも汝の周囲にいるこの悪者どもほどは罪深くはないから。この悪者どもは、世界中の金銀を集めても満足させ得ないだろうと思われるくらい貪欲なのだ」

棺の中の遺骨に混っている金銀を残らず船に運び終わったとき、もう大分暗くなっていたし、それにわれわれは土地の事情を知らなかったので、他の草庵をすぐには襲わないことにした。アントニオ・デ・ファリアは美辞麗句で隠者を慰めながら暇乞いをした。ところが、兵士たちが祭壇に唾を吐きかけているのを見て、隠者はファリアに手を合わせて、あんなに祭壇を瀆《けが》させないでくれと頼んだ。船長はすぐそのとおりにしてやろうと請け合った。島には四〇人のメニグレポスによって仕えられた、タラグレポスという三六〇人の僧しかいなくて、彼らは全く武器を持っておらず、遺骨に混っている金銀は故人が永遠に生きる月世界で使うために喜捨されたものであるということを知って、船長は隠者に接吻して暇乞いをし、幾度も許しを乞うた。それから、あすは他の草庵を襲おうと考えながら船に戻った。

日暮に船に戻ったわれわれは、シナの帝王たちが埋められてある廟を夜明けに襲撃しようと考えながら、船を漕いで島の向こう側に行き、軽砲の射程距離のところに投錨した。もしみなにいわれたとおりに、アントニオ・デ・ファリアがわれわれがしたことを他の僧たちに知らせることを防ぐために隠者を連行したならば、うまくいっただろう。ところが彼は、この老いぼれは痛風だし脚《あし》があんなにむくんでいるから立っていることさえできない、といって聞き入れなかった。けれども、後にわかったのだが、われわれが船に戻ったのを見とどけるとすぐに、隠者は這って隣の草庵に行き、隣の人がわれわれのしたことを僧房に走って知らせに行ったのであった。それでやがて皇帝たちを祀った大殿の壁の上に方々火が燃えているのが見えたのだ。われわれがシナ人たちの意見を聞くと、ただちに帆を揚げた方がよいといったので、ぐっすり眠っていたアントニオ・デ・ファリアを起こした。ところが彼は錨を上げて、船を真直ぐに島に向けて、島で何が起きているのか見に行くのだ、と命じた。

岸に近づくと、鐘の音やがやがやいう声が聞えてきた。みなのいうことを意に介せずに、ファリアは刀と楯だけで武装した兵隊六人を連れて上陸し、岸に上り、島をめぐる廻廊を長い間猛烈に走り廻ったけれども、誰も見つからなかった。それで、彼は船に戻った。

われわれはほとんどみな出発しようといった。しかし、船長は島の誰かを見つけて聞いてみるからもう三〇分ばかり待っていてくれ、朝までにはまだまだ時間があるからね、といった。われわれに待っていると誓わして、彼はさっき連れて行った六人の部下を率いて陸に上った。

鐘の音をたよりに、彼は昨日のよりずっと豪華な草庵の方に近づいた。そこには大きな数珠を持った僧が二人いた。ファリアがそれらをつかまえている間に、部下たちは祭壇の上から、輪を手にし、金の冠をかぶった銀の偶像を取り、また長い鎖のついた銀の燭台を運び出した。それから彼らはその二人の捕虜を連れて船に戻り、一行は急いで出帆した。

その間、船長はその二人の僧に尋ねていた。あまり怖《おじ》けのついていない方が答えた。

「真夜中に聖者が一人皇帝廟にやってきてドンドン戸を叩いてこう叫んだのです。『浮世の眠りに酔い浸っている悲しき人々よ、聞け！　ひげがものすごく長く頑丈な身体を持った世界の果ての異人がこの島に来たのだ。奴らは二七柱の聖堂に押入った。そこの門番が私のところにそれをいいにきたのだ。聖者の棺を荒し廻ってから、奴らは聖者の遺骨を地面に投げ出し、臭い唾を吐きかけ、しかも自分たちがやったことを何とも思っていないのだ。奴らは、日の出と同時にわれわれを皆殺しにするといっている。けれども私たち聖職にある者は流血を禁じられているのだから、諸君らは援けを呼びたまえ』と」

それで彼らは、さきほどみなが見た火を焚いて、コルピレンとフォンバナという町に知らせたのであった。それを聞くと、アントニオ・デ・ファリアは、あの老隠者を連れ出さなかったばかりに、千載一遇の好機を逸したことを地だんだ踏んで口惜しがった。

3

潮流を利用するために南京湾の中央をわれわれは七日間航海してから、スセケリン村で食糧を積み込み、南京湾より船影の少ないシャリンガウ海峡に入り、一四〇レゴアを九日間で進み、再び南京湾に出た。そこでは、南京湾は一〇レゴアほどの幅しかなかった。それから一三日間、西風を帆にはらんで航海を続けた。

北緯四一度四〇分にあるコンシナカウ連山が見えたころ、シナ人がトゥファン（颱風）と呼んでいる強い南風が吹き出した。船は橈用で甲板も低く、脆い船だし、水夫もいなかったので、潮流にまかせて岸辺にのりあげてしまおうと決めた。ところが夕食後になると、風向が北西に変わり見るも恐ろしいくらいに波が高くなったため、この思い切った計画は失敗に終わった。われわれは、金《かね》（銀）のいっぱい詰っている金庫に至るまで持物全部を海中に投げ捨て、二本のマストを切った。こうして帆をとってしまった船は、なおその日中進み続けた。真夜中ごろアントニオ・デ・ファリアの乗っている方の船から「神様、お助け下さい！」という叫び声が聞えてきて、それっきり何も聞えなくなった。とうとう朝の六時ごろ、われわれは岸辺の暗礁に打ち上げられた。二五人いたポルトガル人のうち一一人が溺死した。またキリスト教徒の下男が一八人とシナ人の水夫七人も溺死した。以上が一五四二年八月五日月曜日にわれわれにふりかかった災難である。

われわれは一昼夜泣き続けてから、奴隷にされるかも知れないけれども、何か食物をくれるに違いないから、誰か人を探そうということに決めた。ところが運の悪いことに、岩の上を数里行ったところで、地面がぐしゃぐしゃらしい沼地にぶつかったので、仕方なく引き返し、もとの難破した場所に戻ってきた。その翌日は昼の間に、海岸に打ち上げられた同僚の死体を、この土地に多い虎に喰われないように砂の中に埋めた。その晩は虎におびえながら泥地で過し、それから今度は北に向かって出発した。

しばらく歩いて行くと狭い海峡に出くわしたので、みんなは泳いで渡ることになった。ところが不幸なことに、先に飛び込んだポンテ・デ・リマ生まれのベルシオールとガスパール・バルボザとその従兄弟フランシスコ・ボルジェス・カイシロの三人は、身体も非常に弱り切っていたし潮流も強すぎたため、真中辺まで行ったときに溺れてしまった。それで残った者は三人の下男のほかに、わずか一一人になってしまった。その晩、われわれは風雨に身をさらしたまま、涙とすすり泣きとの惨めな一夜を過した。

翌日、ありがたいことに、東の方に大きな火が見えた。その方向にほとんどまる一日じゅう歩いた末、五人の男が炭焼をしている雑木林のところに着いた。われわれが彼らの足下に跪いて頼むと、彼らが夕食としてもっていた湯と飯をくれた。おのおの二口ずつ食べた。というのは、それ以上はなかったので。彼らのすすめに従って、われわれはそこからほど遠くない所にある巡礼者用の小さな休養所に行った。

一行がそこに着いたのは夜中の一時ごろだったが、休養所を受け持っている四人の人が、ねんごろに迎え入れてくれた。翌日彼らが尋ねたので、われわれはシャム王国生まれで、リァンポー港から南京湾に魚をとりにきたのだが、今から一五日前に難破し、着のみ着のまま傷だらけの哀れな身体で、命からがら逃げのびてきたのだといった。そしてまた、「われわれは南京に行きたい、そうすればわれわれの同国人が世界の王座を占める天子様の被護と信仰のもとに貿易をしている、広東に旅立つ最初の船団に、漕手として乗り組むことができるでしょうからといい、さらに、お願いですから、われわれの健康が恢復するまでこの休養所に置いて、着物もあてがって下さい」と付け加えた。

都合の悪いことに、そこに五日間以上滞在することは禁じられていた。われわれは半裸体だったので、保安係が灯が三〇―四〇見える村にわれわれを乞食させに連れて行った。そこの住民たちは非常に貧しかったけれども、われわれに二両の貨幣、米を袋半分、小麦粉を少し、豆、たまねぎ、それにボロ着を少々わけてくれた。さらに彼らは休養所の貯えのうちからも幾らかくれて、ここから三里のところにあるシレイジャカウという大きな町に行きなさい、そうすればとても立派な病院があるからここでよりもずっとよく手当がしてもらえるでしょうと勧めた。それでお礼を述べてから、われわれは南に向けて出発した。

二時間ほどして、シレイジャカウの貧民の家に着いた。そこで鄭重に迎えられ、一人の医者に手当を受けた。サインさせられた大きな帳簿にわれわれの名前が記入された。それはわれわれのためにかかった費用を報告するためだそうだ。この病院にいた一八日間にすっかり健康を恢復した。それでそこから五レゴアしか離れていないスゾアンガネに向けて出発し、日没後に着いた。

非常に疲れたので、村の入口の泉のほとりに休んでいると、やがてわれわれのような種類の人間を見て大いに驚いた村人が一〇〇人以上も周りに集まってきた。彼らは老婆を一人使いによこして、われわれが誰であり、そこで何をしているのかを尋ねた。われわれはシレイジャカウでしたのと同じように答えた。すると老婆は、「では、みなさんがあなた方をどうすることに決めたかをいいにくるまで、ここで待っていて下さい」といった。

やがて老婆は、この地方では最高の地位の人が着る赤緞子の長衣をまとった僧を一人連れてやってうにいい、「今この水とパンの二物質にかけてたてられた厳粛な誓いにより、あなた方はさきほど老婆善の精神に則ってあなた方はこの村に住居を与えられるからです」といった。われわれが真実であることを請け合うと、僧は土地の人々に向かって、われわれに施し物をしてもよろしいといった。それで、われわれは彼らの寺門のもとに連れて行かれ、蓆、夜具に至るまで必要なものすべてを与えられた。翌日、軒並に乞食をして行って、四両の銀貨を集めた。

きた。僧は手にしていた一握りの麦の穂を泉の中に投げ入れ、われわれにその上に手を差し出すよにいわれたことが真実であるか否かを告白せねばなりません。と申しますのは、そうしてはじめて慈

それで、まだ一四〇里ある南京まで巡礼みたいにして行こうと決めた。ところが夕方、シアングレ村に着いて木蔭に身を横たえて休もうとしていると、そこで家畜の番をしていた三人の子供がわれわれを見てびっくりし、「泥棒! 泥棒!」と叫びながら逃げて行ったので、村人たちがかけつけてきた。われわれは走っても無駄だった。彼らの棒や弓矢は十分にわれわれのところに届いたので、みな傷を負い、連れてきた三人の下男のうち一人が死んでしまった。われわれは後手に縛られ、拳固や平手で撲り殺されそうになり、ついには蛭《ひる》の無数にいる腐った溜水の槽の中に腰まで突っ込まれた。実際、休む暇もなく食物もなく、われわれがそこにいた二日間というものは地獄の一〇〇〇年間にも思われた。ありがたいことに、そこを通りかかったスゾアンガネの人が村人たちに、われわれが盗人ではなく海で遭難した気の毒な人たちなのだと請け合ってくれたので、われわれは水槽から引き出されたが、蛭のために血まみれになり、半死の状態だった。われわれは自分たちの不運を嘆きながら再び歩き始めた。

そうしてまたある村に着いた。亜麻を搗き砕いていた三人の男が、われわれを見ると、一斉に小丘

の上の樅林《もみ》に逃げ込み、そこから通行人を呼びとめて、われわれのことを盗人だからよけて通るようにと知らせはじめた。われわれは、またさきほどと同じようなひどい目にあわされるかも知れないと思ったので、もう大分暗くなっていたが、急いで逃げだし、港の汚ない寝藁屑の上で一夜を明かした。

それからまた一日中歩き続け、日暮ごろ、野原の川の近くにあって、金色の風見塔に囲まれた一軒のきれいな家からほど遠くないところにある泉のほとりに腰を下した。するとまもなく、狩猟の帰途らしい一六―一七歳ぐらいの若者が、馬にまたがり、四人の徒歩の部下を従えてやってきて、馬を止めて、お前たちは誰か、何か欲しいものはないか、とわれわれに尋ねた。われわれは今までの不幸を話して聞かせた。「そこで待っていなさい」といって彼は立去った。しばらくすると一人の老婆が呼びにきた。老婆に連れられて大きな部屋に入って行くと、そこには四〇歳ぐらいの婦人が一人、豊かに着飾った若い娘が二人、それからさきほどわれわれを呼びによこした若い紳士がいて、その傍には一人の老人がベッドに横たわっていた。その向こうには深紅と白の緞子の衣をまとった娘が九人、何か仕事をしていた。中に入るや、われわれは跪いて施し物を懇願したが、老婆は直ぐに立ちなさいといった。老人が、誰か熱病をなおせる者はいないかと尋ねたけれども、みな「ノー」と答えざるを得なかった。けれども、いろいろとわれわれに質問し終わると、老人は食物をもってこさせて、自分の目の前で食べて欲しいといった。それは、彼が病気だったので、そうすることが嬉しかったからである。ところが、シナ帝国では糸捲棒のような形をした二本の棒で食物を口に持って行くので、われわれが手づかみで食べているのを見ると、娘たちは兄弟と一緒になってくすくす笑い出してしまった。

われわれが神に感謝を捧げた時、老人は他の者に言いつけて亜麻布三巻と四両の銀貨をわれわれにくれて、その晩は自分の家に泊りなさいと勧めた。

朝になるとすぐ、われわれは主人に暇乞いをして、フィンジニラウという町に行った。われわれは道を知らなかったから、こうして村から村へと二カ月間歩き廻り、とうとう不運にもタイポールという町についた。

そこに、地方の情況を皇帝に報告するために三年ごとに州県に派遣されてくるシュンビン〔巡撫〕すなわち監察官の一人がいた。われわれが軒並みに乞食をして歩いているのを見て、彼は自分の部屋の窓からわれわれを呼び止めて、何者であり、何国人であり、また何故そんなふうにして歩き廻らねばならないのかと尋ねた。われわれは今までしてきたのと同じ返事をした。もし書記の一人が乞食をして生活する懶惰《らんだ》な浮浪者としてわれわれを捕えるように監察官にいわなかったら、そして法律ではそうすべきであると注意しなかったならば、彼はわれわれの返事で満足しただろうに。監察官はただちに書記の意見に従ったのだ。われわれを盗人であると訴え、われわれに罪と不名誉を着せたインチキな証人の口述を聞いてから、監察官はわれわれに足枷、手枷、首枷をはめて牢獄にぶち込んだ。われわれはそこで飢えと鞭を耐え忍びながら二六日間過ごした。そのため仲間の一人ジョアン・ロドリゲス・ブラヴォが、虱に喰われ、われわれが何ら助けてやれないままに、死んでしまった。

ある朝、錠枷をはめられ、話もほとんどできないほど弱りきっていたわれわれは牢から引き出され、数珠つなぎにされて、他の囚人三〇—四〇人と一緒に南京行の船に乗せられた。そしてその日にポティンレウという大きな町の牢に連れて行かれ、雨のためそこで九日間過ごした。われわれはそこでモスクワ生まれのドイツ人の囚人に会った。彼はシナ語で〔われわれも彼と同様シナ語が解るので〕、自分は終身刑を言い渡されたので、北京のアイタウ・デ・バタンピナ〔対外国人司法権を有する最高官〕の裁判所に控訴したから、ここから出られるようになるかも知れない、と語った。

それから再び船に乗せられて七日間航海し、南京に上陸し、そこでまた一カ月半牢屋に入れられた。そのころ、牢には四〇〇〇人も入っていたので、場所をとってやっとの思いで坐ったかと思うと、たちまち虱に喰われたり盗難にあったりした。不運なことに、われわれは最初の夜からそういう目にあったのだった。

入牢期間の終わりに、裁判官は、タイポールの監察官から委託されたわれわれの件に関する書類を読んで、われわれに将来のよりよき生き方を知らしめるために、公衆の面前で鞭打ち、また盗みやその他の罪を犯すときにわれわれが使った両手の拇指を切り落すべし、という判決を下した。他の者たち（そのほかの罪科に対して）はアイタウ・デ・バタンピナの法廷に廻されることになった。

この判決は牢の中で言い渡され、牢でわれわれはひどく鞭打たれた。そのため二人のポルトガル人と下男が一人、三日の後死んでしまった。

われわれは、牢屋の治療室で繃帯をしてくれたので、一一日もたつとしだいに恢復し始めた。けれども、まだこれから拇指を切られるのだと思うと身震いがした。ところが幸運にも、ある朝、紫色の繻子《しゅす》の長い衣を着て、笏《しゃく》のような白い象牙棒を手にした立派な人が二人入ってきた。すると患者がみなで叫んだ、「神の創造物を司る者よ、神と共にきたれ！」。それに対し二人の男は象牙の棒を上げて答えた。「汝らの労働と逆境を耐え忍ばれよ！」と。それから彼らは順々に施し物を配って行き、われわれのところにきたとき、われわれに尋ねた。われわれは涙ながらに、自分たちがシャムの商人でかなり裕福に暮していたが、リァンポー（寧波）に行こうとして難破したのだと答え、その後に起きたことも全部彼らに話した。すると彼らは、われわれに対してなされた判決とすべての訴訟手続とを詳しく知りたいといった。こうしてわれわれの事件を引き受けてくれた彼らはわれわれに有利になるようにいろいろと請願をしてくれた。そのため、請願の一つが「万物の創造主の霊気」（都察院？）といわれている、最高裁判所で受理された。その裁判所は、われわれを控訴人として北京に送ることに決定した。

4

こうしてわれわれは三〇―四〇人の囚人と一緒に、長い鎖に三人ずつ繋がれて、船に乗せられた。貧乏人のための例の二人の代訴人がきて、われわれに、米のいっぱい入った袋や、掛布団や、四両の銀貨や、また北京にいる彼らの同僚に託する緑色封蠟で閉じた紹介状をくれた。

翌日の夕方、ミーニャクテンという小さな村のあるところに碇泊した。われわれを率いているチフー（法官）はここで生まれたので、一行はそこに三日間留まり、法官は妻と子供を乗船させた。われわれは漕手椅子に繋りつけられてはいたが、絵にかきたいようなきれいな川に沿って点在する村や街を見た。

樅・オレンジの木・その他いろいろの木が生え、米・麦・粟・野菜・棉が植わっていて、別荘や黄金色の小塔のある寺院のある野原をすぎて数日間漕いでいくと、ポカッセールという町に着いた。この町では、シナ皇帝がタルタリー（韃靼）の王を九年間捕虜としていたのだが、タルタリーの王は身代金を払わさせられるのを嫌って家来たちが届けてくれた毒を飲んで死んだ。そこには人々が船荷を積み下しする、二つの柵に囲まれた桟橋があった。法官はわれわれ九人のうち三人に、槍を持った五人の監視兵付きで、物乞いに出かけてよろしいといった。六―七町行くころには、総価二〇ドゥカットぐらいの着物・貨幣・食糧を施してもらった。われわれは慣例どおり、その半分を監視兵にやった。

われわれは、現在の皇帝の生誕したところであり、また帝の母后の永眠されている旧王宮で、今はタウイナレト（道教？）に献げられた寺院に連れていかれた。建物は二七フィートの高さの石柱三六〇本に支えられていて、まるで空中につり下っているようである。柱はどれもみなただ一本の石から作られていて、それぞれに一年の三六〇日のうちの一日の名前がついている。もっとも中心となる柱には像がはめこまれてあり、ランプが一つ絶えず燃えている。真円い上の部屋は銀で飾られているが、材料よりも細工の方がずっと素晴らしい。というのは、真中に銀の柵で囲まれた楼台のようなものがあり、その上に、皇后の遺骨の入った骨壺を持ったところの、球上の大きな獅子があるからである。さらにこの皇后が生きた四三年間の記念に、四三個の銀ランプがこれも銀の棒に釣下っており、彼女の七人の男の子を偲ぶために七個の金のランプがある。その上さらに礼拝堂の入口には、高官夫人たちの寄贈による銀ランプが五三個ある。寺院全体が六列の手摺で囲まれ、その手摺には槍や鉄棒や斧を持った一二〇〇の巨人のブロンズと、剣を手にし、銀冠をかぶり、蛇の上に坐っている女人像が二四個ある。これらはみな、皇后が亡くなった際に、諸像の霊が来世まで皇后の霊のお伴をするように、捧げられたものである。それらはみな、空気の動きで絶えず鳴っている銀の鈴のある黄金色の牌楼《はいろう》や、シナの紋章の刻んである柱で仕切られている真鍮の二列の柵で囲まれている。シナの紋章とは、球の上に乗った獅子である。四隅には、ひどく妙な形をした丈の高い怪物像が立っている。これらはすべて、何だか知らないが荘厳で偉大なものを感じさせるので、じっと眺めていても飽きなかった。

翌日、シリンガウという町で、塁壁や大きな櫓で厳重に護られた二つの城が見えた。その中には非常に奇妙な絵が描いてある五重の塔があった。シナ人がわれわれに、あの城には、一生を宗教に捧げたので聖者だと思われているレウキナウ（「すべての人のよろこび」）という王子を偲んで現皇帝（の祖父）が保存させた宝物があるのだと教えてくれた。この町と五レゴア向こうにあるもう一つの町とで、シナ王国の大部分の絹を染色している。それは、この地方の水は他所よりも清いと見られているからだ。馬に乗った人たちが家畜の群れの番をしている大きな原の間を一日中漕ぎ続けた後、ジュンキレウに着いた。町はずれの川の上に杭で支えられ、（倉庫のように）建っている家々を見た。また小さな街の門の前に、緑色と赤色の鉄柵をめぐらし磁製の楼閣を上に覆った小さな墓が一つあった。この石の墓の頂には七個の球がのっていた。これはおそらく今から四〇年前にマラッカの王が、世界の果ての名もわからぬ国から海を渡ってやってきた侵入者から自分を救って欲しいとシナに頼みに遣わしたムデリアルという人の墓であろう。彼は三年間シナの宮廷に懇請し続けたが、中風のため死んでしまった。シナ語で書かれた彼の碑文には、海賊王アフォンゾ・アルブケルケに復讐できないうちに死んでしまった、という遺憾の意が誌されてある。

そこから二レゴア行ったところに、巨大な男性像が一つと女性像が一つ柵に囲まれた四辻の真中に立っている。二つとも、手を口に入れ、頬を脹らませ、また目がすごく見つめているので、それを見る人をゾッとさせる。シナ人が男像（キアイ・シンガタロールとよばれる）は生きている時に施し物をしようとしなかった人たちに火を吹きかける神、女像（アパンカパトゥールとよばれる）は地獄の門番であって、善良な人々を見分けて冷たい河の中に逃がしてやるのだ、と教えてくれた。われわれの仲間の一人がこの馬鹿らしい話にたまらなくなってげらげら笑った。それを見ると三人の僧侶が憤慨して法官に向かって、もしあいつらを罰しなければ、この二人の神様が貴君の魂を悩ましますぞ、と焚きつけた。それで法官は恐ろしくなったので、われわれの手足を縛らせ、綱で一〇〇回打たせたので、われわれは血まみれになった。それで、それ以後見聞する事物を絶対に嘲笑しなくなった。

蘆薈《ろかい》や安息香のいっぱい入っている銀の香炉を持った一二人の僧がこの悪魔のような二つの怪像に香を焚きながら大声でいった、「我らが汝に仕えるごとく、汝我らを助け給え」。すると他の数人の僧が像の名で答えた。「汝らの主として、余はそれを約束するぞ」と。彼らは、そのあたりの鐘楼にある鐘の音に不調和な声で歌いながら行列をなして歩いて行った。やがて他の僧たちが現われて太鼓や盥で大きな音をたて、実際それは聞く人を身震いさせるほどいやなものだった。

5

一行は再び一一日間川を遡って行った。その辺は町や村や城がたくさんあったので、所によると町村間の距離が火縄銃の射程距離ぐらいしかない所もあった。このようにしてわれわれはセンピタイ町に着き、法官の妻が病気になったので、そこにしばらく滞まった。

そして全く鎖に繋がれたまま上陸して、街にもらいものをしに行くことを許された。われわれのような恰好をしている人間を見て驚いた人々が、われわれの国の名を尋ねた。シャム生まれだと答えてやった。ところがその時、一人の女が施し物をくれながら叫んだ。「かわいそうに！　人生はとても短いものなのに、どうしてこんな長い旅をされるのです?」。そういって彼女は、赤い繻子の着物の袖口のボタンを外して、左腕に奴隷の印のように押されている十字架印を見せた。われわれがただちに跪くと、彼女はポルトガル語でいった。「天にましますわれらの父よ！　汝の名よ聖なれかし」。彼女はこれだけしかポルトガル語を知らなかった。そしてシナ語でわれわれにキリスト教徒か否かを尋ねた。われわれは十字が印されている彼女の腕に接吻し、彼女がいいかけたドミニカ派の祈禱を最後までいって、キリスト教徒であることを証明した。それで彼女はわれわれを自分の家に連れて行きたがった。しかしわれわれの監視人が全然承知しないという様子を見せたので、彼女が二両の銀貨をやると、彼らは満足して同意した。また彼女は法官の妻にも贈物をした。そのお蔭で法官は、一行がセンピタイに滞在する五日間、われわれが彼女の家にいることを許してくれた。

この女の名はイネス・デ・レイリアといい、彼女の父はトメ・ピレスといった。彼はポルトガル国王の大使としてシナ国王の許に派遣されたのだが、広東でポルトガル人船長が反乱を起こしたので、シナ人に捕えられてしまったのであった。彼の仲間のうち五人は鞭で打たれて死に、他の者たちも牢で虱に喰われて死んでしまい、生き残ったのはポルトガルのアルコーシュテ生まれのヴァスコ・カルヴォだけとなった。トメ・ピレスはというと、彼はセンピタイに追放され、そこで彼がキリスト教徒にしたシナ女と結婚した。その間に生まれたのがこの婦人だったのである。ピレス夫妻は、およそ三〇〇人ほどの人をキリスト教に改宗させながら、二七年間一緒に暮した。それらあわれな人々は寄り集まり、十字架の前に跪き、短い祈禱を繰返し、それから互いに接吻し合って家に帰って行ったのだった。これが彼らの祈りのすべてであった。それは、トメ・ピレスが彼らのために書き残した祈禱書をシナ人たちが奪ってしまったからである。

われわれはこれらのキリスト教徒と幾度か宗教問答をした。またクリストワン・ボルラーリョは彼らのためにシナ語で『我らの父』や『アヴェ・マリア』や『信条』や『聖母に対する祈禱』やその他非常によい祈禱書を幾つか書いてやった。彼らはわれわれに五〇両の施し物をくれた。それにさらにイネス・デ・レイリアがそっと同額の金をくれて、祈禱のときに自分を想い出してくれるようにといった。

われわれはバタンピナ川に沿って進んで行き、一万個ぐらいも灯が見えるレキンパウという町を通り、次いで一つの工場の前を通った。その工場では、そこから五里の所にあるトゥシェンギン山から運ばれる金・銀（多量の銀）を三〇個の炉で溶解していた。

翌晩、われわれは互いに一キロしか離れていないパカウとナカウという二つの町の間に着いた。人人がシナ帝国の起源に関するいろいろな珍しい話や、シナ帝国とタルタリー（蒙古）国とを区分している万里の長城――それは二七年の歳月と、断えず働いた五万七〇〇人の労力をもって完成したといわれる――の建設に関するいろいろな珍しい話を持ってきてくれた。われわれは長城を見て測ってみたら、高さは六尋《ひろ》で、幅はもっとも厚いところで四〇パルムあった。それは石灰と砂で造られ、牆壁のように漆喰で外側が塗られていて、大変頑丈にできているので、どんな大砲でもこれを打ちこわすことはできない代物だった。胸牆が無い代わりに、壁には、シナ人がカウベジー、すなわち鉄木と呼んでいるある黒い木で作られた、扶壁で側面を衛られた二階建の物見櫓がある。

最も信じられないように思えるのは、この三五〇レゴア〔二三一〇キロ〕の長城を築造するのに七五万人（断えず働いた五万七〇〇人）と二七年を要したということであった。長城には五つの門口しかなく、シナ海やコーチシナ海に注ぐタルタリー国の諸川がそこを通っている。ただ、これらの川のうち、一つだけはクイ堰（湾）を経て普通シャムと呼んでいるソルナウの王国に通じている。この五つの門口のそれぞれにシナ王は七〇〇〇人の守備隊を駐屯させ、タルタリー王もやはり軍隊を置いている。

パカウとナカウを過ぎて、われわれは塩田がたくさんある塩気の多い大湖のほとりの、かなり大きな都会ミンドーに着いた。その郊外では三八四〇人の労働者が一二の大工場で働き、銅を鋳造し精錬していた。それぞれの鉄床では、八人の男が拍子をとって打っており、それが非常に速いので、打っているのを目で見分けることができないほどである。また彼らの槌の音が極度に喧しいので、何か地獄を現わすものがあれば、これがまさにそうだと思われた。王に属している鉱脈のある山はコレトゥン・バガ――「銅の河」の意――と呼ばれている。それは、二〇〇年来この山で採掘が行なわれているが、少しも涸渇しないからである。

これらの工場をすぎて一レゴアぐらいの所に、鐘のいっぱいついた多くの塔や彫物や鍍金の柱などのある三〇軒の家屋――それは六軒が五列に並んでいる――のあるところに上陸した。というのはわれわれの法官がその寺に籍があったから。私は数回行ったことのあるペグー王国で、これと同様なのを見たことがあるが、それはシナがインドを支配していたころ、つまり彼らの計算によると西暦一〇一三年から一〇七二年までの間だが、そのころシナ人が建てたものだった。ところで前述の三〇軒の建物の中には、塗金した木偶や錫や銅や真鍮や陶磁器等でできた数え切れないほどたくさんの偶像があった。

それから少し行って、コビローザすなわち「野の花」といわれている全く壊れはてた大きな町の傍を通った。一四二年昔、一人の男がシャム王国のテナッセリムの商人を数人伴ってそこにやってきた。彼はキリストの真実性を説いて廻り、五カ月間に五人の死者を蘇生させ、その他の奇蹟を行なった。彼を魔法使い呼ばわりしていた坊さんたちが民衆をそそのかして彼に向かわせたため、彼が住んでいた家のジョアンという機織工は弟子たちとともに彼を守って殺されてしまい、それから聖者は石を投げつけられ、彼の身体は川に棄てられた。ところが、水の流れがまる五日間ぴたりと止まり、ついに町が崩壊したのだそうである。

シナ人がこの話をし終わるころ、一行は大きな石の十字架が立っている岬のところに来たので、われわれは法官に降してくれと頼んだ。しかし、この犬奴はわれわれが宿をとらねばならない所はまだずっと遠いのだからといってこばんだ。その時、われわれにこの恩恵を与えようと欲した神が、そこから一レゴア行った所で奇蹟のように、法官の妻に産気づくよう命じた。そのためシファンガウ村まで戻らねばならなくなり、九日後その村で法官の妻は死んだ。その間に、われわれは十字架を訪れ、また住民たちがさきほどの機織職人と同様にキリスト教徒であることを知った。彼らはわれわれを家に呼んで非常なもてなしをしてくれた。彼らは、例の聖者はハンガリー人でマテウス・エスカンデルという名前で、ブタ〔ハンガリーの首都〕というところの人であり、シナイ山で隠者をしていたと話してくれた。また、われらの主がこの聖者に起こさせた偉大な奇蹟を伝えた刊本を見せてくれた。

6

法官がジュンキニラウ町で妻の葬儀をしたかったので、われわれはそこに五日間滞在した。彼は、亡き妻の霊のために、われわれみんなに着物と十分な食物を与え、さらに舟漕ぎの苦役から解放してくれ、われわれが欲する時に、首枷《くびかせ》も鎖もとり去って、陸に上ってもよいといった。

ジュンキニラウをすぎると、河の両岸に一〇〇隻ぐらいずつ集まっている船が見え出した。シナ人たちが、シナでは町でと同じくらい多くの人が水上に生活している、それでもし一般人を働かせ、彼らに生計の資を得させるためにいとも貧しい商売に強制的につかせる規律がなかったならば、彼らは共喰いになってしまうだろう、と話してくれた。すなわち各種の商売が三つにも四つにも分割されて、彼らの間に分担されている。たとえば、家鴨の商売に従事する者の中には、雛を売るために卵を孵す者、すでに大きくなったやつを肥えさせて殺して塩漬けにして売る者、卵だけの商売をするもの、羽だけまたは頭や足や砂嚢や腸だけを商する者等がある。そして仲間以外の者にはその商売への介入を許さず、介入した場合には特設判事の前に引き出され、鞭三〇打の刑に処せられるのである。

なおわれわれが南京から北京に向かっている——その距離は一八〇レゴアあるが——このバタンピナ川沿いには、非常にたくさんの砂糖工場、ブドー酒・油の圧搾工場があり、それにすべての種類の肉類、すなわち豚、鵞鳥、家鴨、鹿、牛、水牛、馬、犬、狐等を塩漬けにし、乾燥させ、燻製にして、山と積んだ商店や倉庫があるので、われわれはたびたび全世界の人々に食わすに足るといったものである。

また大きな網で舳先から艫までおおい、檻のような形をしていて、そのなかに家鴨や鵞鳥がいっぱい入っているパノウラスという小船のようなものがたくさん見えた。これらの船の持主が鳥たちに餌をやりたいと思うときや、鳥に卵を生ませる時だと見てとった時などには、彼らは上陸して檻を開く。そして太鼓を叩くと、鳥が全部でてくる。彼らが再び太鼓を叩くと全部の鳥が船に戻る。その時、二—三人の男が籠を持って卵を取りに行くのである。

卵を孵す商売の者たちは糞《ふん》のいっぱい入った竈《かま》が二〇—三〇もある長い部屋を持っていて、その竈の中に二〇〇、三〇〇あるいは五〇〇個の卵を入れる。それから糞を熱くするために竈の蓋を閉めて、卵が孵ったと思われるまでそこに卵を置いておく。雛が全部殻から出た時を見計らって、それらを檻に入れて一〇日から一二日ぐらい湿った糠《ぬか》を与える。それから後は雛家鴨や雛鵞鳥はひとりで沼地に行く。

魚を売る者は魚を水の入った大桶に入れ、魚の口を灯心草で繋ぐ。それは、魚を買いに来た人がこの灯心草のところを持って、その魚が気に入るかどうかを見るようにするためである。もし、死にそうな魚があると、死魚を生《なま》のまま売ってはいけないので、商人はそれらを塩漬けにしなければならない。

また、この川に沿っていろいろなものが見られた。馬に乗った人々が豚や馬の群れを見ていたり、逃げられないように小鹿のころから右足を不具にされ、飼い馴らされた鹿の群れが羊のようにある場所からある場所に追われて行ったりした。肉屋に売るため庭園にたくさん犬が飼われていたり、この国では何でも食べるので、豚や亀や蛙や猟虎《らっこ》や毒蛇や鰻や蝸牛や蜥蜴《とかげ》などをいっぱい積んだ船があった。そこには畑で肥料に用いる人糞を商売にする人までいるのだ。これを買いにくる連中は、サン・ラザールの癩病患者のように、拍子木を鳴らしながら、街を通ってやってくる。この商売はきわめて大掛かりなもので、わずか一海港だけで、それもたった一潮時だけでも、人糞を積んだ船が二〇〇―三〇〇隻も見られる。われわれはまた、犬肉の悪臭を取除くために使われる乾燥したオレンジの皮をいっぱい積んだ数隻の船にも出会った。実際、この国の数かぎりない事物を想像することは困難である。

シナ人の寺院はたいてい川縁にあって、その荘厳な祭礼のときには、絹の綴織《つづれ》をいっぱい積み、旗をたくさんかかげた船が何百となく集まってくる。そしてそれらは、小船がきわめて静粛に往来する水路の街通を幾条ももち、時には一レゴアの長さにも達する市街を川の上にきちんと形造る。夜がくると、これらの水路は綱を張って閉められ、それぞれの街通には船のマストの頂点につけられた一〇個ぐらいのランターンがゆらめく。これが何ともいえず美しい光景を呈する。その上どの船にも鐘と見張りがあって、この船の町の総督《シャエン》――彼は控訴なしの民事・刑事両裁判の絶対権を持っている――の船の鐘が鳴ると、他のすべての鐘がそれにこたえる。またそこには伽藍まであり、それは僧侶により管理され、大部分は金や絹で飾られたガリー船に似た大きな艀船の上に設けられている。そして国の役人が諸船を巡回しているほかに、各街通毎に主要商人のうちから一人選ばれて夜警をさせられる。

われわれは一つの街で、塗金した木偶やその足、腿、腕などを一〇〇隻ぐらいの船の上で売っているのを見た。これは病人たちが信心から寺院に寄進するために買うのである。絹の綴織で飾られた船では、道化劇や喜劇やその他の催物をやっていた。別の船では、性悪の僧侶たちがこの証文がなければ救われない、この証文を買えば必ず功徳があるといって、天国向け証文をひどく儲けて売っていた。また、死者の頭蓋をいっぱい積んでいる船もあった。多くの人たちは、友達が死んだ時に、その墓前に捧げるために頭蓋を買うのであったが、それはこれらの頭蓋と一緒に死人が埋められると、その霊魂が頭蓋の持主に伴われて天国に入れるためである。というのは、天国の門番は、人がこのように数人の下僕を連れてやってくるのを見ると、殿様に対するのと同様の敬意を表するが、人が貧乏で誰も下僕がない場合は、門番は戸を開けてくれない、とシナ人たちは信じているのである。

また他のたくさんの船は、生きている鳥でいっぱいの檻を幾つか乗せている。商人たちはいろいろの楽器を奏しながら人々に向かって、「これらあわれな捕われ者たちは神様のお創《つく》りになったものなのだから逃がしてやれ」と勧める。人々が来て、身代りの施し物をやると、彼らは鳥を放してやる。鳥が飛び去る時、みなは「神様のところに行って、この世でわれわれがこのように神様にお仕え申上げているといってくれ」と叫ぶ。また他の船には、細かいあみ目の網で捕えた生きている小魚がいっぱい入った大壺がある。商人たちは人々に、神にお仕えするために、一度も罪を犯したことのないこれらの魚どもを逃がしてやれと勧める。魚の身請けをする人たちは魚を河に逃がしながらこういう。「行きなさい。向こうへ行ったら、神のために私がした善行を話してくれよ!」

私はまた、艀船の上で奏楽を聞きたい人々に金《かね》をとって聞かせているたくさんの男女や、「これらは神像に捧げられた動物の角で、天上の饗宴で使うものだ、動物の肉はこの世で神の愛のために地上の貧しい人々に与えられるものだが、そのように、これらの動物の角を一本受け取る者の霊はあの世でその動物の魂を食べ、友達をその饗宴に招待するのだ」とかいいながら、僧侶たちが売っている角を積んだ艀船も見た。墓や松明や大蠟燭を積み、泣き女が葬式のため泣き声を上げている船もあれば、金儲けのために蛇や大蜥蜴や虎の見るも恐ろしい見せ物をしている船もある。ある船では本屋が百般の書物を売っている。そこには人が知りたいと思うことが何でも載っている。これらの本屋は趣意書や証書も作成し、係争当事者の弁護士として相談にのったり勧告したりもする、小船に乗った武装した連中が、「もし誰か危害を受ける者があったら自分たちが仕返しをしてやるぞ」と大声でどなっている。また乳母を乗せた艀船も、産婆の役をする老婆のいる船もある。高貴な位のある男たちや親切で真面目な顔つきをしているその妻たちが、きわめて設備の整った船で結婚の準備をし、未亡人や子供を亡くした女たちを慰めている。ある船では主人をなくした多くの男の子や女の子たちが雇主を探しており、また他の船では、モンジロトといわれるひどく真面目くさった人たちが乗っていて、彼らは諸証書類の売買をなし、さらにはなくした物を探し当て、病気を癒やす。

一言にしていえば、この世にあるものはことごとくこの船舶から成る動く町に見出される。そうして三二王国より成るシナ帝国がかくも強力で、豊かで、商売が盛んな主な理由の一は、この国は河川に恵まれ、昔、王や諸侯によってつくられた運河が無数にあって、国中が舟行できることである。もっとも狭い川や運河にも、長い幅の広い石橋がかかっていて、時にはそれは長さ一〇〇パルム、幅二〇パルムのただ一つの石でできているのもある。都会や村落のすべての道路には、これまた立派な石を敷いた車道と、通行人のための歩道があり、その端には、金文字で飾られた柱や楼門がある。また路にそって、貧しい通行人がやすむための小ぎれいな坐席が並べられてある。何処に行っても水道や給水場があり、また荒野や無人の地域には、旅行者の道標となるように、終夜盛んに火を焚き、旅人を迎え入れて、一息入れさせる家がある。

私は不幸と艱苦を味わった二〇年間にほとんど全アジアを歩いて廻ったのだが、シナだけにある程のものが全ヨーロッパにあろうとは考えられないのである。そうして同様のことは他のことについても、すなわちシナの気候についても、政治に関しても、その領域の広さについてもいえるであろう。しかしシナにもっとも偉大な栄光を与えているものは、非常に整備された政治と、法の厳格な遵守である。私は、一面では神がいかに喜んでこの人たちに地上の財宝を与えたかに驚き、他面ではその彼らが神に対していかに忘恩であるかに想到して、悲憤している。というのはシナ人たちは神聖なる善意の神をたえず怒らすような無数の凶悪な罪を犯しているからである。

7

一五四一年一〇月九日、火曜日、われわれは北京市に着いた。三人ずつ縛られて、ゴファンジァウゼールカ刑務所に連行され、そこで歓迎のしるしとしてまず三〇回鞭で打たれた。

南京からわれわれを連れてきた法官がわれわれを彼らの最高裁判所たるアイターウンの裁判に引き

出した時、一二人のションシャリ（判事）のうちの一人がわれわれにいった。

「さあ、こちらへ来たまえ。諸君の職業と国籍をいいたまえ」

われわれは難破以来みなにしてきたとおりの話をして、それに答えた。そしてわれわれがこの国で全く財産も、味方になってくれる人ももっていないために、人から不当な扱いを受けたり、惨めな思いをしたことを考えて下さいと哀願した。判事は、しばらく考えてから再び口を開いた。

「諸君はそれ以上いうには及ばない。本件が他の手続で処理されるためには、諸君が気の毒な人たちだということが私にわかればよいのだから。けれども、自分の役目を果すため、私は諸君に本件の代訴人を選ぶための五日間の期間を与える。そうして私としては慈悲院（悲田院？）のタニゴーレスに請願書を出すことをすすめる。彼らは君たちの困窮に同情して、その権利を守ってくれるだろう」

このように話し終わると、彼はわれわれに一両の施し物をくれて、他の囚人たちは盗みをするのがその仕事なのだから用心しなくてはいけないと忠告してくれた。それから彼は向こうの部屋に行き、前日判決が下された二七人の男たちを直ちに処刑させにやった。彼らは鞭打たれてみな死んでしまった。これにはわれわれはすっかり胆を冷やしてしまい、茫然自失しそうだった。

翌日、われわれは手枷・首枷をはめられて、数珠つなぎに繫がれた。そうしてカレンプルイでしたことが見つかりはしないかと思ってビクビクして過した七日間の後、ありがたいことに慈悲院のタニゴーレスがわれわれを訪ねてきた。

彼らが着くと、全囚人が身をかがめて、悲しそうな調子でいった。「神が下僕を通じてわれわれを訪れた日よ、祝福されよ！」。それに対し、タニゴーレスが答えた。「星と夜の美を創造し給うた神の全能にして神聖なる手は、汝らを民衆の罪を常に嘆く者として加護するであろう」。それから彼らはわれわれの方に近づいてきていろいろと尋ねた。われわれがどういう人間であるかを答えた後、クリストワン・ボラーリョが一行は南京からもってきた嘆願書を判官に渡した。タニゴーレスはもったいぶったような動作でそれをうけとり、慇懃に言った。「万物を創造し給うた神よ、幸あれ。神は地上の罪人を召され、彼らの生涯の最後の日に聖なる宝庫の財宝をもって彼らの生涯の労役の二倍に当たるものをもって彼らが報いられることを欲し給う。われらは、それが雲より落つる雨のごとく豊かに成就されることを信ずる」と。それから彼らの一人がわれわれに、貧民裁判法廷が開かれしだい、この件を取り上げて、諸君に必要なことをしてあげよう、といった。

それから三日目と四日目とに、タニゴーレスたちはわれわれを牢獄にたずねて、彼らがもっている調書に従って質問をした。われわれが逐一答えたので、彼らは満足した。それから彼らは裁判所書記にわれわれに関することを幾つかはっきりと尋ね、その意見を求め、そして審議するために本件書類を持って行かせてくれと頼んだ。

この訴訟は解決までに六カ月半を要した。その詳細を語ろうとは思わないが、ただ次のことをいいたい。われわれのために働いてくれた慈悲院の二人の代訴人がまずこれまでの全訴訟手続が無効であると言明した。それに対し王室検事がわれわれを知っている証人を見出すこともできず、またわれわれに対する起訴理由を証明することもできなかったので、検事の論告は棄却された。それから九日後、われわれは判決を聞くために刑事法廷に連れて行かれた。

二人の廷丁が戈戟《かげき》や猪槍を持ち鏈環《くさりわ》の帽子を被った二〇人の護衛兵を伴ってやってきて、牢獄に連れて行くのだといって、九人を数珠つなぎにしたので、われわれはこわくなった。彼らは受刑者を引見し、その刑の執行を行なう所（カラディガン）にわれわれを連れて行った。実をいうと、われわれがどこを通って行ったかはっきりいえない。ただわれわれは時々立ち止まっては互いに抱き合ったり、ひざまずいて神に罪の赦しを願ったりした。これにはシナ人たちもすっかり驚いていた。後についてくる民衆の罵言を浴びながら、われわれはカラディガンに着いた。そしてそこで長いこと待たされた。その部屋には「正義の腕の代理人」といわれる死刑執行人が二〇人おり、またその他多くの人がそれぞれの事件についてそこで待っていた。

ついに、鐘が鳴ると、非常に芸術的に造られ、シナ国王の紋章がその上についているアーチの下の扉が開かれた。紋章は銀の球の上に足を載せている銀製の奇怪な獅子である。その部屋にいた人たちはみなわれわれと一緒に非常に大きな部屋に入った。そこには刑執行人によって科せられるいろいろな奇怪な刑罰を描いた絵が上から下まで掛かっていて、掲示にはどんな罪がこのように罰せられるかを説明してあった。それからみなは金粉が塗ってある、前のよりいっそう飾り立てられた部屋に入った。その部屋の中央には高座があって、それぞれ鉄と真鍮と黒檀とでできていて、真珠貝をちりばめた三列の手すりが両側についている七段の階段でのぼるようになっていた。その最上座には総督《シャエン》が金や緑絹の縁飾りのついた緞子の幌の下に坐っていた。銀製の椅子に坐っている彼の前には小さな銀テーブルがおいてあった。彼の周囲には金鎖で飾られた三人の男の子がひざまずいていた。彼らのうち一人はペンを、他の二人は請願書を彼に手渡すのが役目だった。彼の右側には、「慈悲」を象徴する一〇歳位の男の子がいた。その子は、金色の薔薇を刺繍した白い繻子の衣を着て、首には三列に真珠飾りを掛け、髪は女の髪のように長くて、金や桜色の紐で編んであり、また真珠の飾りがついていて、足には緑のエナメルを塗り、小粒の真珠で飾られた金の靴を履いていた。彼は、絹や金糸や真珠ででできた薔薇の枝を持っている方の手を総督《シャエン》の椅子にもたせかけていた。その傍には、血液を取る時に使う刀針《ランセット》のようなとんがりがついている一種の僧帽を被り、金色の薔薇が織込んである桃色の繻子の衣をまとっているもう一人の男の子が、抜き身の短剣を持って立っており、まくり上げた袖の下から血に染った腕があらわに出ていた。というのは、彼が「正義」を象徴していたからである。総督《シャエン》は金や緑絹に縁どられた紫繻子の長衣をまとっていて、首の所では肩衣のようになっており、そこには完全に平衡を保った天秤をもつ手が彫ってある大きな金板が掛っていた。それにはこう記されていた。「高貴なる主の御性質は、その裁きにおいて正しき重量・尺度・勘定を遵守するものなれば、汝のなすことを熟考せよ。汝もし罪を犯さば、永久に罰を受けん」。彼は、緑と紫のエナメルを塗った小さな金の小枝が周りについていて、金の珠に乗っている金の小さな獅子が上についている丸い帽子を被っていた。右手には、三スパンぐらいの長さの、笏のような形をした象牙の棒を持っていた。

高座の第三段目には銀の権標を持った八人の執達吏がいた。下の方には六〇人のモンゴル人が金色に塗った戈戟を持って二列に並んで坐っていた。その前衛に立派な顔付をし、盛装した二体の巨像が、腰に剣をさし、手に戈戟を持って立っていた。シナ人の言葉でこれをジガーエスという。それから高座の両側の下の床には、金で縁取られた紫繻子の被いがかけてあるテーブルが二つあり、二十余人(それぞれ一二人)の男が腰掛けていた。そのテーブルの一つは民事のため、他は刑事のためのもので、そこにいるのは判事、弁護士、参事官《コンシャリス》たちで、裁判の寛大と純潔を示すため白繻子の広袖長衣を着ていた。総督の机には、金色の布の小さなクッションと丸い文筥とのほかには、何もなかった。

われわれが通った最初の部屋には「正義の腕の代理人」(刑執行人)が二四人いた。入口には六人の門衛が銅の棍棒を持って監視していた。方々に嘆願者たちが立っていた。ただ婦人たちは丸椅子に坐っていた。これらすべてのものが何故か知らないが、驚異と恐怖を与える何か偉大で荘厳な感じをかもし出していた。

鐘が四つ鳴った。判事だか参事官だかのうち一人が立ち上がって、一同に謹聴するように厳かに告げ、再び席についた。もう一人が総督《シャエン》の傍にのぼって行き、全判決文を大声でしかも慇懃鄭重に長々と読んだ。それで、たっぷり一時間かかった。われわれの判決が読み上げられようとした時、われわれは祈禱をする人のようにひざまずき、頭を垂れ、両手を上にあげるようにいわれた。そのようにして、クァンシの修復のため一年間働くよう、われわれに命令している判決を聞いた。それが終わると、テーブルに坐っている役人の一人が立って誰か異議のある者はないか、と三回聞いた。それに誰も答えなかったので、正義と慈悲とをそれぞれ象徴する二人の少年が、手にしている徽章を互いに近づけて、声高にいった。「絶対正当になされた判決に従い、彼らを自由放免にする」。すると鐘が三つ鳴り、われわれは鎖を解かれ、首枷や手枷や足枷からも解放された。

こうしてわれわれは言い渡されたとおりに二カ月したら働きに戻ってくる条件で、釈放に署名するために牢に連れもどされた。われわれがすぐさま町に物もらいに出かけようとしたので、法官《シーフー》はわれわれを慈悲院のタニゴーレスに紹介するから、明日まで牢に残っていなさいといった。

8

翌朝、四人のタニゴーレスが牢獄の病室にやってきて、われわれに「国王が神の愛に免じて君たちの刑期を四カ月軽減されたので、強制労働はたった八カ月間しかないし、それに君たちが働きに行く所の所長が君たちをうまく取計ってくれるように、また君たちに給料を払ってくれるように、その所長に紹介してあげるから、心配などしなさるな」といった。ところでクァンシでわれわれが経験したことを語る前に、ここで簡単に、真に世界の首府と呼ばれ得る北京について語るのが適当と思う。

私がポルトガルに持ち帰った北京の偉大さを書いてある『アケゼンドー』という小さな本で読んだとおり、たしかに北京の町は一周り三〇レゴアほどもある二重の城壁に囲まれている。だが、この囲いの周りにはもっと大きな囲いがもう一つあって、シナ人たちは、昔はそこに人がたくさん住んでいたのだといっている。今日では、そこには村や寺院や別荘や城しかない。それらの囲壁の内側は繊細なタイル張で、小鐘楼には一面に絵がかかれており、寺院の上には金色の獅子の形をした風見がついている。金粉を塗った小さな礼拝堂をもった官吏の墓が二万四〇〇〇も一カ所に見え、一〇万の退役兵・老廃兵が住んでいる「天子の家」という館が五〇〇ぐらいあちらこちらに見える。もう一つ別の街には、屋根の低い家が並んでいて、国王用船の漕手が（二万四〇〇〇人）住んでおり、また別な街には宮廷おかかえの料理人が（一万四〇〇〇人）住んでいる。さらにもう一つ別の街には、夫たちが虐待をした時に重く罰せられるような場合に、その宮廷官吏の妻たちが自由独立の場として住んでいる家がある。そこからほど遠くないところに、北京の全布を濯う洗濯屋《マイナテス》が住んでいる。また別の所には男女の僧侶のための豪奢な家や、広大な囲いのなかに庭園や深い森があって、あらゆる種類の狩りの獲物がいて、鷹狩も狩猟も思いのままという、大規模な建物や、芝居・相撲・闘牛、その他あらゆる種類の宴会等が行なわれている旅舎がある。この宴会のなかには、一〇日間も続き、二万両も費用の要るのもある。

旅舎の主人《シパトン》は宴会や料金支払についての規則、客が利用する物や利用する方法についての規則に関する本を持っているので、出費しようと思う者は自分の思うとおりに選べるのである。私はこのピネトレウという本を見たことがある。この本には、どんな人を招くか、会食者の数、宴会の日数等が書いてある。また、どんな料理や召使いや食器や娯楽が王や諸侯に、総督《シャエン》や提督《エイタク》に、また金持の商人に気に入るかということも説明してある。時には、自分勝手に飲み喰いできるあらゆる種類の、男女でいっぱいの部屋が五〇—六〇もあり、金襴の幌がついている銀のベッドのある離れの部屋もある。また、われわれが使っていないような楽器を演奏する部屋もある。給仕はたいてい豊かに着飾った美しい婦人か若い娘なので、身分のある男たちは彼女たちに夢中になって、結婚してしまうのである。それから、この宴会には、必ず貧民のためのテーブルが設けられ、そこに腰掛けたい人が誰であっても受け入れるようになっている。それら貧民には三日間だけ一部屋と立派なベッドが与えられる。ただし、妊婦や病人の場合にはもっと長く置かせてもらえる。

われわれはまた北京の城壁の周りにある、三二州の法律を研究している三二カ所の学校も見た。もう一つ、学位を取りたい者が勉強している学校がある。これらの大学はすべて、諸領主と同じぐらい大きな宮殿をもち、総ての人のうちでももっとも位の高い総督に従属している。彼は非常な勢力があって、その行列は次のように構成される。まず三〇〇人のモゴール人護衛隊。銀の棍棒を持った二四人の執達吏。銀の馬具と絹の覆いをかけた白馬に跨り、流行の踊りや歌を歌ったりする三六人の女。銀鈴のついた頭絡のある、金襴と銀布で着飾った二〇匹の馬の行列。おそろしく喧ましくてガチャガチャした感じを与える鎖を引っ張って歩く四〇〇人の人。桃色の傘を持った一二人の騎士、さらに金色の縁飾りのついた白緞子の旗を持った一二人の騎士。その後に、金張りの剣をさげて歩いてくる六〇人の法官やその他多くの者を従えて輸に乗った総督がやってくるのである。一般民衆はみな家に入れと大声で命令され、この豪華な行列のために道があけられる。総督の傍には、私がさきに述べたような慈悲と正義を象徴する少年が二人、馬に乗ってやってきて、その後に五―六人の少年がついてくる。以上のものすべてては、人を恐れさすと同時に、また、その壮大さに驚かされるのである。

ローマ、コンスタンチノープル、パリ、ロンドン、セヴィリア、リスボンその他ヨーロッパのいかなる都市でも、この北京と比較できると思ってはならない。北京は、あらゆる点で他を断然凌駕している。その素晴らしい建築物、財宝、人間生活維持に必要なすべての物の豊富さ、人口数、通商、無数の船、裁判、政治、平和な宮殿、十分な年金で生活している官吏等々においてそうなのである。

この町自身が切り石でできた堅固な壁に囲まれていて、塔や堀や飜転橋のついている、一年三百六十余日の神々の名前の三六〇の門がある。そうしてそれぞれの門には、そこを出入りする者の報告をする書記と、四人の門衛が手に大槍を持って立っている。

シナ人たちのいうところによると、城壁の内には、三八〇〇の寺院があって、人々は家畜よりも野生動物の方を神が喜ばれると信じているので、大量の野鳥や野生獣をそこに献納する。これらの寺院は三二宗派に分れていて、そのうち最古の主要な四宗派はシャカ（釈迦）、アミダ（阿弥陀）、ジゾアン（地蔵）、およびカノン（観音）である。

主要街路の両端は鉄の手すりで閉されていて、そこに入るには、夜は閉まっていて見張番が立っているアーチ門を通る小路から行くのである。各通用門には市街警吏とその隊長がいて、彼らは一〇日毎に市庁に報告に行かねばならない。前述の本を信用するとすれば、町には一二〇〇の運河が縦横に走っており、鎖で閉鎖された石橋が無数にかかっていて、その橋の所には通行人のための休憩所がある。毎月、町の一二〇の広場にそれぞれ市が立ち、そこでは徒歩の人や馬に乗った人たちが、われわれの国の行商人がするように、首にぶら下げた箱の中にいろいろの物を入れて売っていて、また街路に店を開いている商店ももちろんある。シナ人のいうところによると、北京には一六〇軒の肉屋があって、その中には、ポルトガルでわれわれが食べるような肉ばかりでなく、バダ、虎、獅子、犬、騾馬、驢馬、らっこ、かもしか、穴熊、それに縞馬などを売っている店がたくさんある（縞馬《ゼーブル》とは、騾馬に似た動物だが、ものすごい速さで走る動物である。そして、白・黒・赤の縞になった皮膚〈毛〉をもっている。この国の人々はこのゼーブルを飼い馴らそうとはせずに、人間に荷物を運ばせている）。肉屋ごとにある秤のほかに、町のどの門にも秤が置いてあって、肉を買った人にその肉の目方が正確かどうかを確かめてやるために、再びそこで測るのである。肉が素晴しくおいしく料理される料理屋と、豚や各種の鳥や燻製の肉がいっぱい詰った貯蔵庫とを一緒にしたら、そりゃ素敵なものだ！

もっとも眼につく建物のうちにはスィナンギバレウ、すなわち「被追放者幽閉所」という牢獄があった。この刑務所は、どんな胸壁もついていない高い壁と、飜転橋が幾つかある水のいっぱいある堀とに取り囲まれている。二つの塔のてっぺんにある六つの大見張鐘が鳴ると、一〇〇以上もある他の鐘全部がそれに応えるので、凄まじい音になる。

普通、この牢には一七歳から五〇歳までの三〇万人の囚人がいるので、なぜこんなに多勢投獄されているのかとシナ人に尋ねたところ、昔シナにクリスナゴ・ドコタイという王がいて、追放の判決を受けた者は六年間、立派な行ないをした場合か、三回怪我をした場合にはそれ以下の期間、給料なしで例の長城（壁）で働くべし、という命令を出したのだそうである。ところが、この長城には常に二〇万人が必要なのであるが、そのうち三分の一は毎年死ぬか不具になるか釈放されるから補充しなければならないし、また受刑者を集めて国の隅々から連れてくるにはあまりに時間がかかり過ぎるので、クリスナゴ・ドコタイの後継者ゴピレイ・アピラウが受刑者たちを収容するために北京に大囲繞地を作ることを命令したのである。

囚人たちは、名前と入獄日付を記した小板を持つこと以外、何らの強制なしに囲繞地内で自由に行動できる。彼らは入獄日付の古い順に万里の長城に送られて行く。また彼らがスィナンギバレウで過す時間は勘定に入れられないのである。

ここで、一年に二回、七月と一月に、「刑務所大豊市《いち》」といわれる市が立つ。われわれはその一つを見たが、そこでは商人は税金を払わなくてよいし、市は無税・無料なので、三〇〇万ぐらいの人が集まってくる。それで、外部からきた人を見分けるために、門には鉛印を持った人が構えていて、女性以外（女囚は長城の労働には全然使われていないので）のすべての人の右袖口に印を押す。この印は、油と粘土と漆と大黄と明礬との混合物で、一度乾くと熱い酢と塩をもってしなければ消えない。それで、もし不運にもこの印が消えてしまった人は、囚人たちとともに牢に留まらなければならないのである。

見張台のついている立派な門で塞がれ、リスボン病院のアーケードに似たアーケードのある通路が、この牢獄の中を通っている。そのうちの二つの通路では、食料でも贅沢品でも欲しいものは何でも売っていて、それは総督《シャエン》の邸宅に通じている。彼の邸宅は、庭園や池や鳥小屋のついている数棟の美しい家から成っており、国王でも楽々と住めるくらいに立派なものである。この刑務所には、幾つかの森とたくさんの川とがあり、また囚人の大部分は妻子を連れているので病院や修道院もあり、国王は各囚人に家事に適当な家を与えているのである。

ほとんどこれと同じくらいの大きさの、もう一つの囲地があって、これはムスィパラン、すなわち「死者貯蔵庫」といわれている。そこには切石で築いた多くの塔や色々の絵を描いた楼閣が立っている。壁には、頂上に胸壁の代りに、真鍮、鉄、錫、銅などの人間像や蛇、牛、馬、象、魚、その他奇怪な動物像がたくさんついている鉄柵がめぐらしてある。それでこれら無数の群像は全く目を見張らせるが、同時に、もっとも愉快な観物でもある。

われわれは、堀の橋を渡って、周囲が大きな門で閉ざされている広い中庭にやってきた。そこは全体に白と黒の石で碁盤状に敷かれているが、それが非常によく磨かれて、光沢があるので、まるで鏡の上にでもいるような感じがした。この中庭の中央に、三六スパンの高さの碧玉の柱があって、緑と黒のエナメルで非常によくできている蛇を絞め殺《し》している女の銀像がその上に立っている。さらに少し行ったところにある、二つの高塔の間の門では武装した男を従えた二人の書記が、そこを通過する人から四ドニエ（貨幣）を取っていて、その門の前にはシナ人が「煙の家の鞴係《ふいご》」と呼んでいる恐ろしい顔つきをした、鉄の棍棒を持った二つの男像がある。

この門を入ると、風が吹くとやかましく鳴る鈴がいっぱいついているアーケードが両側にある広い通りに出る。アーケードの後側には金色や色とりどりの楼閣がついている低い家々が二列に並んでいる。これらの家々は（シナ人の確言するところでは三〇〇〇軒もあるが）、土台から屋根に至るまで死者の頭蓋でいっぱいである。その向こうには骸骨の山が二つあって、それが通りにそってずっと続いており、それらの人骨は、幅もずいぶん広いが、実に奇妙な風にきちんと重ねられているので、まるでそこに（土から）生えているみたいである。シナ人にこれらの骸骨について登記されているかと尋ねたところ、そうだと答えて、「これらの（三〇〇〇軒）の家々を管理しているタラグレポス（僧侶）がみな名簿に載せている。そうしてこれらの家で、骨の持主が霊魂の安泰のために彼らに託した遺産が二〇〇〇両以上にならない家などはない」というのであった。なお彼らの言に従うと、以上の家全部の収入を合計すると毎年五〇〇万金となり、そのうち一〇〇万金はタラグレポスが取り、あとの四〇〇万金は国王が被追放者収容所維持費として取るのだそうである。

この奇観に目をみはって、その道を通って、われわれは二本の巨大な格子をめぐらした四つ角《かど》の広場にきた。その真中には、どう書き表わしていいかわからないような醜く恐ろしい青銅（真鍮）の蛇像が周囲三〇尋くらいのとぐろを巻いている。シナ人はこの怪蛇（龍）を「煙の家の貪食な蛇」と呼んでいる。蛇像の頭上には、そとから投げつけられたように、直径五二フィートくらいの大きな鋳鉄の球がある。実際、そこから二〇歩ばかり向こうに、両手にもう一つ同じ大きさの球を持ち、怒った人のように顔をしかめて蛇を凝視して、今にも球を蛇にぶつけそうな恰好をした巨人像が立っている。この巨人像の周囲には無数の鍍金の小像がひざまずき、手を上げて巨人像を礼拝しているような恰好をしており、各小像の間には一六二個の銀燭台がある。シナ人のいうところによると、ムクルパロンと巨人像は遺骨貯蔵管理者であって、前述の貪食蛇が遺骨を盗みにきた時、――これは三〇〇〇年ごとに起こることなのだが――、巨人が蛇に球を投げつけて、邪悪な行為のために神が蛇を突き落した深い「煙の家」の底に蛇を追い返すのである。蛇が五個の球を投げられた時に、蛇は死んで、ここに集められた骨は元の所有者の身体に戻ってきて、「月の家」に永遠に住むのだそうだ。それ故、人が一〇〇〇か二〇〇〇の遺骨をここに持ってこない日はない。非常に遠い人々は全体の骨をもってこられないので、歯を一本か二本ここに送ることで満足している。そのため蔵骨所には、数隻の船に積むくらいたくさんの歯があるのである。

この都市（北京）の城壁のそとには、ナカピラウ、すなわち「天妃」という建物もあった。シナ人たちは天妃をわれわれの聖母マリアと同じような位置に置いている。というのは、彼らは、神は自分たちと同じように結婚できるのであり、神がこの天母との間に設けた子供が星である、と信じているからである。そして、何か香気が流れ出て空中に溶けこむ時に、彼らはこれは神の子が一人死んだのだ、といって泣きはじめるのである。

彼らの三二宗派の迷信じみたことどもはさておき、私はただ、男女五万六〇〇〇人と小僧たちとが住んでいる、この建物を構成している一四〇の僧院についてだけ語ろう。それら聖職者は緑の星のついた紫色の衣を着ていて、髪も髯も眉も剃り落し、首に数珠をかけている。一五四四年に、タルタリー王が北京市を包囲した時、この建物に居を構えて、一五〇〇人の婦人と、シナの有力貴族の娘であり、また太陽原子の神、ヴィタウ原の合戦の神、その他四種の神の宗派の信仰者である若い娘とを含めて全部で三〇〇〇人の首を切らせた。

この大建築にはもう一つ小さい建物がついていて、その小建物の壁は石のアーケードや穹窿の上に作られており、その上の廻廊には無数の釣鐘があって、微風に吹かれて絶えず大きな音を出して鳴っている。地獄の門番像だという、一方の腹と他方の腹が鎖で繋がれた畸型の二つの像の間を通ると、五〇〇〇個以上の鍍金の像がその上に二列に並んでおり、さまざまな彩画のあるアーケードが両側にある大通りに入る。その路は四角な大広場に続いている。広場には黒と白の四角い敷石が敷いてあり、周りには金色の髯を生やした青銅の巨人像が四つ立っていて、なかなか目を楽しませてくれる。広場の隅には雨の神キアアイ・ウジャンが立っている。その頭は、像がより掛っている塔の胸壁の所までとどいていて、その胸からは二六本の水が流れ出ている。これは秘密の運河からひく水である。

玄関の役を果しているこの神像の股の下をくぐって、われわれは碧玉柱に支えられた三の内陣のある本殿に行った。この本殿の壁の下の方には金色に塗られた大小多数の像があり、その奥には一五段の高座がある。この高座にも雨の神の像が立っているが、これは非常に美しい婦人像で、両手を空に向けており、またきめの細かい金で非常によく塗られているので、それは鏡の輝きと同じくらいにまぶしい。高座の階段の上の方には一二人のシナ王の像が立っており、その下に金色の像が三列に並んでいる。

そこから出るために、われわれは美しい通りを三つ通り、太い鉄鎖で繋がれた八二個の鐘がある広場を通り、四つの塔のある門を通過した。その門では、槍兵に守られた法官が門を出る人から約四スー（銖?）を取り立てていた。

われわれが見た建物のうちでもっとも素晴らしいのはバタンピナ川の真中にある高い石垣で囲まれた島にある。その石垣は、外側は八三スパンの高さがあるが、内側は地面にすれすれで、二つの真鍮手摺がついている。その一方の手摺は外側に突き出ていて他方のより低い。他方のは、大きな球の上に乗った銀製獅子が飾りについていて、そこに坐りたい人の便宜のため内側に突出している。

この石壁の内側には丸い礼拝堂が一一三あって、そのおのおのには、角が生えて女の顔をし、身体をくねらせた二匹の蛇に支えられている雪花石膏《アラバスター》造りの墓があり、絶えず燃え続けている七本心《しん》の燭台一三個で照らされている。人々が二列の像に縁取られた三列の段々で登って行く大広場の真中に、銀獅子が上にあって、色塗りの五つの鐘楼がついている塔が一つ立っている。塔の下部、銀板で飾られた部屋にある同じく銀張りの像がその遺骨が棺に納められている一一三人の王を表わしている。というのは、シナ人は、これらの死者たちは夜みな一緒に（われわれの国の枢機官のような）もっとも尊厳な僧侶たちだけが味わえる色々な娯しみによって気晴しをすると信じているからである。また彼らはこれらの遺骨が新月ごとに互いに宴会を交すと考えているので、鳥や米や牛や豚や砂糖や蜜やその他の僧侶がとる食物で作った料理をお供えする。しかし、その代わりに自分たちの罪は赦されるのだと彼らは考えている。

この塔の近く、三七本の石柱の上に建てられている礼拝堂には、一四層の純金粉塗りの高座に腰掛けた、金髪のアミダ（阿弥陀）女神の銀像がある。女神は両手を上に上げている。その腋窩には指の半分ぐらいしかない小像が幾つか下っていて、その他の秘部には金飾りのある真珠貝の殻を着けている。シナ人の語るところによると、大洪水の後で無人の地となった土地に再び人を住ませるために、神がその妻の第一女官たるアミダ女神をそこに送った。女神は水がすでに引いてしまった南京湾内のカレンプルイ島に降って、右腋窩から一万一一一一人の男子を、左腋窩から二万二二二二人の女の子を流し出した。それから彼女はぐったりと疲れて死んでしまった。月が黒い斑点で蔽われたのも、その死を記念するためだった。この黒斑は三万三三三三年の歳月が流れた時に消えるだろう、ということであった。

それからさらに、われわれは当時のシナ国王の母后が住んでいるといわれる尼僧修道院に行ったが、異国人だという理由で入るのをことわられた。それで、この寺に完全免罪符を求めにやってくる巡礼の船がいっぱい通っている河岸に通ずるアーケードの通りを行くことにした。

この都市には、捨子を収容して乳母が乳をやる孤児院が幾つかある。孤児は五〇〇ある「貧民学校」のどれかに入れられて職業教育を受ける。病弱の者はその程度や用途に応じて雇用される。たとえば、盲目は臼を廻すのに用いられる。家筋のよいものは、不治の病人や貧乏人でさえ特別修道院に入れられる。もし誰か店を開いてそこの主人になりたい場合には市役所の許可が必要なのだが、その許可は当人がこれらの貧乏人か不具者の一人か二人を引き取って仕事を覚えさせねばならないという条件で与えられるのである。

シナ風に印刷されたシナの年代記を読むと、現国王の曾祖父が失明した時に、不作の時に人民が食を得られるよう、各都市に米麦貯蔵庫を設置するようにと命じ、そのため国税収入の一割を当てた、と書いてある。彼は盲目だったので、いつも金印を腕につけてもっていたのだが、ある日臣下が金印を押すようにと国王に公文書を持ってきた時、神が彼の視力を完全に恢復させ、以後死ぬまで一四年間は非常な視力を持ち続けたとのことである。

これらの穀物庫に補給するために、住民が二カ月後に同量の穀物と目減《めべり》のための六分の余分とを返済するという条件で、古い穀物は全部住民たちに配られる。しかし凶作の年には在庫全穀物が人民に与えられ、その費用も税金総額の一部でまかなわれる。

これまで語ったところによって、政治に関してはシナ人が旧来の史家の論じた他のいかなる国民をも凌駕していることがわかるであろう。

われわれは、以上述べた素晴らしい事物について読んで疑いを持たれる人がありはしないかとひどく恐れている。実際、われわれ自身でさえ唖然《あぜん》とするようなことがあるのだから。ところで、シナ国王がいかに豪壮華美を尽しているかについては未だ全く語っていない。ミナパウと呼ばれる、国王の宮殿の囲繞地だった一つをとってみても、そこには宦官が一〇万人、女が三〇〇〇人、近衛兵が一万二〇〇〇人、位が他の何者よりも高いので「日光」と人々が呼んでいるトゥートーンが一二人、シャエンすなわち総督が四〇人、それに、そのお付の護衛兵がそれぞれ二〇〇人を下らない高官連が五〇

○人もいるのである。実をいうと、この護衛兵の大部分は外国人なのだが。というのはシナ本国人の勇気というものが全く信頼されていないからである。

実際、シナ人は、機械や田畑の管理に関しては非常に才能があり、またとても機知に富んでいるけれども、体格は貧相で、気質は非好戦的な国民である。男性よりも女性の方が労働に対する愛情をより多くもっている。不幸なことに、この不信心な国民は神の絶大なる恩恵に気付かないので、あらゆる種類の迷信や邪教的な儀式を保持し、色々な香料や香を焚いて人間の血を生贄《いけにえ》にする。僧侶たちは信者たちにある証書または為替のようなものを渡すが、それは、彼らが死んでから天国で、それ一枚につき一〇〇倍も報いられる、とされているのである。そこでこの悪魔に呪われた僧侶たちに支払うために信者たちは飲まず喰わずでいなければならない。ところが、他宗派の僧侶は信者に向かって、人間はみな他の獣と同様に死ぬものであるから、生きている間は娯しめばよいのだと説いている。他の連中は、人間は地上におけると同じ時間地下でも生きるのであり、その後は僧侶の祈禱により人間の魂は力を恢復するため七日間子供として存在し、それから元の身体に戻り、月世界に運ばれてそこで数年間眠り、ついに永遠に星となってしまうのだ、と信じている。また動物は浮世で苦しみを味わっているから、死後の昇天が保証されているが、人間は祈禱してもらうために全財産を寺院に贈遺しなければ救われ得ない、と説いている者もいる。以上のことから、これらの信仰はことごとく出鱈目を説教する僧侶の利益本位に仕組まれていることがわかるのである。

第四章

1

われわれが北京にきてからもう二カ月半経った。そして一五四四年一月一三日（土曜日）にわれわれはクァンスィ（キンサイ）市に連れて行かれた。そこに着くや否や、総督《シャエン》の前に呼び出されていろいろと質問を受けた結果、総督が護衛として国王から与えられている八〇人の槍騎兵の中にわれわれを編入してくれることになった。この役は辛いものではなく給料も良かったから、われわれには神の恩寵に思えた。それで、以後一カ月近くきわめて平穏に過したのだが、九人の団結ぶりを見た悪魔がわれわれの仲間二人の間を裂こうと思いついたため、この喧嘩が致命的損害を与える結果となった。その喧嘩はポルトガル人にとってはごく当たり前の虚栄心がもとで起きたものなのである。ポルトガル国王の宮廷でマドゥレイラスとフォンセカスとどちらが重んじられているかということで、たまたまわれわれ仲間九人のうちの二人が議論しだした。事態は無頼女の言葉の応酬のような言い合いになり、お互いに「貴様は何家の者だ？」「貴様こそ何家の者なんだ？」とやり合った（おそらく二人共宮廷では取るに足らぬ存在だったのだろう）。それで一方が他方に大びんたを一つ喰わした。他方が仕返しとして剣で一方の頬を半分バッサリと切りつけた。傷ついた方が槍をもって他方の腕に突きさした。そうなると、喧嘩はわれわれ全体に飛び火し、ついに九人のうち七人が負傷してしまった。総督《シャエン》が裁判官のアンシャシス全部をひき連れて騒ぎの現場にかけつけてきた。彼らはわれわれをなぐり、その場で三〇打の鞭を喰わしたので、みなは負傷した時以上に血塗れになった。それから地下牢に入れられ、かなり重い鉄の首枷や手枷・足枷をはめられて四六日の間留置された。

やがて事件はわれわれを起訴した王室検事に引き渡され、こうしてわれわれは荘厳で、恐ろしいほど壮大な裁判所に連れて行かれた。そこでさらにおのおの三〇回ずつ鞭打たれ、もう一つの別の牢に入れられたが、元の牢より苦しみを味わわなかった。しかしそれでも互いにフォンセカスとマドゥレイラスとで憎み合い、さらにはこの陰謀を企てた悪魔を嫌悪することはやめなかった。鞭の打傷がなおるまで二カ月以上そこにいたのだが、総督がわれわれに同情してくれた。すなわち、シナ人の習慣として死者に供物をする日に、総督は次のように命令を発したのである。「お前たちは外国人であり、非常に遠い国からきた者たちだから、誰もお前たちについて知らないし、お前たちの名前の載っている本や書物もなく、その言葉を聞いた者もいないということを考慮し、またお前たちが悲惨や貧困の故に気が荒んでいるらしく、悲惨や貧困は良家の人やもっとも穏やかな人々をも取り乱さすものであることを斟酌して、国王のご慈悲により、お前たちが犯した罪の刑は今までですでに二度与えられた鞭刑だけで留めておく、ただし、終身奴隷として抑留される」というのであった。

それでわれわれは牢から引き出され、三人ずつ縛られて、ある鉄工所に連れて行かれ、そこでほとんど着る物もなく、寝る所もなく、空腹で死にそうだという惨めな六カ月を送った。それがあまりにひどかったので、とうとうわれわれは昏睡病にかかってしまった。この病気は伝染性があるので、われわれはなおるまで外に追い出されてしまった。

その病気は癒るのにたっぷり四カ月かかった。軒並に乞食をして歩いたが、当時この地方を襲っていた大饑饉のためにめったに施し物にありつけなかった。このようなことから、われわれは仲直りせねばならなくなって、これからはお互いに仲良くやっていき、毎月みなの者が長上として服従する首領を選ぼうではないかという厳粛な誓いを立てた。みなはそれを書面にしたためた。

われわれが平穏に仲良く過すようになってから数日経った時、その月の首領クリストワン・ボラーリョがわれわれを二人ずつ組ませて仕事をさせた。ある組は物乞いに行く役目をもち、ある組は水を汲みに行ったり、炊事をしたりする役目で、また他の組は薪を取りに行く役を与えられた。

仲間の一人のガスパール・デ・メイレレスという男はなかなかの音楽家で、ギターをいい声に合わせて弾くので、シナ人たちは彼の音楽を聞きたがり、しばしば彼を宴会に呼びよせた。その度に彼は必ず何かもらいものをして帰ってくるのだった。私がガスパール・デ・メイレレスと一緒に森に行く当番のある日、朝早く起きて出かけた。途中で、慣例に従って、土偶の死人を非常な陽気さで持ち、楽器に合わせて歌う数人の合唱隊を伴った一団の人に出会った。その指揮者がガスパール・デ・メイレレスを見つけて、彼にギターを渡しながらいった。「この死人は生前非常に愛していた妻子と別れることをひどく悲しんで死んで行った人だから、この人に聞えるようにできるだけ大声で歌ってくれないか」。それでガスパールが彼らとともに立ち去った。

一方一人になった私は薪をとりに森へ入って行った。夕方、重い荷を肩に背負って帰る時、真白な羊の毛のついた黒緞子の衣を着た老人に出会った。私が彼を無視して遠くを通り過ぎようとしているのを見た老人は、私の注意をひくために叫び声をあげ、こっちへこいという合図をした。「なぜ私を呼ぶのか」と私は大声でシナ語で答えた。ところが老人はやはり手でもう一度合図をするだけであった。これはよくあるように、私の薪を奪いたがっている山賊かなにかがいるのかも知れないと思ったので、私は自由に身を守れるように荷物を地面に下し、支えに持っていた杖を手にしてゆっくりと老人に向かって歩いて行った。するとただちに老人は足を倍に速めて小道を進んで行くので、いよいよもって私の考えたとおりだと思ったから、ひき返して、できるだけ早く大通りに出ようと考えて荷物を肩に乗せた。ところが老人はさっきよりもいっそう大きな声で叫びだしたので、そちらに再び目を向けて見ると、老人がひざまずいて、遠くから銀の十字架を私に示しているので、私は彼に近づいて行った。彼がいうのに、「兄弟よ、私はあわれなポルトガル人でキリスト教徒です。私の名はヴァスコ・カルオといって、ドン・ヌノ・マノエル殿の船の船長ディオゴ・カルオの兄弟で、アルコウシュテ生まれです。今から二七年前、シナ国のこの省へ大使として派遣されたトメ・ピレスと一緒に私はこの国の奴隷にされたのです」

それからわれわれは腰かけた。彼は、シナ国王の所へ使する途中広東で抛り出されたトメ・ピレスや他の人々の死など、彼がポルトガルを離れてから身の上に起きたことを私に語った。しかし、彼の話は歴史家の書くところとは一致していなかった。それからわれわれは町への道をとった。自分の家を示しながら、彼は私にその足ですぐ仲間を呼んできて下さいといった。

私はあわれな小屋にいる仲間のところに行った。彼らはすぐにヴァスコ・カルオの家にやってきた。彼はすでに食卓の用意をさせてあり、われわれを妻と二人の男の子と二人の女の子のいる部屋に案内した。彼の妻はまるでわれわれが親類縁者であるかのように、親しげに迎えてくれた。老人自ら手足を洗うものを持ってきてくれ、一同は食卓についた。食事が終わると、夫人が立ち上がり、手に持っていた鍵で祈禱所を開け、真のキリスト教徒として神に感謝の祈りを捧げた。けれども彼女は異教徒や高位にいる縁者たちをおそれているので、それをこっそりとやったのである。以上のことが終わった時、もう朝の三時を廻っていたので、われわれは宿に戻った。

2

われわれがこのような捕われの身となって八カ月半経った一五四四年七月一三日、水曜日の真夜中を少しすぎたころ、天地が動転するほどの叫び声や大騒ぎが聞えてきた。それでわれわれはさっそくヴァスコ・カルオの家にかけつけ、どうしてこんな騒ぎになったのか尋ねた。彼は、タルタリー国王がアダム以来どんな国王も動員したことのないほどの大軍を率いて、北京を襲撃にきたのだというニュースが伝わったのだといった。それによるとタルタリー軍は、(一二〇万の歩兵)六〇万の騎兵を含めた一八〇万の兵と、輜重車《しちよう》をひくための八万頭のバダ(駱駝)とで構成されていたのである。シナ国王は南京に避難していた。噂によると、すでにタルタリー軍の将軍ナウティコルが七万の騎兵を率いてクァンスィ(キンサイ)に接した森にきているから、遅くとも二時間後にはタルタリー軍がそこにやってくるだろうとのことだった。

ヴァスコ・カルオがわれわれにいった。「兄弟たち、祖国のラウラとクルーシェの間にいるのだったら茨の叢に身をかくして安全を保つことができるのに! もう今となってはここから逃れられません。門も城壁も総督が配置した兵隊でいっぱいですからね」

翌日、敵軍が姿を現わした。七つの大部隊に分れ、タルタリー国王の色である緑と白の十字になった旗をかかげ、先頭には槍を下に向けて走っている軽騎兵がいた。タルタリー流に太鼓を叩きながら、町から少しの所で止まり、半月形に陣を構えて町を包囲した。それから火縄銃の射程距離のところにくると、恐ろしい叫び声をあげながら一斉に突進してきて、二〇〇〇個以上もの梯子を掛けて（城壁を）よじのぼり、方々から街を攻めたてた。初めのうちはシナ人たちは抵抗していたが、やがてタルタリー人は鉄槌で四つの門を叩き壊して、手当りしだい住民を斬殺した。それから町に火が放たれ、豪奢をきわめた寺院が破壊された。七日の後、タルタリー人たちは、運搬具がなかったために普通の品物は焼いてしまって、金と銀だけを持って、彼らの王が攻囲している北京へ向かって出発した。

二日間行進して、彼らは将軍が占領したいというニシアンコー城の前で止まった。それは、クァンスィに行くためそこを通った時、シナ人の伏兵が将軍の部下一〇〇人を殺したから、それに復讐するためである。

彼らはそこに到着した翌日、攻撃をかけたが、三〇〇〇人の兵を失い、撃退されて四分五裂し、さらにシナ兵が非常に強力で危険な毒を弓矢につけて射ったので、負傷者の多くが死んでしまった。そこで将軍は隊長を集めて、馬に跨ったまま意見を求めた。ところが意見がまちまちで、それに日暮も近づいているし、繃帯をせねばならない負傷兵も多勢いたので、翌日もう一度相談し直すことにした。

われわれと同様町の火災を逃れてきた多くの奴隷たちと等しく、われわれはこの相談に出席した隊長のうちの一人の管轄下に置かれていた。その隊長が自分のところの晩餐に他の招いた三人の隊長を伴って戻ってきた。われわれが一緒に大きな鎖に繋がれて、テントの隅にいたのにたまたま目をとめて、会食者の一人がわれわれに国はどこか、どうしてシナ人に奴隷にされたのかと尋ねた。われわれがそれに答えたところ、彼はさらに、われわれの国では戦争をするかどうか、われわれの国王は戦争を好むかどうかと問うた。それに対して仲間の一人のジョルジェ・メンデスがわれわれは子供の時分から軍隊式に育てられてきたと答えたので、このタルタリー人は大いに喜んで、われわれのいうことを聞きにこいと他の連中を呼んだ。そのうちの一人がジョルジェ・メンデスにいった。

「ほんとうに、君たちはこれまでいろいろな事物を見てきたのだから、もし君たちの中で何かこの城を奪取するための術策か戦略を知っている者があれば、きっと将軍は君たちを自由の身にするだろう」

ジョルジェ・メンデスが答えた。

「もし将軍閣下が、われわれが海を通って海南島に自由に行くための通行免状に自らの手でサインして下さるならば、閣下がほとんど労せずして城を占領できるよう尽力致しましょう」

タルタリー人の一人がいった。

「今いったことをよく考えておき給え。もし君がそうすれば、君の欲しいものばかりでなくそれ以上のものがもらえるだろうからね」

その時、ジョルジェ・メンデスが軽々しく約束をし、タルタリー人がすでに幾ばくかの望みをそれに持ちはじめたのを見たわれわれは、そんな冒険をしたら自分たちの生命が危ないではないかとメンデスを戒めた。われわれが議論し、また彼らにとっては尋常でないほど大きな声でわれわれが話すのを聞いて驚いたタルタリー人は、声高に話すのは女のすることだ、なぜなら女は自分の舌を抑制できないし、口に鍵をかけることもできないからで、剣を持つことを常とする男はそんなに声高に話すものではない、とわれわれに注意を促した。そういうと彼らは、もう夜の一一時だったので、それぞれ別れて立ち去った。

その夜、将軍がわれわれを自分のテントに連れてこさせて、鎖を一部分取り除かせた後、何か食べたいかと尋ねた。われわれは、自分たちの身体にはもう三日間も一片の食物も入っていないと答えた。すると将軍はわれわれの監視兵を叱りつけ、飯や燻製の家鴨や生《なま》のままの家鴨や、小さく刻んだ家鴨などの料理を持ってこさせた。われわれはそれに飛びつくようにしてガツガツ食べた。それで家来たちが笑ってしまい、将軍と一緒になっておかしがったので、将軍はもう一度飯を持ってこさせた。われわれが十分に食べ終えた時、将軍はジョルジェ・メンデスと話しあって、彼に度を超えた約束をした。というのは、将軍はもしメンデスが勝利をもたらしたならば、あらゆる点で彼を自分の息子たちと同様の待遇にしてやろう、と約束したからである。ジョルジェ・メンデスは、「まず自分の目で城を調べてみなければならない、そのために翌日城の周りを一廻りして城を奪取する方法があるかどうかを見て来ましょう」と上手に答えた。それから将軍は自分のテントから割合近い所にあるテントにわれわれを休ませた。

もし事がうまく運ばなければ、この野蛮人《バルバリアン》たちはわれわれを八裂きにするだろうということをよく心得ていたので、その夜みなはまんじりともしなかった。朝の九時過ぎごろ、ジョルジェ・メンデスと彼に従って行くよう指名された仲間二人とが、三〇人の騎士を連れて場所を見定めに出かけて行った。帰って来ると、メンデスは城の占領計画を将軍に説明した。すると喜んだこのタルタリー人はわれわれの鎖を取り除かせ、北京に行ったら直ぐに君たちを王に引き会わせてやり、約束を果たしてやろう、と食べかけの飯でもって誓い、それを金文字で書かせた。それから彼はわれわれに食事をさせ、自分の傍に坐りたまえといった。ああ、われわれはうまくゆかない場合を考えると、恐ろしくて仕方がなかった!

この日、全隊長はジョルジェ・メンデスの計画に従って攻撃命令を受け取った。まず第一に、周りの村からありとあらゆる籠を取ってきて無数の柴束を作り、さらに三人の男が一緒に登ることができるかなり大きな梯子を三〇〇個用意した。その間、ジョルジェ・メンデスは馬に跨って将軍の傍にいた。われわれは彼がこれまでとは全くちがった名誉に輝く顔付をしているのに気がついた。すでに仲間うち数人の者が囁き合っていた。「君たちあいつをどう思う。あいつは明日俺たちが八裂きにされるかも知れない原因となるか、それとも、もし俺たちが望んでいるようにあいつが成功した時には、あいつはこの野蛮人たちに非常に信頼されるだろうから、あいつの家来になることが大いなる幸福だというようになるかも知れないね」

翌日、軍は一二の部隊に分たれた。一二の完全列隊と前衛隊として半月型に陣地を取り巻く逆向列隊が一つとで構成されていた。両翼には、前列の者が柴束や籠や斧、つるはしやその他堀を埋めるのに必要なものを持っていた。弓矢、槍、生石灰や火薬の詰った壺などの最初の一斉射撃が三〇分ばかり続いた。次にタルタリー軍は持って来たものを全部堀に投げ入れて、その上に梯子をかけた。ジョルジェ・メンデスは二人の仲間とともに最初にそれによじ登った。彼らはそこで生命を捨てるか勇気を示すかしようと決心していたのだ、首尾よく彼らが城壁に旗をうちたてると、将軍は感嘆して、もしポルトガル王が北京を攻囲すれば、きっと自分たちの王よりも短時間で北京を占領するだろう、といった。

その間、梯子の下にいたタルタリー兵たちは、日本武士と同じくらい決然たる性格を持っているので、先の三人のポルトガル人の後に続き、やがて五〇〇〇人のタルタリー兵が城壁に上り、その三〇分後には城は陥落した。

入城するとすぐに、将軍は敵軍の旗を焼きにやらせ、その代わりに自軍の旗をたてさせた。それから、もっとも勇敢だった何人かの者に金の腕輪を渡して騎士の称号を与えた。われわれは九人ともその中に含まれた。さらに将軍は城壁をくずし、要塞を破壊して、勝利の儀式を大騒ぎでやり、音楽に合わせてそれらに火をつけ、城を敵軍の血潮で染め、敵軍死者の首を斬り、自軍兵士の遺骸を埋めるように命令した。それから将軍は馬に跨ったジョルジェ・メンデスを傍に連れてテントに入って行った。われわれは多勢の部隊長たちと一緒に歩いてついて行った。将軍はメンデスに賞金として一〇〇〇両を、われわれおのおのに一〇〇両を与えた。それで中にはいまいましく不満に感じる者がいた。われわれが名誉と自由とを得られたのはメンデスのお蔭であるにもかかわらず、自分たちの仲間が自分たちよりも厚遇されているのを目の当たりに見たからである。

3

翌日、タルタリー軍の将軍は例の通り軍を戦闘態勢に置いて、軍楽隊に合わせて小刻みな歩調で行進させ、北京に向かった。われわれは美しい家や城がたくさんある地方を通ったが、そこの住民は掠奪されるおそれのあるものは全然残さずに逃げてしまっていた。同様に、一行が夜を明かしたラウティメイ町にも人影はなかった。しかし相変わらずこの野蛮人たちは放火、流血という彼らの鉄則に従って町々を荒し廻った。

このようにあらゆるものを荒しながら、二日間して北京の近くのパランシタン川に着いた時、そこでわれわれの軍隊の到来を待ちうけていたタルタリー人の隊長が王の手紙を将軍に手渡した。それから先は一行は命令なしで進んだ。道がこみ入っていたのでそうするほかはなかったからだ。

タルタリー国王に派遣されたペルシア王子がラウティル城で将軍を待っていた。将軍は王子を見るや馬から下り、剣を取りはずし、五回地に頭をすりつけ跪いて剣を王子に差出した。王子はそれに手を置き、悦ばしそうな顔をして将軍と言葉を交した。それから二―三歩後ずさりして、儀式ばった調子でいった。

「私が絶えずその玉衣の縁に接吻している陛下、無限の偉大さをもって地上の諸王、海の諸島を支配し給う陛下が、奴隷である私をして、貴下に伝言せしめられるところは貴下の名誉あるご到着は露われらの身体を身軽にし清涼にする時、すがすがしい夏の朝が地面にとって快いように陛下にとり心嬉しいものであるということ、および陛下の宝庫から取り出された宝石のついたこの馬に貴下が跨り、貴下を見る人に貴下の右腕が強くたくましいことがわかるように私と並んで、傍路をせずに真すぐ進んで、陛下の御声を拝聴しに来られるようにということです。そのために陛下は私をここに派遣されたのです」

将軍は平伏してこれに答えて、

「陛下の足裏で私の頭が一〇万回踏まれますように！　すべてのタルタリー人たちがそれを偉大なる恩寵であると感じ、わが長男が永く名誉の印として保つために！」

それが済むとかつてはタルタリーの王が自ら乗用した馬で、金や宝石で飾られ、王子がいま将軍に贈った馬に跨って、二人とも威厳をもって進みはじめた。その後には手で引かれている馬、銀の棍棒を持った執達吏、大部分は馬に乗っている槍兵が六〇〇人、シンバル楽手やその他楽器演奏者を満載した車が一五台続いていた。道にはものすごいほど多勢人がいたので、群衆を押しのけることができないところもあった程である。

自分のテントに着いた時、将軍は一人の部下を遣わして、近いうちにわれわれを国王に紹介するから、と伝えてきた。

それから一四日して、将軍はわれわれに準備をするようにいった。それを聞くとわれわれは腹這いになって平伏し、タルタリー流のお辞儀で答えた。その翌日、われわれに送られた、非常に立派な儀装の馬に乗って、われわれは六〇人の槍騎兵と六人の制服を着た小姓とからなる護衛隊に加った（そして二頭の馬車によってひかれる輴《かご》に乗った将軍に従った）。タルタリー国王は私がすでにいろいろ述べた「天妃」という建物に住んでいた。そこに着くと、将軍は乗っていた輴から降りて、門の警備隊長にきわめて丁寧に入殿許可を乞うた。それからまた輴に乗った。部下やわれわれは歩いてその後に従った。天井の低い廻廊のところにきた時、将軍は再び自身で国王がわれわれを引見するかどうかを聞きに行き、一時間近くも帰ってこなかった。その間、そこにいた宮廷官吏たちが、われわれのような恰好をした人々を未だ見たことがないといって、われわれを誘って道化師や小銃射撃の芸を見せてくれた。彼らはそれを高く評価していたが、われわれにはその芸に優美なところがないように思えた。

やがて、緑と白の帯のついたトルコ女の着るようなスカートを着ていて、踝《くるぶし》に足枷の形をした小さな環をはめている四人の少年を伴って将軍が戻ってきた。するとただちに全宮廷人が起立し、腰に下げていた短剣を引き抜き、われわれに特別美しく感じられた儀礼的作法でそれを下に置いて、三度「われらの閣下よ、万歳！」といった。われわれが地面に倒れそうになった隊長を支えている時、少年の一人が挨拶したので、われわれも同様のやり方でそれに答えた。それからみなは国王のところに連れて行かれた。

われわれは多くの部屋を通った。そのうちの一つで、金片の飾りのついた短剣を肩に持った人が、少年の金頭杖にかけて誓った将軍の宣誓を受けていた。将軍は跪き、地面に数回頭をすりつけて宣誓を行なった。やがてわれわれは僧院のような四角い広場に来た。そこには、野蛮人の形に造られ、カフル人の髪毛のように縮れた毛を生やしたブロンズの巨人像が四列並んで立っていた。それらは、タルタリー人のいうところによると、一年の日々を創造した三六〇の神々の像で、タルタリー国王がシナ国王の神々に至るまで捕虜は全部返したということを世人に知らせるために、シパトン町のアンジカモイ大寺院からそこに移させたものなのである。そこからほど遠くない所に、薔薇や迷迭香やその他ヨーロッパでは決して見られない花が咲き乱れている生垣に囲まれたオレンジの植えこみがあって、そこには樟脳の木と銀とでできた手摺《てすり》が一二本ついている天幕があった。その中には、純金で飾られたかなり低い玉座があり、その天蓋は太陽、月、星それに雲などが本物と見違えるほど非常に巧みに七宝塗りで画かれていた。「国王の健康の神」という銀製の像が立っていて、その周りには跪いて銀像を崇めているように見える小像が三四あった。豊かに着飾った四人の若者がその神像に香を焚き、それは褐色の毛皮の衣服をまとい、非常によくできた兜を被った六〇人の槍兵に守られていた。

われわれはさらに進んで行って幾つかの部屋を通り抜け、大槌をもった衛兵に守られた部屋で、とうとう玉座に坐っているタルタリー国王を見出した。その傍には、王子、諸侯、隊長、それに一四人の諸国の王がいた。王のそばには一二人の小姓が跪いて坐っており、その肩に金の笏杖をかついでいた。一人の美しい娘が時々国王をあおいでいたが、彼女は国王から非常に愛されていて、その兄である将軍が王の信頼をかち得ているのもそのお蔭なのである。国王は四〇歳ぐらいに見えた。丈は高いが、やせていて、髪やあごひげは短く、トルコ風の口ひげとシナ風の眼をもち、真珠と金で飾られた緑色の靴と、同じように真珠で飾られた紫色の長衣を着ていた。頭にはルビーやダイヤモンドをちりばめ、衣と同色の繻子でできた帽子を被っていた。

われわれは三回頭を地につけ、さらに通訳が教えてくれた他の儀礼的挨拶をした。すると国王は音楽を止めるように命じてから、将軍に向かってこの地の端《はて》から来た者たちには王があるか、その国の名と、それがシナからどれ程の距離にあるのか尋ねよといった。われわれは、ポルトガルという国の者で、王様はすばらしく富強で、そこから北京に来るのには少なくも三年かかると答えた。これを聞いたタルタリー国王は手にしていた細棒で腿を三回叩きながら、大声で叫んだ。

「おお、万物の創造主よ！　汝の偉大さの奇蹟はとうていわれわれに分りません」。一四人の諸国王が坐っている、王座にもっとも近い第一席まで近づくようにわれわれに命じてから、国王はさらにいろいろと質問をした。それから例の美女と美しい女楽人を従えて座をはずした。われわれはテントに戻ったが、将軍が気をつかって、陛下がわれわれを覚えていて下さるように自分が取り計らおうということを伝えてよこした。

4

われわれが野営してから四三日経っても、北京を奪取することができず、その間に冬が迫ってきて、氾濫した二つの川はすでに陣地を荒しており、その上、食物を見つけ出すこともできなくなり、大勢の部下が病死するのを見たタルタリー国王は諮問会議を開いて、六カ月半続けてきた包囲陣を解いて引き揚げることにきめた。一〇月一七日・月曜日に、三〇万の騎兵と二万のバダ（駱駝）を伴って出発した。彼は歩兵隊と武器弾薬を船に乗せ、彼自身はそれから野営陣地に火をつけるように命じた。

彼は間諜や斥候を先に派《は》すように常に注意し、自分の荷物を特別部隊に護衛させているので、彼の軍隊はポルトガル軍よりもずっと安全に行進しているのだった。

一七日間歩いて、さして苦労もなくグアウシティンという立派な町に着いた。住民は町から逃げてはいなかった。国王は白昼その町を攻撃し、掠奪を行ない、住民を虐殺したので、仲間も私も全く気を失うほど驚いた。

ところが、国王はカイシローを攻撃することは差し控えた。それは、この町がシナ人よりずっと戦争に慣れた兵隊であるモゴール人、コーチシナ人、シャンパ（チャンパ）人等によって守られていて堅固だったからである。万里の長城を越えてタルタリー国の最初の町パンキノールに行き、さらにシパトール（プシパトール）に着いた時、国王は軍隊を解散させた。それから彼はわずか一万か一万二〇〇〇の部下を連れて一二〇隻の艪船に乗り込み、六日間してランサメに着き、ここに一カ月ばかり滞在し、最後にトゥイミカンという非常に美しい町に着いた。

タルタリー国王はそこでいろいろな国の大使の出迎えを受けた。その主な顔ぶれは、ペルシア王シャターマスの大使、ブラマ国とタング国の両方に境を接しているゲオス国皇帝シアムモンの大使、「地上の全象の御しがたき力の主」といわれるカラミニャンの大使、「白象の主」といわれて一七の地方に君臨しているシャム王ソルナウ・デ・オディアの大使、モゴール国王の大使、それからゴンカリダウ山脈まで支配権が及んでいるカラン皇帝の大使等であった。カラン皇帝の臣民はモスクワ人と呼ばれ、金髪で背丈が高く、股引や長上衣を着て、フランドル人やチュートン人のような帽子を被っていた。もっとも、最上流階級の人々は黒貂《てん》の毛皮の衣を着ていた。彼らは幅の広い剣を持ち、その言葉にはラテン語が少々使われているが、悪いことには彼らは男色《ソドミー》の罪に耽っているのである。彼らの大使の前には弓矢で武装した一二〇人の兵士がいた。その兵士たちは、よく絵に画かれる野蛮人のように虎の毛皮を身にまとい、銀鈴と金色の飾金のついている口輪を、馬の頭絡のようにつけたグレイハウンド犬を一人一人が牽き綱で引いていた。真紅の繻子を着て、金鎖の首飾りをつけ、今まで見たことがないくらいに立派に身なりを整えた一二人の小姓が、銀の飾りのついた大使の六輪車の前を歩いていた。大使の車はさらに徒歩の家来たちによって守られていた。彼らは赤・緑・肉色の着物を着ていて、古いポルトガル風の尾錠留め靴を履き、指三本の幅のある刀や狩猟用角笛を持ち、銀紙で飾られた羽帽子を被っていた。大使の天幕はポルトガルの地方に見られるような竪機《たてはた》の綴織で張られていて、そこには大きな銀の火鉢があり、香が焚かれていて、金の匙やフォークが置いてある西洋風のテーブル、その他いろいろな贅沢品があった。

われわれは、タルタリー国王が失敗を取り返すために北京を攻囲しに戻る意図であることを知り、国王がわれわれにした約束を思い出させるようにと将軍に頼みに行った。将軍はわれわれに、国王はコーチシナの大使に伴わせてその国に大使を派遣するつもりでいるから、その時に大使と一緒にわれわれを送るのだろうといった。かくしてわれわれは、一五四四年五月九日に出発した。その時、ジョルジェ・メンデスがタルタリー国王の下に留まることを望んだので、われわれは八名になった。彼は、すでに年金六〇〇〇ドゥカットをもらっていたから彼にとっては大したことではないのだが、われわれに一〇〇〇ドゥカットをくれて、涙をぼろぼろ流しながら別れを惜しんだ。

われわれはグアティパモール大学に泊った。翌日、プシャンギンという小さな要塞町に着いた。そこには船尾のように作られた木製の大砲があり、その後には弾薬等の入った鉄箱が針がねで結わかれておいてあった。これに使われる砲弾は軽砲のに似ていて、鈍い黒色をしていた。

われわれはさらに川を下って行き、六日後に、シングアファトゥールという大寺院に着いた。それは周囲が一レゴア〔一レゴアは六・六キロメートル〕ほどある囲み地で、そこには死人の首でいっぱいの家が一六四軒あり、その向こうには骸骨の山が広がっているので、家がそれに埋まっているように見えた。鉄の階段のついている平屋根の上には、人間の想像し得るもっとも高い、もっとも畸形な、もっとも恐ろしい鋳物の巨像があった。巨像は直径三六パルムの鉄球を手に持っていた。

タルタリーの大使がわれわれにいった。

「もしあなた方がこの神様の力を知っていたら、きっとあなた方はこの神様と友達になろうと全力を傾けるに違いない。この神様はこの世に生を受けたすべての人間の骸骨の管理人なのです。すべての人間を知っていて、世界の終わりの日には、おのおのの人間にその生前のと同じ骸骨を与えるのです。この神を敬わなかった者や供物をしなかった者に対しては、もっとも腐った骨を探して与え、さらには、その人を不具や畸形や歪んだ人になるように骨を一―二本減らして与えるのです。手に持っている球は、「煙の家」の奥深く住んでいる貪欲な蛇が骸骨を盗みに来た時にその頭に投げつけるためのものです。神様の名はパシナラウ・ピナンファケといいます。この神様は今から七万四〇〇〇年前、ミガニァという亀とファンジェスの巨人国の王だったティブレンヴカンという長さ一三〇尋《ひろ》の海象《せいうち》との間に生まれたのです。この神様への奉納は年に二〇万両に達し、その上に諸礼拝堂からの収入とその他の寄付金があるのです。そしてこの神様には一万二〇〇〇人の僧侶が仕えています」

翌日われわれはクワンジナウというとても美しい町に着いた。二人の大使はそこにまる三日間滞在した。そこでは、タルタリー国王のところに北京での失敗を慰めに行く途中の教祖レシェネのタラピコール師のためのお祝いをやっていた。

われわれは尼寺で彼の説教を聞いた。彼はみなに向かって、慈善を施し、貧者に恵みを与えなければならないと勧説し、いろいろと法外なことや馬鹿げたことをいった。われわれポルトガル人はその場の人々のあまりの信心深さに全く驚いてしまった。あんまりなので仲間のヴィンセント・モローザが真面目《まじめ》くさって聴衆の真似をすると、会場の人々はみな笑いを抑えきれなかった。ところが彼は相変わらず真剣そうにしていて、信心深いあまり涙を流すのだという様子までした。尼寺の主も尼たちも彼の様子が真剣だと思っているので、その真実性を看破れなかった。もし彼が嘲笑のためにそういうことをしたということが解ったならば、彼はひどく罰せられて、相手を嘲笑するどころではなかったろう。

さらに四日間川を下って、一行はレシェネに着いた。ここは先の異教徒たちの贋宗教の首都で、タルタリー王国の二七人の王や皇帝の、銀箔ですっかり飾られた墓がある。これらの墓のある礼拝堂の北には、二八〇の修道院が一つの囲地の中にある。男のも女のもほぼ同数あって、四万二〇〇〇人の僧侶が仕えており、聖者たちの像で飾られている。像が表わしている聖者の徳の程度によって、像の豊かさや金色の程度が異なっている。これらの修道院の一つである「神殿の箒」はパファ公の未亡人である、王の姉妹により管理されている。大使たちは聖女に対するように彼女の足に接吻した。彼女がわれわれのことをどこの国の者かときくと、大使が名前の解らない世界の果ての国から来た者たちだと答えた。それから彼女はわれわれにじかに質問した。われわれがいろいろと答えると、彼女は「この人たちは私たちよりも多くの国々を見て来た人たちらしいですね」といって、われわれに一〇〇両を恵んでくれた。

それから五日後、われわれはレンダカレン町をすぎてタルタリー国を去り、シナレイグラウ国に入り、ヴォーレン町に行き、それからクワタンクール海峡を通ってシンガパモールまたはクネベテ湖に着いた。湖からは四本の川が流れ出ていた。そのうちの一つは、ここでは名前がついていないが、きっとベンガル国のガンジス河になるのだろう。それからわれわれは、それまでに出くわしたうちでもっとも人口の少ない国に行き、カレイプテの町に着いた。ところが、そこの住民はわれわれの上陸を許さず、投槍や投石でわれわれを追い払うので、水先案内人の助言に従って海峡を通らずに、別のもっと幅広い河を進み、七日間してタレンという立派な町に着いた。その町長はコーチシナ国王の臣下だった。彼はわれわれに入要なものをすべて用意してくれた。それから七日してわれわれはクソロール港に来た。そこはシナの七宝焼の産地で、また銀鉱脈があって二〇〇〇人以上の人が働いている。さらに長い間航海した後、とうとうファナウグレンから三レゴアほどのところにあるアジンプール町に着いた。そこでコーチシナ王がわれわれを迎えに人を遣わすから待っているようにと伝えてきた。

実際その翌日、女王の兄弟であるパッシラウ・ヴァカン王子が到着した。内側は銀板で飾られ、金の縁飾りのある馬具をつけた四頭の白馬に牽かれた六輪車に乗った王子には、緑色の毛皮を着て、金装《づくり》のサーベルを佩した歩兵が六〇人と、緑色と灰色の絹股引を着た槍騎護衛隊とがお伴していた。その後には、背中に銀で飾られた櫓《やぐら》を載せ、戦争の時の防身具をつけ、首に鈴をつけた八〇頭の象が続いた。王子はタルタリー国大使を自分の車に乗せ、自分はその右側を馬に跨って進み、楽隊に合わせて行進させ、大使を王の前に連れて行った。王はきわめて立派に大使を引見した。

やがてコーチシナ王が首都ウザンゲーに赴いたので、われわれもその凱旋入城に参列した。

国王の前には、彼が戦争で分捕ってきた戦利品の行列が進んでいた。まず、幾つかの戦車の中に、首を鉄鎖で繋がれた六四個の青銅像と一九個の銀像があったが、それはティモコウオス人の神々であった。というのは、コーチシナ人たちがもっとも誇りとすることは敵の神々を自分たちの奴隷とすることだったからである。これらの戦車の傍には、敵国僧侶たちがその神々と同様に鎖に繋がれて歩いていた。その後には、さらに四〇台の戦車が来た。各戦車は二頭のバダに牽かれ、武器をいっぱい載せ、旗をたくさん立てていた。それから、ティモコウオス人の財宝を入れた鉄製金庫をたくさん積んだ戦車が二〇台続いた。

続いて、背に櫓を載せ、牙には戦闘のときのために剣がついている二〇〇頭の象が通った。その次には首や骸骨がいっぱい詰った袋をさげた馬が何頭も続いた。このようにして民衆は国王が槍の尖端で克ち得たものを見ることができたのである。驚いたことには勝利を祝い楽しむための祭や宴会が、われわれがウザンゲーに滞在していた一カ月の間ずっと続けられた。

それから、タルタリー国大使に約束した通りに、王はわれわれにシナ海岸に行くための船を用意してくれた。シナ海岸に出ればポルトガル船が見つかるだろうから、そうすればわれわれはマラッカへ、さらにそこからインドへ行かれるだろう、と考えたのだった。

5

一月一二日にわれわれは船に乗り込み、ウザンゲーを出帆して、流れの緩い幅一レゴアの大河を七日間航行し。一万五〇〇〇か二万個の灯が見えるクワンゲパルーという美しい町に着いた。王の特別命令でわれわれの案内をしている船長（ナウデルン）は、そこで銀と真珠との交換の取引をするために一二日間碇泊した。船長のうち明け話によると一四倍儲かったが、もっと気をきかして塩を持ってきたら三〇倍は儲かっただろうとのことだった。大きな銀鉱山があるこの町は、守りとなるものとて煉瓦造りの弱い壁と堀しかなく、住民も弱くて武器も持っていないので、その気になれば五〇〇人の兵隊で占領することができるだろう。

ある土曜の朝、われわれはそこを出発し、一三日後にシナ王国のサンシャン（上川）港に入った。そこは後に至福なる聖者フランシスコ・シャヴィエルが亡くなられた島である。そこにはマラッカから来た船が一隻もなかったので、われわれはさらに七レゴア進んでランパカウ（浪白澳）の港に行った。そこでマレー半島からきた船を二隻見出した。一隻はパタナからので、他はルゴールからのであった。われわれはどうしようかと相談したのだが、ポルトガル人は生来頑固で、それぞれ自分の意見をもっているので、われわれ八人の間の意見が合わず、ついに今にも殺し合いをやりそうになってしまった。それについて語るのは実に恥かしいかぎりなので、私はただ、コーチシナからわれわれを案内してくれた船長（ネコダ）がわれわれの野蛮さを見て驚き、われわれのものを何か持っていってやるくらいなら国王に首を斬られた方がましだといって、われわれの伝言も手紙も引き受けてくれないで別れていってしまった、とだけいっておこう。

われわれは喧嘩別れになったまま九日以上もこの島にいたのだが、その間にマレーからきた二隻の船はわれわれを乗せようともしないで出帆してしまった。しかし神はわれわれを見捨てはしなかった。何故ならシナの海賊サミポシェカが、その二八枚の帆のうち二六枚をシンシェオ（漳州）提督の艦隊にうち破られ、負傷者の手当をするためサンシャン（上川）港で二〇日間休息しなければならなかったからである。

われわれは運よくマラッカに行く船に乗り移れるまでサミポシェカと同道することに決めた。そして和解しないまま船に乗った。すなわち、三人はサミポシェカの船に、五人は彼の甥が船長をしている船に。

サミポシェカはシンシェオ（漳州）から七レゴア、サンシャン（上川）島から八〇レゴア離れているライロー港に行く心算だった。ラマウ海岸沿いに九日間は順風を帆にはらんで航海したが、とうとうシャバケアから五レゴアの所にある塩分の多い河のそばで（不運にも七隻の大ジャンクをもった海賊に襲われ、われわれの船一隻が沈み多くの者が傷ついたが、追い風によってやっと難を逃れ、さらに三日間航行を続けたあげく）ものすごい嵐に襲われた。その夜海岸が見えなくなり、知らない間に琉球（レキオ）島に押し流されてしまった。ところが、われわれが同行したこの海賊は土地の人によく知られているので、われわれは上陸できなかった。それでさらに二三日間諸列島の中を航行し、最後にある島に上陸した。土地の人々が、そこがタニクスマ島（種子島）だということを教えてくれた。

われわれが投錨してから二時間もたたないころ、ナウトキン〔種子島時堯の前名直時〕すなわち島主が数人の商人と士族を連れて船にやってきた。われわれ三人のポルトガル人の顔を見て彼は非常に驚き、通訳のレキオ（琉球）女を通じてわれわれがどこの人間なのかと船長に尋ねた。鬚や顔つきでわれわれがシナ人ではないことが十分わかったからである。船長がわれわれのことをポルトガルという世界の果ての国からきた人たちだと答えた。すると島主が叫んだ。

「本に出てくる、海で盗みを働き、陸を征服するシェンシコジスの一味に、正真正銘まちがいないか（それが友達になりに来たとはありがたい）」

そして中甲板の側に坐って、彼はわれわれにいろいろと質問しはじめた。われわれはそれにできるだけきちんと答えたけれども、ほんとうのことをいうよりも彼を喜ばせることや、わが国を高く評価させるようなことをいおうと考えた。このようにして彼は、(シナ人や琉球人から聞いたところによれば)ポルトガルがシナよりずっと大きく富んでいる国で、ポルトガル王は世界の大部分を征服し、(大変な金持で)屋根に至るまで金や銀で充満している家を二〇〇〇軒以上も持っているというのは事実かどうかと尋ねた。

われわれは最初の二点についてはその通りだと答えたが、家の数までは知らないと白状した。彼はこの答や、その他同様の答に大そう気を好くして、われわれをある金持の商人の家に泊るようにしてくれた。この島にいる間、この商人はわれわれに素晴らしいもてなしをしてくれた。

翌日、船長は商品を全部船からおろして売ったところ、たった三日間で売れたので、もぎ取られた二六枚の帆をつけることができることとなった。われわれ三人は釣をしたり、猟をしたり、異教徒の寺院などを訪れたりした。僧侶たちはわれわれを非常によくもてなしてくれた。というのは、ジャッパン(日本)人は丁寧で人づき合いが好いからである。

仲間のディオゴ・ゼイモトは時々自分の火縄銃を射って楽しんでいたが、非常に上手なので、ある日沼地で野鴨を二六羽ばかり射止めた。このころ土地の人々は飛道具を全然知らなかったので、これに驚嘆し、ナウトキンの注意を惹くことになった。彼がディオゴ・ゼイモトが鳶を一羽と雉鳩を二羽射落すのを目のあたりに見て大いに感嘆したので、ゼイモトは島主に火縄銃を贈った。この国民はただちにそれを真似てたくさんの火縄銃を作ったので、私がドン・アフォンゾ・デ・ノローニャ総督に派遣されて一五五六年に再び日本に来た時には、商人や高位高官連中がこの国には火縄銃が三万梃以上もあるのだと私にいったのである。このことからも日本人が他のいかなる国民よりも戦争が好きだということがわかる。

われわれが種子島にいた間に、豊後《ブンゴ》の王（大名）の船がナウトキンへの手紙をもってやってきた。その手紙には、王（大友義鑑）がナウトキンのところにはいろいろな目新しいことを知っている外国人がいるということを聞いたので、そのうちの一人を自分のところに派遣してもらいたい、と書いてあった。ナウトキンは、もっとも落ち着きがないが、もっとも元気に溢れた者として、三人のうちから私を選んだ。それは、日本人は非常に快活さを喜ぶからだそうである。旅費として二〇〇両私にくれた島主は、私をブンゴ（豊後）の王（大名）の特使（フィンジェアンドノ）と一緒に艪船に乗せた。

われわれはイアマンゴー、タノラ、ミナト、フュンガワ（日向）を通り、大して日数もかからないでオスキ（臼杵《うすき》）に着き、そこに船を置いたまま、陸地を通って豊後の大名のいるフシェオ（府中）町に行った。そこでいろいろの催物その他の娯楽でもてなされた。ある時は大名や奥方や若者や諸臣たちの好奇心を満足させるようにした。彼らが求めたものは大したものではなかったから、これは簡単なことであった。ある時は彼らの儀式や屋敷（寺院）や風習（武術や漁猟、とくに彼らの好む鷹狩など）を見て私は楽しんだ。またある時は火縄銃で亀や鶉の猟をしたりした。ところで鉄砲を射つということはタニクスマ（種子島）の住民にとってと同様に彼らにとっても目新しいものだったので、王（大名）の二番目の若者である一六－一七歳のアリシャウドノが射ち方を教えてくれと再三私に頼んだ。その度に私はことわった。

ある日、彼が二人の貴族に守られて私の家にやって来た。私が畳の上で眠っており、火縄銃の方は小鉤に掛っているのを見て、彼は一発射ってみたくなった。彼はお伴の一人に導火線に火をつけるように命令し、私がやっているのを見ていた通りに銃に弾薬を詰めようとした。ところが彼は必要な火薬の量を知らなかったので、運悪く銃身にまで（二スパンも深く）火薬を詰め込んでしまい、それから弾丸を込めて狙いをつけた。それで火がついたとたんに銃は三つに裂けて、彼は額に負傷し、右手の拇指をほとんど滅茶滅茶にして、死人のようにぶっ倒れた。

これを見た二人のお伴の者は急いで屋敷へ逃げ帰り、異人の火縄銃が若者を殺してしまったと叫んだ。群衆が家々から飛び出して来て、一斉に私の住家に向かって走ってくる。王（大名）が四人の男の肩に支えられた輿に乗ってやってきた。女官に扶けられ、髪をふり乱した二人の自分の娘に守られた奥方がそれに続いて走ってきた。二人の武士が刀を抜いて私の生命《いのち》をとろうと突進して来た。「落着け、落着け！」と王（大名）が叫んだ。「まず事の経過を知らねばならぬ。この男はこの前処刑させた反逆者どもに買収されたのかも知れぬのだから」と。そして彼は若者の二人のお伴に質問した。彼らは、私の火縄銃が銃身の中に入っている魔法で若者を殺したのだと答えた。この時、もし若者が正気付かなかったら私の生命はなかったろう。ところが若者はこの事件の全責任は自分にあるのだと明言し、次に全力をあげて、自分の手当をしてくれたのは私であるということを言おうとした。それで王（大名）は、もし息子を癒してくれたらたくさん褒美をつかわそうと私に約束した。私は、これをする以外に助かる道はないし、またこれをやり遂げなければ首を斬られるだろうと思ったので、手当に必要と思われるものを震えながら用意した。そして右手の傷を七針縫い、軽いと思われた額の傷を五針縫った。それから、卵の白身につけた麻屑でインドで私が見たように、しっかり縛った。五日後に糸を抜き、さらに癒るまで繃帯をさせておいた。王（大名）は私に六〇〇両の贈物をし、奥方や姫君たちは絹の着物をたくさんくれ、上役たちは扇や刀をくれた。それで暇乞いをするころには私は一五〇〇ドゥカットを持っていたのである。

私はサミポシェカがリァンポー（寧波）への出航を準備しているころにタニクスマに戻ってきた。

二人の仲間はそこで大喜びで私を迎え、リァンポーへ向かうことになった。今度は運好くわれわれは目指す港に着いた。そこで三人を迎えてくれたポルトガル人たちの接待ぶりは信じられないほどのものであった。彼らは受胎聖母寺院からサン・ティアゴ寺院まで行列をしたのである。

ところが悪いことに、われわれが発見した日本のことや、そこには金銀が豊富にあるということなどを彼らに話すと、彼らは野心と貪欲のとりこになってしまい、先を争って日本に行こうとして仲間割れしてしまった。武器を手にして彼らはこの土地にある商品を手当りしだいに買いあさった。そこでシナ人はどんどん値をつり上げたので、はじめは四〇両で買えた絹布がやがて一六〇両に上ってしまった。結局、その時港にあった九隻の船が一五日以内に出航する準備をした。けれども準備が不十分で、水先案内者としては全然航海の知識のない船主しかいないという有様の船もあった。

彼らは、風も季節も海の状態も思わしくなかったにもかかわらず、ある日曜の朝こぞって出帆した。案の定、最初の晩に嵐のために（北緯）三八度のゴトン（五島？）の暗礁に乗り上げて、九隻のうち七隻が沈没した。残りの二隻はやっとのことでレキオ（琉球）島にたどり着いたが、折からの北東突風のために離ればなれになってしまった。船長がガスパール・デ・メルロである私の乗っていた船（実は私はこの冒険に引っぱり出されるのが嫌でたまらなかったのだが）は荒れ狂う波のまにまに流されて暗礁に乗り上げた。同僚の多くは溺死し、ある者は龍骨の下敷になって潰された。近くの陸地にたどり着いたのは男が二四人と女が数人にすぎなかった。夜が明けると、火島とタイダカン山が見え、大レキオ島（琉球本島）にいることがわかった。われわれは目に涙を浮べて神に祈った。それから胸まで水に浸り、時には腕で水をかきながら進み、陸地にたどり着いたのだった。神はわれわれに食糧として、すかんぽに似た、この海岸沿いにたくさん生えている草を与え給うたが、家畜の番をしていた少年がわれわれを見つけるまで、それは唯一の食糧であった。少年は手近な小屋に知らせるために山の方に走って行った。やがて多勢の百姓がやって来て、われわれがほとんど裸体で、武器も持たずひざまずいて神に祈っており、その前に二人の女の死体があるのを見て、彼らは同情してわれわれにひどいことは何もしなかった。彼らはわれわれを五〇〇戸ぐらいあるシパウトールという大きな村に連れて行った。ところがそこで裁判の役人がわれわれを逮捕してグンデシラウ町に連れて行き、ポンゴール町に連行して牢屋にぶち込んだ。

地方長官がわれわれが何人で、この国に何しに来たのかと問うたので、われわれはタニクスマ（種子島）に取引をしに行く途中タイダカンの暗礁に乗り上げてしまった経緯を説明した。

「しかし」と彼がいった。「私の知るかぎりでは、君たちの船には一〇万両にも値する商品があったそうだが、君たちはどういう名目でそれを持っていたのか？　盗みをしたのでなかったら、そんなにたくさんのものが得られるはずがないではないか」

われわれは商人であって、彼が考えているような盗人や海賊ではないし、それにわれわれの神は盗みを禁じているといって抗議した。すると彼がいった。

「それでは、ポルトガル人がマラッカを取ったとき、なぜ琉球人を殺したのかを知りたいものだ。この地方にはそのために夫に先立たれた未亡人がいるが、彼女たちがそれを実証している」

彼はこのようにして一時間ばかり厳めしい顔をして質問し続け、それがすむと、われわれを牢屋に連れ戻すように命じた。

われわれは曲折を経た後やっとのことで解放されたのだが、そのことは語るまい。ただ、われわれが結局シナの船に乗ってリァンポー港に戻ってきたということを知れば十分であろう。

いつかポルトガル国民がこの群島を占領しようと思い立った時に、——これはただ二〇〇〇人の兵力があればできることだが——それから大きな利益が得られるということを知ってもらうために、簡単にレキオ（琉球）列島のことをここに書こう。

その本島は北緯二九度にある。土地は日本に似ているが、ある所ではずっと山が多く、中部ではより平坦で、肥沃な土地になっている。良く灌漑が行なわれている平野からは大量の米や麦がとれる。ここの山から出る銅は有名で、船に積まれてシナの港やセシラウ、ゴトー、フカンシ、ポレンといった付近の島々の港で取引される。また鉄や明礬《みようばん》や硫黄や蜂蜜や蠟や、インドのよりも上等な生姜もたくさんある。レキオ列島の西部には五つの大きな島があって、そこには銀鉱が幾つかあり、真珠、琥珀、香料、絹、黒檀、蘇芳《すおう》木、それに建築に適しているポイタンといわれている木がある。住民はシナ人のように南京からもたらされる亜麻や綿や絹や緞子の衣を着ている。彼らは非常に大食で、武器は全然持っていない。一五五六年、ジョアン三世に対するタニクスマ（種子島）のナウトキンの贈物と手紙を持って、サン・ティアゴ寺院長の召使いであるペロ・ゴメス・ダルメイダというポルトガル人がマラッカにやってきた。それはナウトキンが、毎年貢物として銅を五〇〇〇カンタルと真鍮一〇〇〇カンタル送るから、このレキオ（琉球）島を征服するため三〇〇人の援兵を頼んだからである。しかしペロ・ゴメス・ダルメイダはマノエル・デ・ソーザ・セプルヴェダと同じ船で死んでしまった。

レキオ（琉球）島の北方には銀が多量に出る大群島があるが、これは私が読んだことがあるカスチラの将軍ルイ・ロペス・デ・ヴィリャーロボスが当時のテルナトの船長ドン・ジョルジェ・デ・カストロにした報告書に出ていた、モルッケ人が「銀島」と呼んでいる群島にちがいない。

商人たちは、そこでは関税だけで一五〇万金の収益があり、その他にも多大の収入があること請合いだといった。

第五章

1

トリスターノ・デ・ガーというポルトガル人の船でやっとマラッカに帰りついて間もなくの時、城塞司令官のペドロ・デ・ファリアは私にマルタワン〔サルウェン河口にある港〕旅行を企てさせた。それはマラッカに妻子を持っている、ネコダ・マムードという名の船長の船に乗って行く旅行で、私には大そう利益のある旅行であった。

この旅行の主要な目論見は、マルタワン王シャウバイニャーと平和条約を結ぶことであり、この国の住民とわれわれとの商取引をやめさせないようにすることであった。というのは、彼らの船が、ジャヴァの戦いによって当時すっかり失われてしまった食糧などをマラッカに供給してくれていたからである。また当時、一〇〇人の人を連れて四隻のフォイスト船でタナウサリンの海岸を航海していたランセローテ・ゲレイロという人に会って、彼にわれわれのマラッカ城砦に救援に来ることを承諾させなければならなかった。というのは、アシェン王がマラッカに攻めよせようとしていたことは、明らかなことであったから。それからもう一つ、私はベンガルの海にある何隻かの船にみな用心深く寄り集まってこいと指示しなければならなかった。というのはアシェン王の軍にそれらの船が攻撃される惧れがあったからである。

そこで、一五四五年一月九日水曜日、私は船に乗り込んだ。プーロ・プラセラールまでは順風に恵まれて進んだが、そこまで来た時、舵手は少しの間船を止めた。大陸とスマトラ島との間が、ずっと浅瀬になっていたからである。われわれは、何の苦も無くというわけには行かなかったが何とかその海峡を脱け出して、プーロ・サンビラン諸島の沖合を通過した。そこで私は艪で漕ぐマンシュアに乗り移り、巧みに変装して一二日もの間、マレーの全海岸をさぐりに行った。その海岸はジュンサランまで一三〇レゴア〔一レゴアは六・六キロメートル〕もの長さがあった。私はサランゴール、パルアース、パナージン、ケダー、パルレス、ペンダン、サンビラン、シャムのすべての河に入りこんで、さぐったが、敵に関する情報は何ら得られなかった。それで私は再びネコダ・マムードの船に帰り、われわれの航海の二三日目に、ピサンドゥレーという名の小さな島の前で投錨した。

その地で、船舶給水所へ行かなければならなかったし、錨索も作らねばならなかったので、われわれは上陸した。私はマムードの息子にさそわれて、その辺にたくさんいた鹿を狩りに出かけたが、行くことわずか一〇〇間ばかりで沼の周りをほじくりかえしている多くの野猪を見出し、その二頭を射殺した。しかしこの成功に歓呼の声をあげて近づいてみると、驚いたことには、そこには墓穴からほじくり出された屍体が一二以上もあって、そのうち九つか一〇はなかば喰い荒されごろごろ転がっているではないか。われわれは仰天して、身をひいたが、それは鼻をつく悪臭があんまりひどいからであった。この人たちは海賊船の犠牲者に違いなかった。マムードの息子がいうのに、「島の小岬の向こうに海賊の隠れ場があって、うっかりするとわれわれも命をとられることになるかもしれない」。そこでわれわれはこの事をネコダに報せようと思って、急いで後へと引き返した。

ネコダは用心深い男だったので、下着類はまだ洗いなかばであったけれども、すぐさま女子供を乗船させた。そうしておいて、彼は四〇人の武装した男たちを引き連れて、自ら屍体を確かめに出かけた。さて屍体に経帷子を着せてやるために、ひっくりかえして見ると、屍体のうちの幾つかは金で飾られた剣や腕環などを持たされていた。それを見て、ネコダは、もしこれらがアシェン人でなかったら、首をやってもいいと、叫んだ。アシェン人たちの国では、隊長を埋葬する時には、武器や装身具も一緒に埋めてしまうのであった。そこで彼は、すぐさま他の屍体を掘り出させて、われわれは三六個の金の腕環や、たくさんの指環、一二口ほどの非常に立派な剣を見出した。こうしてわれわれは狩猟に出掛けて、各人が隠し持ったのを算えなくても、一〇〇〇ドゥカットに近い分捕品を得たのである。しかしこれらの屍体の猛烈な悪臭のため、ほとんど全部の者が病気になってしまったというのも本当のことである。

　アシェン人がタナウサリンのそばで打ち破られたことを、ペドロ・デ・ファリアに報せるために、われわれはマラッカに向けて、マンシュア（艪漕ぎ船）を差し向けた。タナウサリンはシャム王との戦闘に際して、アシェン人がしばしば退却したところである。

　一方われわれはタナウサリンに向けて、ただちに出帆した。プーロ・イニョールと呼ばれる小島に近づいた時、一隻の小舟《パラオ》が出迎えにやって来たのを認めた。小舟に乗っていたのは六人の日焼けした顔の、貧相ななりの男たち（モウロ人）であったが、帽子だけはわれらポルトガル人と同じ赤いボンネを被っていた。彼らは、まずわれわれと戦う意志のないことを示して挨拶した。それからポルトガル人を乗せていないかどうかを尋ねた。乗せている、と答えると、彼らはその言葉を信じかねて、一人か二人船橋の上で会わせてくれと要求した。船長によばれた私がすぐそこに現われて、彼らに呼び掛けたので、彼らは歓びのあまり手を打ち振りながら急いでわれわれの船に上ってきた。そして彼らの中の一人が、次のようにしたためた、塩にまみれたボロ切れの手紙を差し出した。

ポルトガルの殿方

この手紙を卿等に示す誉れを有する者は、新たに改宗し、聖洗礼により、ドン・ランセローテと名づけられたこの島の王である。この者はわれらに対して、アシェン軍とトルコ軍が企てた陰謀について重要な情報をもたらし、われらを援助し、神は彼をして、われらに大勝利を授け給うた。すなわち、ガリー船一隻、ガリオト船四隻、フォイスト船五隻を拿捕、一〇〇〇人のサラセン人を殺戮した。かくてわれらが主なるイエス・キリストの創傷に依り、また主の聖なる受難の事蹟により、イエス・キリストについてあやまてる考えを持たざるよう、また卿が全力を尽して、神に仕えるよう、卿等にこいねがう。われら、卿等が腕に一〇〇〇の接吻をなす。

一五四四年、一一月の第三日に

この手紙には五〇人以上のポルトガル人の署名がしてあった。その中には、私の知っているだけでも、ランセローテ・ゲレイロ、アントニオ・ゴメス、ペロ・フェレイラ、コスモ・ベルナルデスと、四人の船長の名が見えた。この手紙を読むや、私はこの小国王のために尽そうとしたが、私の権力はあまりにも小さかったので、おいしくもない食事を提供し、使い古されすぎて、彼の持っているのよりも上等であるとは決していえない、赤いボンネを与えるくらいのことしかできなかった。この小国王は、彼の回教徒の家来の一人が、彼の改宗後たてついてばかりいて、彼を腕力沙汰の窮地にまで追いやったということをわれわれに物語った。そして、どうか同行させてくれとわれわれに哀願するのだった。実際着物を通して、彼の身体は至るところ露わになっているほどひどいものであった。優しい性質で、兎角慈善を施したがる気風のネコダはいたく同情して、この小国王に少しばかりの米と下着類を与え、そして彼の敵はどこにいるのか、と尋ねた。

「ここから〇・二五レゴアのところに、三〇人の漁師たちと茅小屋の中におりまする」と、小国王は答えた。そこでわれわれはこのプーロ・イニョール王を復権させるために、三隻の小舟に、軽砲一門と、霰弾砲三門を積み込み、六〇人の火縄杖銃や、槍や箭や手榴弾で武装したジャヴァ人とルソン人を引き連れて出発した。

小国王から権利を奪い取りはしたが、一〇あるいは一二本ほどの槍と、火縄杖銃一梃しか持っていなかった五〇人の盗賊どもを殲滅するのには、信仰の証しを二言ほど述べるだけの時間で充分であった。そのうち三人だけは逃がしてやり、キリスト教徒に改宗すると告解したので、その者たちは命を助けてやった。村には小屋が二〇軒くらいしかなかった。そして、そこには六〇人ばかりの婦女が子供たちと住んでいた。彼女たちはわれわれを見るや、口々に「キリスト教徒、キリスト教徒、イエス、イエス、サンタ・マリア」と叫び始め、ある者たちは「我が主よ《パテル・ノステル》」と叫んだほどであった。私はすぐにこれらの人を救うようにネコダに願った。しかしわれらの仲間が小屋を荒して、掠奪するのをとめることはできなかった。もっともしめて五ドゥカットくらいのもののほかそこにはなかった。この島の人々は釣をしてとった魚を塩もつけないで焼いて、やっとこさ食べているといったほどのひどい貧乏だった。それにもかかわらず彼らはいたって虚栄心が強く、厚かましくて、ちょっとした土地の王様だと自称していないものはないが、実際はその領地に一軒のみすぼらしい小屋があるに過ぎない。

そうして男という男、女という女、みな裸体を被うに充分なというほどのものすら身につけていない。それはとにかく、われわれはこの哀れなキリスト教徒の国王を復位せしめ、反乱のため奴隷になっていたその妻と子供たちをもとに戻させた。その上、六四人の改宗者をつくったのである。

このことがあってから、われわれはタナウサリンに赴くべく、再び船に乗り込んだ。しかし、舵手が真正面に立ちはだかっている浅瀬に乗り上げることを怖れたので、西風を待ちながら、何日もの間、両舷にこもごも風をうけて迂路曲折して進んだ。その間に、われわれは五人のポルトガル人の難破者を救助した。彼らはその時、帆も櫂もなくなってしまった小舟で漂流していたのだが、彼らのうち二人は死に、残りの三人も半死の状態であった。生き残りの者たちの名はクリストワン・ドリア（のちにサン・トメの代官となった）、ルイス・タボルダ、シマン・デ・ブリトといい、みな名誉ある人たちで、豊かな商人たちであった。ジョルジェ・マノスによって注文された彼らの乗船はラサウンの浅瀬で沈没してしまったのである。神の恩寵によってわれわれは卵の黄身とおいしいスープを与えて、彼らに健康を取り戻させることができた。

間もなく、われわれはベンガルからマラッカへと向かう五隻のポルトガル船と一緒になった。私はそれらの船にペドロ・デ・ファリアの令書を示して、アシェンの艦隊が海岸で勢揃いしているらしいから、といって同行を願った。そうやって、われわれは航海を続けて、タナウサリン、トヴァイ、メルギン（メルギ）、ジュンカイ、プーロ・カムデ、ヴァガルー（いずれもビルマ領のマレイ半島北部）をすぎ、ランセローテ・ゲレイロの兵隊については何らの情報に接することもなく、一五四五年三月二七日金曜日にシャウバイニャーの都するマルタワンの河口に到着したのであった。

2

われわれが夜の明けるのを待って、街に行こうと投錨していた夜中のおよそ二時頃のことであった。その時大砲の音のようなものが聞えた。それでわれわれは大変心配したが、陽がのぼるとともにネコダ・マムードは全員を集めて、次のように告示した。「われわれはいったい何事が起こったのか、この眼でしかと確かめねばならない」。そこでわれわれは出帆したが、風向きも、潮の具合もちょうどぴったりとよくなったので、モーナイという小岬を廻って行った。そこで街がたくさんの兵隊で包囲されており、河には多数の艦船が集まっているのがわかったが、われわれは非常に用心しながら港に入って行った。

そこでお定まりの平和のしるしの礼砲をうち鳴らすと、陸から六人のポルトガル人を乗せた小舟がやって来るのが目に入った。彼らは、彼らが属しているところの、今、街を包囲しているブラマー王の艦隊が必ずわれわれを捕えてしまうから、ここから少しも動いてはいけないといって、われわれが夜のうちにベンガルに向かって逃亡しようという計画を止めさせようとした。そして私に、司令部までジョアン・カエイロに会いに来るようにと強くすすめた。ジョアン・カエイロは彼らの司令官であった。そしてそこで私が彼らに宛てた手紙を持っているランセローテ・ゲレイロや、他のポルトガル人たちに会うだろうと告げたのである。

私はジョアン・カエイロや、七〇〇人ほどの同国人たちに歓迎された。しかし私がペドロ・デ・ファリアの手紙を見せると、彼らのいうには、一三〇隻の帆船よりなるアシェン艦隊はすでにここの艦隊によって撃破され、大打撃をうけたところだから、ペドロ・デ・ファリアはもうこのことについて心労することもないし、もはや彼らがマラッカに行く必要もないというのであった。そこで私はジョアン・カエイロに、マラッカ城砦へ帰った時に役立つようにその言明を紙に書いてくれと頼んだ。そして城砦に帰るまでの間、彼とともにそこに滞在した。

ブラマー軍によるマルタワンの包囲は六カ月と一三日もの以前から続けられていたので、街は五回も襲撃されていたし、城壁には三〇〇〇もの梯子がかけられていた。しかし攻囲された方は、もはや五〇〇〇人しか軍勢はいなかったけれども勇敢に守備していた。結局今後いかにすべきかという会議が開かれ、マルタワン王のシャウバイニャーは家来の忠告に従い、敵に対して多額の金をもって、包囲を解いてくれるよう願い出た。そしてもし彼が二隻の船に、一隻には彼の家族を、もう一隻には彼の宝物を積んで出て行くのを見逃してくれるなら、街を委ねようとも申し出た。しかしブラマー王はこの申し出を拒絶したので、シャウバイニャーはパウロ・デ・セイサスという男をペグー人のように変装させて、暗夜密かにジョアン・カエイロのところに手紙をもたせてやった。シャウバイニャーはかつてはわれわれの友人であり、ポルトガルと同盟していたのであるが、その手紙には、もしジョアン・カエイロがブラマーの方に利になることをやめてシャウバイニャーの力になるならば、彼の宝の半分をわけ与えようというのであった。

ジョアン・カエイロとその配下のポルトガル人たちは、その宝物がはたして彼のいうように莫大なものかどうかを疑った。そこでパウロ・デ・セイサスは誓っていうのであった。彼はかなり大きな教会風の家を彼自身の眼で見たが、その家は屋根の瓦に至るまで、金の塊と金の延べ棒で満ち満ちていて、そこには丈夫な縄で結わかれた二六個の箱があり、その中にはペグーの亡王の宝がいっぱいに入っている。その値打は一三万ビセスで、一ビセスは五〇〇ドゥカットに当たるのだといった。彼はまたアドカア神のお寺の金塊の確かな数はわからないが、船四隻分はたっぷりあると言い、最後に、シャウバイニャーはかつて彼にデグンで手に入れたキアイ・フリガウの黄金像を見せたが、それにいっぱいつけられた、きらきら輝く宝石類だけで大したものだ、といった。そこでパウロ・デ・セイサスを天幕の外に出して、ポルトガル人たちはこの事に関して協議を始めた。しかしポルトガル人たちの中には、ジョアン・カエイロを嫉妬していた六―七人の者がいた。彼らは、もしこの事件をジョアン・カエイロがうまく処理すると、ポルトガル国王は必ず彼に伯爵領か侯爵領を与えるに相違ないと思ったので、この陰謀をブラマー（ビルマ）王に洩らしてやるといってジョアン・カエイロを脅迫した。そこでカエイロはやむなくパウロ・デ・セイサスを通じて、シャウバイニャーに申し出を拒絶すると書き送らなければならなかった。

われらの同盟者マルタワンのシャウバイニャーは、このようにしてわれわれが彼を救おうとしないことがわかった時、悲歎と苦悩のどん底に陥った。それから彼は会議を開いて、戦うことのできそうもない総てのものを自ら血祭りにあげて、戦闘の神キアイ・ニヴァンデルへの犠牲とすること、敵に少しの利益も与えないように、彼の宝物を海中に投げ込み、街を焼いてしまうこと、そして武器をとり得るすべての者が決死隊となって敵陣に突進することを決定した。しかし彼の配下の隊長の一人が、その夜部下四〇〇〇の兵を率いて敵方に逃亡したので、すべての者は戦意を失い、もし王自身降伏をしないなら自分たちがブラマー王に対して開門してしまう、と言い出した。そこで王もやむなくこれに同意して、翌日六時に城壁の上に白旗が飜るということになった。そこで敵陣の将センブルンが一人の騎兵をとりでに派遣した。シャウバイニャーはブラマー王のサインのある金箔の通行証を受け取り、聖人として崇められている八〇歳の老僧に降伏文書を持たせてやった。

翌日、ブラマー王は敗軍を受入れるためにすべてを用意した。彼の陣営の八八の天幕のおのおのを三〇頭の象で囲み、胸甲、肩当もしくは鎖帷子で身固めをし、槍と剣と黄金の楯を持った彼の衛兵一万二〇〇〇の騎士たちで護衛させた。軍籍のあったあらゆる外国人、ポルトガル人はもとより、ギリシア人、ヴェニス人、トルコ人、ヤニサル人、ユダヤ人、アルメニヤ人、タルタリー人、モゴール人、アビシニア人、ゴラサン人、ペルシア人、シャム人、マラワル人、ジャヴァ人、アシェン人、ボルネオのルソン人、パプア人、セレベス人、ミンダナオ人、ペグー人、アンダマン人、ベンガル人、グザラト人その他は祭りの時の甲冑を着て並び、人垣の道をつくった。その道を敵軍は通らなければならなかったのである。

定刻に敗北者は手駕籠によって運ばれるその妻女と一緒に歩き出した。妻はブラマー王によってその王国を占領されてしまっていたペグー王の息女であった。彼女の側には、一番年長の子でもまだ七歳になっていない彼女の子供たちが四人と、頭を低く垂れ、眼にいっぱい涙を浮べている召使いの女たちが数人ついていた。シャウバイニャーは喪のしるしの、黒いビロードの長い式服を着、小さな象に乗り、髪と眉毛とひげを剃り落して、首には古い綱をつけていた。彼が街の城門の処へ着いた時、そこに集まっていた群衆たちは泣きわめきはじめ、自ら情容赦もなく石を自分たちの顔にぶつけ出したので、王の警衛兵であるブラマー人たちまで誰一人として泣かずにはいられなかった。王妃は二度も気が遠くなった。そのため、シャウバイニャーは象から降りて、水を自分の口に含み、その水を彼女に吹きかけて、彼女の意識を回復せねばならなかった。彼は熱烈な言葉で、彼女を慰めた。それを聞いたものは誰でも、彼を異教の貴人ではなくて、真のキリスト教徒と思ったであろう。彼らの行列が水牛の革の肩当をし、羽毛のついた縁無し帽を被って、火縄銃を肩にかついだ七〇〇人のポルトガル人の前を通り過ぎた時、その真中に薄とき色の繻子の服を着、両刃の大刀の黄金のつかを握ったジョアン・カエイロを見て、シャウバイニャーはなまなましい憎しみを顔に出した。が結局のところ、ブラマー王の前に着くと、彼は王の足元に身を投げ出して、気を失ったかのように一語も発しないで、じっとうずくまっていた。王は彼を赦すことを宣言し、彼を部下の隊長の一人に命じて抱えさせた。そして妃は誉れある老将の妻女に托した。

そうこうしているうちに夜がやってきた。そこでブラマー王は街の城門に衛兵を置いて、そこから人々が入り込まないようにとくに厳重に固めさせた。というのは夜に乗じて兵隊どもが街を荒しはしないかと怖れたからである。彼は異国人の援助者に、街の掠奪を許すという約束をしていたのだが、今やそんなことは顧慮せず、ただ自らシャウバイニャーの宝を奪取する時間を稼ぎたいと思った。その宝物を奪取してしまうには、一〇〇〇人がかりで二カ月はたっぷりかかった。それが終わってから城門の護衛の隊長たちが撤退を命ぜられて、哀れなマルタワンの街は兵隊たちの意のままに委されたのであった。すなわち合図の大砲がずどんと鳴ると、すぐさま待機していた兵隊がごちゃごちゃになって突進した。そのため、城門のところでは多くの窒息者が出たほどであった。掠奪は三日半にわたって続いた。街にいるのはさまざまな国民からなる無数の兵隊どもで、彼らの多くは王もいなければ法律もない、神をおそれもしなければ知りもしない手合であったので、眼をとがらして獲物に飛びつき一〇エキュ（銀貨一枚）のために一〇〇人を殺すといったような、その強欲さと残酷さは目を覆うばかりであった。このように街が完全に荒らされてしまってから、ブラマー王はシャウバイニャーの宮殿と貴族たちのぜいたくな建物、塔や寺院を破壊し、残りを焼いてしまった。

翌朝になるとブラマー王のいた丘の上に同じ高さに設えた二〇の絞首台が見えた。そしてもう一つ、少し小さいが石の台（柱）の上に載っていて、熱帯性蔓草の柵に囲まれ、黄金の風見が幾つかついた天蓋が上についている絞首台があった。私はこの絞首刑をとくと見ようと思って、六人のポルトガル人たちと走って行った。そしてまず第一に、手に槍を持った多勢の騎士たちが王の陣営を出て行くのを見た。彼らの後から、多くの象と歩兵、ブラマー人の騎士たち、それから火縄銃と槍をもって武装した三〇〇〇人のシャム人が続き、その真中に四人ずつ繋がれて修道士《タラグレポス》たちに護送されている一四〇人の女たちがおり、ペグー王の息女、シャウバイニャーの妻は、男たちに馬で運ばれている四人の子供たちと一緒にその女たちの後を歩いていた。彼女たちはシャウバイニャーの主だった隊長の妻や娘たちで、多くは一七歳から二五歳までの年齢で、みな色が白く美しく、髪はブロンドであった。彼女たちは身体が弱く、何度も気絶したものがあった。そのあとから六〇人ほどの僧侶が地上に眼を落しながら、哀調を帯びた声を出しながら続き、さらに腰帯から下はすっかり裸で、首に綱をつけ、手に大蠟燭を持った三〇〇―四〇〇人の子供たちがやってきた。後衛はまたすべてブラマー人の歩兵たちと象であった。

全員が絞首刑の行なわれる場所に達した時、六人の廷吏が死刑の判決文を読み上げた。そこで死刑執行人、彼らのいわゆる「復讐を手ずからする執行者」たちは、憐れな受刑者をつかまえて処刑した。二〇台の絞首台の一つ一つに、受刑者たちは頭を下にして、血で以って窒息してしまうまで、うめき、泣き叫んだ。これを済ませるのには一時間もかからなかった。それから妃が、とくに彼女のためにとって置かれた絞首台に導かれ、左側に二人、右側に二人という工合に四人の子供たちと一緒に絞首されたのである。

この残酷な光景を見て、陣営では叛乱が起こった。そのためブラマー王は、彼の陣営を護るために六〇〇〇のブラマー騎兵と三万の歩兵を引きよせなければならなかったほどである。しかし夜になるとこの騒ぎも鎮まった。これが九つの王国の皇帝であったペグー王の息女であり、マルタワンの王シャウバイニャーの妻女であるニャイ・カナトーの最期の模様である。一方、彼女の夫の国王は、同じ夜、五〇―六〇人の家来とともに首に石をつけて海中に投げこまれた。死刑に処せられた一四〇人の女の中には、かつてブラマー王がただの土侯にすぎなかった頃に求婚して、その父親にはねつけられてしまった三人の令嬢も含まれていたとかいうことである。

3

マルタワンの廃墟で九日間過した後、この専制君主はペグーに向けて出発した。だが彼はマルタワンに総督として大膳の頭《かみ》と、三―四人のポルトガル人を含む若干の守備兵を残して置いた。彼らの一人はゴンサロ・ファルカンという非常に高貴な家柄の貴族で、ブラマーの王から「百花の王」という彼らの間では非常に名誉な称号を授けられていた。ところでマラッカでペドロ・デ・ファリアは私に彼あての手紙を托し、その中で、私が派遣された用事のために必要を生じた場合には、好意をもって私を援助するよう頼んであった。私は彼にこの手紙を渡し、シャウバイニャーとマラッカの諸王との間の昔の平和条約を確認するために派遣された旨を彼に告げた。

するとすぐさま、この裏切者はそうすればブラマー王の寵愛が得られるとでも思ったのか、私がやってきた目的を総督のところへ話しに行った。こうして彼は、ネコダ・マムードや、船に乗っている商人全部と一緒に私のことを、マラッカの代官が密かにシャウバイニャーに援兵を送って、ブラマー人たちをこの国から追い払う計画の共謀者である、と思い込ませてしまったのである。しかも彼は抜目なく、おそらく一〇万ドゥカットはする私たちの商品をごっそり盗むことを忘れなかった。そして私の仲間の憐れな連中は、初め低い窪地に入れられ、次いで帆も櫂もない惨めな大ボートに乗せられた。幸いにも、凪のお蔭でプーロ・カムデと呼ばれる無人島に漂着し、ここで魚や果物などの食糧を準備し、自分たちの着ていた衣服で帆をこしらえて、この島を後にジュンサランの海岸沿いに進んで行った。二カ月の後、彼らはやっとケダー王国のパルレス河に到着したが、ここで連中のほとんどすべてが喉頭膿瘍のために死んでしまい、生き残った二人だけがマラッカに着いて、ペドロ・デ・ファリアにこの大変な旅行の一部始終を語ることができたのである。

一方、私は三六日間を牢獄で過し、全くたえがたい残酷な仕打ちを受けた。私は三度も訊問を受けたが何も答えなかったので、敵どもは私が法廷を侮辱しているといって怒りだし、衆目の前で私を鞭で打ち、スペインの蠟のような、煮えたぎった漆を私の体にたらしかけた。彼らが私を殺さなかったのは、ペグーにいる全ポルトガル人が国王にマラッカの代官の商品を盗むために、彼は私を故なく殺した、といって訴えに行くのを怖れたからに他ならない。そこで鞭や漆の傷が癒るや、私はただちに鎖で縛られたまま、ペグーに送られ、国王の出納官ディオソライの奴隷にされてしまった。彼はすでに私の他に八人のポルトガル人奴隷を持っていたが、これらの奴隷は六カ月前、ドン・アンリケ・デサ・デ・カナノールの船が難破した時に捕えられたのである。

私は、これから二年半の囚われの身の間におこったさまざまの運命について語ろうと思うのであるが、まずブラマー王とアワ王との戦について物語らねばならない。

かつてアワ王はシアムモンに、ブラマー王によって征服されたタングーの城砦を占領するために、彼が通りすぎるのを認めることを約束していた。このためブラマー王はシアムモンに戦を挑み、真先にプロンの街を攻撃しようと決心した。この街の王はアワ王の姻戚であった。そこでブラマー王は一五四五年三月九日、ペグーを出発した。アンセダーの河をダナブルーまで遡り、それからピシャウ・マラコウ（イラワディ河）と呼ばれる緩やかな流れの大河に沿って進み、翌四月の一三日にはプロンを望む地点に達した。そうして五日後にはこの街の包囲を開始したのである。

当時プロンの王は、後継者として一三歳になる息子を残して歿したばかりであった。プロン王はこの息子を、アワ王の娘であり、自分の妻の妹である二三歳も年上の女と結婚させておいた。つまり息子は叔母を、ずっと年上の叔母を妻としていたのである。この妃はブラマー王に平和を求める使者を遣わした。ブラマー王は甘い言葉で使者を喜ばせ、休戦とか、その他ほとんど重要でない事柄に同意を与えはしたが、密かに周辺の地方で掠奪殺人を働かせていた。そして、ついには、もし妃がその財宝、国家とともに彼に身を委ねるならば、彼女がそれによってこうむった損失を別に償ってやろうと申し出たのである。

そこでこの無礼な申し出に怒った妃は防禦の決意を固めた。一五四五年五月三日、ブラマー王は最初の攻撃を加えたが、これは撃退されてしまった。他の攻撃も同じ結果に終わった。プロンの四人の隊長の中の一人が、聖バルテルミーの前日に、城門を開いて裏切らなかったら、プロンはおそらく陥落しなかったであろう。この裏切りの結果、住民は細切れにされ、王、妃、およびその財宝は敵の手にわたり、宮殿、寺院は破壊され、想像を絶するほどの残虐行為が行なわれたのである。

ブラマー王は城壁にあけられた突破口から、堂々と入城し、跪いて、不満ながらも彼の足に接吻する哀れな王を前にしてプロンの王となったのである。これがすむと、彼は大きな市場を見下すバルコンの上に昇り、街上に転がっている子供たちの死体をもってこさせ、それを細切れにして、糠、米、草と混ぜて、彼の象に食べさせた。次いで、ラッパや太鼓などの音楽に合わせて男や女の死体を積んだ一〇〇頭以上の馬が引き出された。この死体も細切れにされて燃えさかる火中に投込まれてしまった。次いで今度は妃がこの場に連行された。妃は齢三六歳、色は白く顔立ちはすぐれていた。彼は妃を全裸にさせ、体が裂けるほど鞭で打たせた。そしてその恰好のまま街中を引き廻した。彼女はこの極刑のために死んだので、その屍を彼女の夫である幼王に結びつけさせた。それから二人は首に石をつけられて、一緒に河中へ投げこまれた。最後に、その翌日貴族たちはすべて杙《くい》刺しの刑に処せられ、焼豚のように刺し貫かれて、これらも同じく河に投げこまれた。こういう場面を見て、われわれポルトガル人は唖然としてしまった。

その後、ブラマー王に、アワ王の子息、すなわち死刑に処せられた妃の兄弟によって指揮されたシアムモンの軍隊がアワを出発し、船でケイトル河を下航して、プロンから一二レゴアのところにあるメレタイの城砦に陣を張ったという報道がもたらされた。このことを聞き知ったブラマー王はその軍隊の大部分を引き連れて、これと対戦しようとして来たので、シアムモンの軍隊は自分たちの船を焼き、敗走のいっさいの手段を断ち、ブラマー軍に躍りかかった。しかし彼らは総勢三万に過ぎず、ほとんど総てが潰滅してしまった。そして暴君は再び進撃を開始し、一五四五年一〇月一三日にアワを指呼の間に望む地点に到達した。

この都市の王はすでに妻子を連れてシアムモンの足下に身を投じ、助けを求めていた。彼は毎年六一〇万ドゥカットに相当する黄金や宝石の貢物を約束して、保護してもらい、一年のうちに再びプロン王国に王として臨もうとしていたのである。ブラマー王はこれを聞くと、ただちにその出納官ディオソライ（そこにわれわれ九人のポルトガル人が奴隷となっていた）をカラミニャンへ大使として遣わした。カラミニャンは有力な君主で、この地方の中央部を占め、海から遠く隔った地点に住んでいた。ブラマー王はこの君主に大量の金と宝石を提供し、その上、シアムモンがアワ王をたすけるのを妨げるために、春になったらシアムモンに戦を挑んで欲しいといって、若干の辺境の土地をも与えたのである。この時われわれもディオソライと同行したが、彼はわれわれに立派な服装をさせ、必要品を与えて、つねに他の従者よりも、ずっと大事にしてくれた。

4

暴君ブラマー王に関しては、ここで一時筆をおくのが適当であると思うが、それはカラミニャン帝国の首府ティンプラオンの街におもむいたわれわれのことを物語らねばならないからである。ところでカラミニャンという名は「世界の主」を意味する。つまり彼らの言葉でカラは主を、ミニャンは世界を意味するのである。同時にこの国の王は自らを「地上における無敵象軍の絶対君主」と呼ばせていた。一五四五年一〇月アワを出発し、ケイトル河を遡って行ったわれわれはグワンパノーと呼ばれる運河に到着し、その地からシアムモンの領土を後にしてグワテルダイへと向かった。それからさらにわれわれはある国を横断したが、そこで目につくものといえば、藁葺きの家が並んでいる、ひどく貧しい小さな村ばかりであった。が、野原には牛がたくさんいて、それには持主がいないようであった。というのは、われわれは一日に二〇―三〇頭も牛を殺してしまったのに、その国の人々はわれわれに悪感情を示さないばかりか、かえっていっそうわれわれのところへ家畜を運んできてくれたからである。

グワンパノーの運河によって、われわれはアンジェグマーと呼ばれる大河に出た。この河は、ところによって三里以上も河幅があり、その流れが非常に急激なので、われわれの船はしばしばわき路にそれそうになった。かれこれ一週間かかって、やっとジャンゴマー王国のグンビンという小さな街についた。この王国では、産物である安息香、ラック、麝香を、マルタワンあるいはペグーに送っていた。そこからわれわれは、カラミニャンの第二子に属する土地、「金の割目」という意味のカタムマースに行き、次いで河中の島に建てられた、非常に堅固なカンパラゴールの城砦に行った。さらにわれわれは大使が胃膿瘍に罹ってティナゴーゴーすなわち八百万神《やおよろずのかみ》を祀るパゴダの中にあるシパノサンという有名な病院で手当を受けるまで、この河の航行を続けて行った。大使はこの地に二八日間留まって恢復した。この間われわれは何一つ不自由はなかった。清潔さ、サーヴィスの良さ、素晴らしいご馳走、音楽をかなで、非常に楽しい笑劇を演ずる美しい女たち、狩猟の鷹の高い飛翔、釣、パゴダの巡礼、儀式の見物、それらのことについてはここに触れない。ただ私は一二月の新月の日、つまり一二月四日に始まる死者の祭りについて述べることにしよう。この祭のことを彼らはマッスンテリウォと呼び、日本人はフォリオ、シナ人はマネジョー、レキオ（琉球）人はシャパス、コーチシナ人はアンハティロール、シャム人、ブラマー人、パプア人、サコタイ人はサンサポラウと呼んでいた。この祭になると市が開かれ、月が満ちていく間、つまり二週間の間続くのである。このため、大きな河に沿って街中に小屋や天幕が一面に立ち並ぶ。この河岸には栗、胡桃、棕櫚、椰子、棗椰子が生えていて、人々は自由にその果実を取ることができる。何故ならこれらはすべてパゴダに属するものであるからだ。

神祠は丘の頂にあり、きわめて低い家々で囲まれている。グループをなしてやってくる巡礼はこれらの家に迎え入れられる。このグループはわれわれの国（ポルトガル）のジプシーやボヘミヤ人のように、それぞれ首領を持っていて、自分たちの国の金言が書いてある幟を持っている。これらの家々の上に、幾つかの修道院と、一二の男の寺院と、一二の女の寺院がある。それらの寺院は、欄干と、黄金の鐘楼と、よく鳴り響く鈴で飾られた廻廊とで囲まれた中庭の周りにある。ティナゴーゴー（八百万の神）の祀堂には、金色の偶像が手を空に向けて立っており、驚きの目をみはっているような、少し小さい銅像がその周りにある。その下方にはひどく妙な形をした青銅造りの巨人が二体あって、一年の一二カ月の神を表わしている。家のそとにはさらに一四〇体の巨人が、衛兵のように斧戟を持って二列に並び、その間に鐘が吊してあるのが見える。

この死者の祭の一四日間に多くの儀式が行なわれる。とくに一二月の新月の第五日目にはシパティラウ、つまり「財産家の浄財」と呼ばれる行列が行なわれる。

この日、地面に足をつけることを禁じられている高僧たちは、薄とき色の緞子の襟垂のある、緑色の繻子の衣《ころも》をつけた彼らの下位僧たちのかつぐ輿に乗って、この行列に加わる。その行列の真中にはあらゆる工夫をこらした犠牲や立派にかざられた偶像の龕《がん》が見られる。その偶像は大きな蠟燭を持って、黄色の衣をまとった男たちにかつがれて進む。偶像の龕一五毎に、五—六層の山車《だし》が続き、この中に僧侶や護衛など約二〇〇人の人間が乗り込んでおり、その頂には金の冠を戴いた銀の偶像が載っている。これら偽りの神々の周囲で香がたかれ、時々彼らは「神よ、汝を心安らかに讃えんがため、死者の苦しみを和らげたまえ」といって香を捧げる。すると群衆はこれに和して、「さこそ汝が喜びなれ、汝が我らに太陽を与うる日々もかくてこそあれ」と応《こた》える。この山車——全部で一二六——はそれぞれ長い綱で引かれ、これに各人が手をかけているので、綱は端から端まで、握り拳で蔽われているようにすら見える。最後に、騎者が群衆に、道を開けるよう、祈禱の邪魔をせぬようと叫びながら行列を護衛する。いそいでどかない者を、その持っている棒でひどくなぐりつけるので、三―四人が同時に打殺されることになってしまう。

この行列は太鼓や楽器の喧噪の中を、棕櫚や、てんにんかずらや、それに旗などで飾られた街路を練り歩く。この街路では、ときどき笑劇が飛入りで演じられたり、そこここにしつらえられた卓で、貧乏人に食べ物や、さらには衣類や金銭までが与えられたりする。と、突然、とくにこしらえられた幾つかの小舎から、香を塗り、金の腕輪で飾り、絹の衣をまとった男が六人、七人、一〇人と飛びだし、山車の頂上に置かれた偶像にお辞儀をしたかと思うと、地上に身を投げ車輪の下に身をおいて粉砕される。これを見て人々は「我が魂の汝と共に在らんことを」と一斉に叫ぶ。僧侶たちは山車から飛び降り、この憐れなバラバラになった死体を集めて、その頭や、腸や、その他の粉砕された部分を、とくに造られた大きな碗の中に入れて、車の一番上から、これを人々に示しながら、「憐れなる罪人よ、神の御恵みにより、この人のごとく聖とならんため、汝ら祈りを捧げよ」と叫ぶ。そこで人々は跪いて答える。「我ら願う、ティナゴーゴー（八百万の神）よ、そを寛《ゆる》したまうことを！」

他にもまだ、この車の前で生贄になる者がある。彼らは剃刀でぐさりと容赦なく自分の肉を断ち切るので、彼らには感覚がないのかしらと思われるほどである。次いでその肉片を矢の先にくっつけて高くさし上げ、「父母妻子の霊のために、この施し物を与える人の魂のために、この肉片を神に捧げる」と叫ぶ。そして、この肉片の一つが落ちると、多くの人々があたかも大した遺宝でも拾い集めるように、われ先にとこれを拾うので、人々の下敷きになり、窒息してしまう人間も幾人か出る始末である。さてこの不幸な人々（生贄の人々）は鼻も耳もないまま、全く人間の形を失って、全身血だらけになって立ちつくしているが、やがて彼らがたおれると、僧侶たちは山車の上から駆け降りて、彼らの首を斬り、それを民衆に示す。すると民衆は「神よ、汝が僕として我らもまた、彼らのごとく身を捧げ得る時を与え給え！」と大声で叫ぶのである。

　また、やはり剃刀を手にして、「神のため、我に施し物を与えよ。しからずんば我自殺せん」といって来る者がある。そしてもしこの要求がただちにかなえられないと、彼らは喉を掻き切ったり、切腹したりする。僧侶は彼らの頭を切って人々にそれを見せる。また虎斑のある肌の非常に醜い何人かの男は、手に糞と腐敗した小便のいっぱい入った、いたたまれないほど悪臭を放つ銅壺を持っている。もし彼らの要求する施し物が一瞬でも遅れて渡されると、彼らはこの混合物を飲んで残りを人にひっかける。これを見て、人々は施し物を出し惜しんだ人を「呪われ者」と呼び、暴言を浴びせつつ、拳を振り上げて追い払うという次第である。以上はこの祭における人々の盲目的行為であるが、彼らもこういう点を除けば、判断力や才気には事欠かない。

　祭典の一〇日目になると、彼らは「煙の家」の貪食な蛇が、いま述べたようなさまざまの犠牲の結果、死んだ人々の灰を盗みにやって来ると信じている。そこで人々は叫び、鐘を鳴らし、たらいを打ち、太鼓を叩いて、海の小喇叭を吹きまくる。こうして大地をも揺がす大騒ぎは昼の一時から、翌朝まで続くのである。その夜、彼らが大蠟燭や松明をどれほど大量に燃やすかはとうてい信じられないことであるが、それは天から授かった剣で、貪食な蛇を殺すためにティナゴーゴー（八百万神）がその蛇を捜し求めるためである。そうして夜の明ける頃に、神殿の丘全体が白い旗で埋っているように見える。これが蛇の死の確かな証しなのである。そこで人々は喜びのあまり地上に身を平伏して、丘の二四の路を登り、偶像に感謝しその讃歌を唱える。

この群衆の流れは三日三晩続き、これを横断することはいかにしても不可能であった。われわれポルトガル人は大使に暇を貰って、そこへ行こうとしたが、大使は、後で大群衆が行ってしまってから、自分に随行するようにといった。つまり彼は病気の間、そこへ赴こうと誓いを立てていたからである。

三日目、われわれはやっとのことで彼とともに丘の麓に着いた。ここでは六つの大路に、人々が載っている秤が多く見られた。これは願い事をかなえてもらうためであり、また彼らのあやまちの赦しを求めるためのものであった。断食をしなかった人々は秤の他方の皿に、自分と同じ重さだけの蜂蜜、砂糖、バター、卵を載せていたが、これらはことごとく僧侶たちの所得となった。肉欲に耽っていた人々は、片方の皿に、綿、羽毛、羅紗、衣服、酒、香を置いていた。貧乏人に憐みをかけなかった人々は、銅貨、銀貨、金貨を置き、無精者は、木、米、炭、豚、果物を置き、羨望家は、その罪を告白し、一年の一二の月を讃えて一二の平手打を受けつつ償っていた。傲慢な人々は乾魚、箒、牛糞を置いて、そのあやまちを償い、誹謗家は、牝牛あるいは豚や羊を捧げて、その非を償った。貧乏人たちは、鋏を手にした一〇〇人以上の僧侶に立ちどころにその髪の毛を切られて、それを捧げ、また他の者はこの髪の毛で、紐や、環や、腕環を編み、それらは人々に買われて家に持ち帰られたのである。これを見て驚いたわれわれの大使が僧侶たちに質問すると、彼らは、貧乏人の単なる毛髪から、毎年一〇万パルダニスの金、われわれの貨幣でいうと九万ドゥカットに相当する金額の収入があると答えた。秤の並んだ街路にしばらく歩をとどめた後われわれは犠牲、施し物、笑劇、踊り、角力、合奏などの行なわれている界隈を通って、最後に群衆のために苦労はしたが、やっと神殿に到着した。ティナゴーゴー（八百万の神）の偶像はその中央、無数の大蠟燭に周囲を照らされて、祭壇の形をした堂々たる場所にあった。そこでは多数の子供たちが上手に僧侶たちの奏する楽の音に合わせて偶像に香を捧げ、一方偶像の前では着飾った女たちが踊っていた。そして人々はここで立派な捧物をし、大げさな儀式めいた動作と言葉をもって神像に平伏した。その神像は二七スパンの高さがあり、巨人の顔と黒人《ネグロ》の髪、素晴らしく大きな口唇と広くゆがんだ鼻などをもっていて、手には長柄の斧を持ち、その前に頭を絶ち斬られた蛇の像が横たわっている。その蛇の像は八丈くらいの長さがあり、あまりにも怖ろしく、あまりにも真に迫っていたので、見る人みな恐怖におののいたほどであった。群衆は蛇の周りに駆けよって、侮辱の言葉を浴びせながら、斧戟《ふげき》や剣でこれを突き刺し、それが済むと偶像の祭壇の下に設けられた大きな容器に施し物が投げ込まれた。それは金銀、宝石、絹地、木綿、その他であった。

次いで、われわれは大使とともに隠者の洞窟を訪れたが、洞窟の中には一四二人もいた。ここで生活している人々は、日本の坊主のように長い服をまとい、かつてシトゥンポール・ミカイと呼ばれた人間であった偶像の戒律信奉者たちであった。その戒律に従うと、天意を得る唯一にして真実の道は、肉体を克服することであった。それで彼らが食物としていたのは、煮た菜葉、焼き隠元豆、野生果物のみであった。また別の派に属する隠者たちは、低い凹地に棲み、天を仰ぎ、拳を固めて、日夜冥想にふけり、すかんぽに似たある種の草の汁とともに、蠅、蟻、さそり、蜘蛛のみを食っていた。ギレウ・ミトライ派に属する他の隠者たちは粘々した痰、バッタ、牝鶏の糞、人間の血液の小凝結塊、あるいは果物や、森林から持ってきた苦い草類ばかりを貪り食っていた。そのため彼らの皮膚は非常に気味の悪い色をしていて、見る人に恐怖感を与えるほどであった。私は、この山々で倒れるまで日夜「ゴドメン！　ゴドメン！」と叫び続けて過す人々、及び完全に四囲を塞がれた洞窟に閉じ籠り、その中で茨や薊を燃して、その煙で窒息して死んでしまう人々に関しては述べないことにする。全くこれら不幸な人々が死ぬために為すこの大きな苦しみ、それに反して、われわれキリスト教徒が神に救われるために為す小なる苦しみを見ることは、いかにも気の毒な事柄である。

5

大使の病気が二八日目になおったので、われわれは一三日間旅を続けて、河沿いに相対する二つの大きな街、マナウェデとシンジラパウとに到着した。この河の中央にある円い島には一つの防塞があり、そこから鎖が対岸にまで伸びて船の航路を邪魔するようにできている。大使はシンジラパウに上陸して、この総督に歓待された。その翌日、われわれは河を横断する五本の鎖で繋がれた二つの強力な城砦を認めたが、これはこの王国の税関事務所であった。一人の男が大使のところへやって来て、二つの城砦の中、南側にあるカンパラグロという城砦に上陸することを求めた。これはブラマー王のカラミニャンに対する書簡が規則通りに書かれているかどうかを調べるためであった。大使はこれに応じたので、一室に招じ入れられた。そこでは三人の男が机に腰をおろし、何も知らないかのように、大使に対してここへやってきた理由を訊ねた。大使が彼らに書簡を見せると、彼らはその中の数語を訂正した。また持って来た贈り物を示すと、それは非常な賞讃の的となった。だが、われわれはこの税関事務所を出ると、もう一つの方へも行かなければならなかった。そこでは別の人間が書簡や贈り物を再び調べて、三つの漆の封印のついた薄とき色の絹の紐を方々に結びつけた。

大使が豪華な歓待を受けてこの地に留まった九日の間に、われわれは「神々の牢」と呼ばれる寺院を訪れた。そこには円天井を張った通廊が一二あり、そのおのおのに一四〇軒の家が立ち並んで、巡礼者の用に供せられ、彼らはここに逗留中は食物を与えられる。この寺院には本堂が三つあり、中央に円形の祠堂がある。われわれはここで八〇の男神および女神の像、また地面に平伏しているもっと小さい他の偶像を見た。これらの偶像は、すべて首や腰のところを鎖で縛られていて、その中の幾つかは手錠をはめられていた。そして斧戟あるいは鉄棒を肩にした巨人の像が、祠堂の周りにあたかも中の像を警護するかのように置かれてあった。われわれは一人の僧侶に、この神々の監禁は何を意味しているのかと訊ねた。

「いいですか」と彼はいった。「七三二〇カ月前、つまり他国の人の計算によりますと六一〇年前、シシワロン・メレウタイと呼ばれた一人のカラミニャン聖人が、二六の王国を支配しておりました時、地上の山の皇帝シアムモンと意見が衝突いたしまして、双方から六二人の王が集まりまして、ヴィタウの原で非常に血腥い戦闘を交えたのです。結局、勝利はわれわれのカラミニャンの手に帰し、四カ月にわたって敵国全土を荒しました。このヴィタウの戦に際して軍神キアイ・ニワンデルがカラミニャンに現われたというので、その神はいっそう高名になり、今日、人間の信念を越えるようなことについて誓う時には、人々はこのヴィタウ原の軍神キアイ・ニワンデルの名をひき合いに出すほどになっております。みなさんがあそこにご覧になる他の神々は、それを信じる王様やそれに仕える僧侶がいたにもかかわらず、みなソロカタンという街で捕虜になってしまったのです。それで彼らが捕えられたことは、彼らを信じていた人々にとっては大きな恥辱と感じられたので、彼らはもはやその寺院に燈明を点じなくなり、捕虜となった神々を解放するまで、どんな方法をもってしてでも、享楽に耽らないということを、毎年誓うようになったのです。そうしてその時以来現在まで実に六四回反乱を起こし、三〇〇万以上の人がそのために死んだのです（彼らの神々が逃亡しないように監禁されているのはそのためです）」

われわれはさらにウルパネセンドと呼ばれる他の寺院を見に行った。その寺院に仕えているのは女ばかりで、王や主だった貴族の娘たちが幼少のころからその名誉を犠牲にして、この寺院に仕えているることをいえば十分であろう。われわれが大使と一緒になった時、「神々の牢」へ行く巡礼者の四六の団体が通りすぎるのを見た。そのおのおのは一〇〇人から五〇〇人、あるいはそれ以上の人々から成っており、その中には、かつてこの地方の男と結婚したポルトガルの女もいた。

九日の後、街の役人の一人が八〇隻のガリー船を従えて大使を呼びに来た。船ではあらゆる種類の楽器がかなり調子を乱して奏でられていた。われわれはこのようにして、ここからごくわずかしか離れていないティンプランの街に連れて行かれたのである。

大使を船着場に迎えた官吏は、最大の名誉のしるしとして彼を象に乗せた。一方、われわれ九人のポルトガル人には、約六〇人のブラマー人と同じく馬が与えられた。そして楽士のいっぱい乗った車を先頭にして、街路を通って宮殿の中庭へと導かれたのである。われわれの参列したいろいろな儀式については、他の宮廷で見て来たものと似ているから何も語るまい。また、われわれが通された部屋についても何も申すまい。ただ一言、部屋の一つには、銀の欄干三列で囲まれた壇の上に、金の僧帽を被った銀製の王の顔が一三あって、そのおのおのの下には一つの死人の首がおかれていた。その下方には銀の多くの燭台に白蠟の灯が燃え、少年がそれに侍していた。僧侶の話によれば、これら王者の首はロパロンという外敵から、この国を解放したカラミニャンのそれで、他の死者の頭蓋はその際にカラミニャンを援けた名将たちの首だとのことであった。

そこからさらに街路のような形をした大きな橋を渡って、その端にある一つの建物へ行ったが、扉は閉っていた。四度扉を叩いても、中の人は応えようとしなかったが、それはこのような場合の礼法で、さらに四度叩いて初めて返事があった。一人の老女が六人の小娘を従えてでてきた。娘たちは綺麗な着物をきて、肩には金の造花の飾りのあるサーベルを掛けていた。老女がわれわれの用向きを訊ねると、王の叔父なる人がわれわれに代わって、きわめて鄭重に、「ブラマー王の大使がカラミニャンの足下に跪いて何か重要なことを協議しに来ているのです」と答えた。ところが驚いたことに、老女はよほど権威があるものと見え、この王国の主要貴族の一人の言葉に彼女はほとんど関心を払っている様子がなく、小娘の中の一人が彼女の代わりに受け答えをしていた。「閣下、大使のお方にしばらくお待ちを願いましょう。世界の君主の御足に接吻するのに、ご都合のよろしい時間かどうか聞いて参りますから」と。すると扉がまた閉められて、「我《ク》、汝《レ》を信《ド》ず」の祈りを二―三回言えるくらいのちょっとした間をおいて、小娘たちが扉を開けに来た。今度は老女はいなくて、その代わりに九歳か一〇歳くらいの黄金の僧帽を被った一人の少年を伴って来た。その少年が大使の手をとって、王の叔父と二人の官吏と一緒に、部屋の中に招じ入れた。あとの連中はそのまま外に残されてしまった。しかし大使は彼の一行が一人もついて来ないのを見て不服そうに三度も後を振りかえったので、王の叔父は外国人だけを通させるようにと合図をした。それで再び扉があいて、われわれポルトガル人がブラマー人と一緒に入りかけたが、他の多くの人々がわれわれの間にまじって入ってしまった。案内人は手にもった杖で多くの人をたたいたり、叫び声をあげたりしたが、乱入をとどめることはできなかった。

こんな工合で、とにかくわれわれは樹木が生い茂り、花が咲き乱れている大きな庭園へやって来た。

その庭では若い女たちがひまつぶしに踊りをおどっていたし、音楽を奏でていた。また金の紐をこしらえたり、果実をもぎったりしていた。それらがすべて静粛に、また非常に典雅に行なわれていたのでわれわれは感嘆した。その庭をすぎ、将軍や貴族たちの座している控えの間を横切って、最後にカラミニャンのいる広間へと入って行った。

カラミニャンはすこぶる荘厳な玉座に即いており、非常に美しい一二人の女が階《きざはし》に坐って、歌をうたい、さまざまな楽器を奏でていた。玉座の高いところには、王の身近に九歳か一〇歳位の一二人の小娘が金の笏を持って跪いており、さらに一人が立って扇いでいた。広間の周りには、黄金の帽子をかぶり、繻子や錦の長衣を着た七〇―八〇人の老人たちが、壁にもたれて控えており、部屋いっぱいに、立派なペルシア絨毯の上に、おそろしく美しい少女たちがものの二〇〇人も、眼に快適に映ずるようにあちらこちらにちらばって並んでいた。そしてこれらの人々が非常に礼儀正しく、荘厳な光景を繰り展げていたので、大使は後になって、ブラマー王を悲しませないために、このことを王に喋るのをよした、とわれわれに告白したほどであった。

大使が五たび平伏し、非常に鄭重に挨拶の辞を呈した時、カラミニャンは「その方の王の好意を受ける」と厳粛な顔をして答えた。それから六人の女が楽の音にあわせて踊りはじめた。続いて他の六人の小娘が最年長の六人の老人と一緒に踊り続けた。これはわれわれにとても面白い奇行のように思われた。それが済むと今度は女たちばかりで演《や》る芝居が演ぜられた。

その劇は――一番最初に、王の娘を呑みこんでしまった海の怪物が現われる。それを見て泣きながら王の娘の仲間たちが山の麓に仙人を探しに駆けて行く。仙人は彼一流のやり方で、海神キアイ・パトゥレウに大祈禱を行なう。そうすると舞台に、ちょうどわれわれが描く天使のような翼を持って、冠を被った六人の子供が現われる。子供たちは王女の友達の女たちに、ハープを三つと、七絃胡弓を三つ与え、「これはあなた方が海の怪魚を眠らせてしまうために、キアイ・パトゥレウがあなた方に遣わされた、月の世界の楽器なのです」という。そこでさっそく、彼女たちは自分たちの声にあわせて、とても悲しい調子で、それらの楽器を奏でる。ここのところで、多くの見物人たちは眼に涙をいっぱいたたえるのである。この音楽がしばらく奏でられてから、王の娘を呑み込んでしまった魚が海から出て来るのが見える。そしてばかみたいに、だんだんと岸に近づいて来る。そこで女たちの一人が、宝石を鏤めた剣でその魚を一薙《ひとな》ぎし、生き生きとした王女を引きずり出す。王女は楽器の音にあわせて踊り始め、最後にカラミニャンの手に接吻しに行く、といったようなものであった。

これと同工異曲の劇が、その他三つ四つあった。そして夕方ごろ、カラミニャンは女たちだけを率いて引き上げた。王の叔父は大使の手をとって一番奥の広間まで連れて行った。その広間には官吏が一人、大使を私宅に案内するために待っていた。

ティンプランの街で一番巨大な建物は、「諸病の神」に捧げられていた。その寺の僧は、この街のあらゆる人々の中でもっとも賢く、ブラマー王はこの教えを、彼の王国の全寺院で説法するようにと命じていたので、大使はブラマー王にこの教えの教義の分厚な本を持ち帰った。私も、ポルトガルの国王のために、この本を翻訳させたのだが、あるフローレンス人がそれを私から借りて行って、トスカノ公に献呈し、トスカノ公はそれを、「地の果ての異教徒の新信仰」という題で印刷させた。そんなわけで、その本は私の手許には戻ってこなかったのである。

ある日、大使はこの異教の僧の一人と話し合った（というのは、これらの僧侶たちは非常に素直な人たちで、近づきやすかったからである）。彼はその僧に、世界の創造について話してくれるようにと頼んだ。

「もしものの本に書いてあることを信じなければならないなら」とその僧はいった。「地球を生ぜしめたものは、八万二〇〇〇の月なのです。神様はそこに美しい庭をお造りになり、最初の男であるアダーと、彼の妻バザゴンをその庭におかれたのです。そして彼らに、イサフォランと呼ばれる樹の果実には手を触れてはならぬ、ときつく申し渡されたのです。ところがご存知のように、ルパントーという煙の家の貪食な大蛇が現われて、アダーの妻に次のようにいったのです。『もしあなたがこの果実を食べ、夫にも食べさせたなら、あなた方は、あなた方の身についているこの重苦しい性《さが》から解放され、そのためにあなた方の肉体は天国に入れるでしょう』と。そこで二人はこの果実を食べました。そして神様は彼らを庭から追い出してしまったのです。けれども、アダーがあまりに烈しく悔いるので、神様、もしその悔恨の情が続くならば、赦してやろうといわれたのです。ほんとに」とその僧はわれわれポルトガル人を見つめながら続けた。「私は満足しているのです。あなた方、この真理をご存知にならない外国の方が、それを聞きにわざわざ私のところへ来て下すったのですから」

そこで、ガスパール・デ・メイレレスは質問の許しを求めて、彼に、「もし神がこの地上に何ら英雄的な作品をお造りにならなかったとしたらどうであるかを話して欲しい」といった。そこでその僧は答えた。

「人間の罪が殖えていったので、神様は雲に命じて地上に雨を降らせました。そして神様は木の大きな家の中に一家族だけをお入れになり、世界の他の住民を全部そこから追い出しておしまいになって、それだけを残して沈めてしまうよう雲にお命じになったのです」

「しかし」とポルトガル人は訊ねた。「十字架にかかって死んだところの一人の男が現われて、他のみんなのために神様を満足させた、ということをあなたはお読みになったことはありませんか。そんなようなことがいわれているのをお聞きになったことがないのですか」

「神様ご自身の他に、神様を慰めることができる者は一人もないのです」とその僧は抗弁した。「聖者たちは自分たちとその友人たちの何人かのために神様を慰めることはできます。しかし、一人でもって他のすべての人の償いができるなんて人は私たち存じません。だからこそこの地上は、たった一つの紅玉《ルビー》ですら非常に高い価でなければ生むことができないほど、賤しいのです。とはいうものの、非常に有徳の士とされていた一人の人が、かつてこの街の住民たちに、『自分はかのトメ・モデリアールの弟子である』と物語ったのは本当のことです。トメ・モデリアールは、神様は人間におなりになり、人間になられたが故に死んだのだ、と説教した人です。このトメ・モデリアールはサワディの街を追放され、公衆の面前で喋ったというかどでディゴンの街で殺されました」

ガスパール・デ・メイレレスは、「その男はちっとも真実のことを説教しやしなかった」と答えた。これを聞いた僧は跪いて叫んだ。

「殿様、どうぞ何日の日にか、ご好意に対して感謝させて下さいますように」

われわれの帰途の様子を話す前に、ペグーの王国と、カラミニャンの帝国について少しばかり語りたいと思う。

ペグーは周囲一四〇レゴアある。東の方は、ブラマー国民が住んでいるパングァシラウという非常に広い高原に接している。その高原は幅が八〇レゴア、長さが二〇〇レゴアもある。ペグーもかつてはただ一つの王国であった。しかし諸侯たちが国王のためにシャレウの街で催した宴会で、国王が毒殺されると、諸侯はただちにこの国を一三の小国に分けてしまった。そしてその中の一一の小国は二つの大帝国の支配下にある。一つはシアムモンと呼ばれ、もう一つはカラミニャンと呼ばれる。

カラミニャンの帝国は、いうところによれば、かつて二七の王国を包括していた。その首府はピトゥイ河畔に位置しているティンプランである。何人かの商人が私にいったところによると、この街には四〇万の世帯がある由。街の家々はみな一階建か二階建かであるが、非常に贅沢に建てられている。とりわけ貴族の家々は大したもので、広大な囲いのなかにシナ式の拱門だとか、並木路だとか、池だとか、人生の楽しみになくてはならないものがみんなある。この国の人々はとりわけ人生の享楽に力を入れているのである。人々は二四の宗派にそれぞれ分かれてはいるが、もっとも信じられている偶像は「太陽の裳の神」である。というのは、カラミニャンはじめ主だった貴族がみなこの神を信じているからである。この神に仕える僧侶たちは、彼らのいうところによると、純潔を保っている。しかし彼らの肉欲を満足させるためには、悪魔的な発明ですら敢えてする。

帝国は七〇〇の地方に分れていて、そのおのおのを総督が治めている。新月ごとに、総督は閲兵をしなければならない。その軍隊は通常歩兵二〇〇〇人、馬五〇〇頭、軍象八〇頭から成っている。軍象のうち一頭は必ずその地方の首府の名をつけられている。そんなわけで、帝国全体の軍隊は、兵士一七五万人、象五三万五〇〇〇頭を擁している。象がその戦力の主力を占めているので、皇帝は「無敵象軍の君主」の称号を持っているほどである。皇帝の所得は「王笏代」と呼ばれ、金貨二〇〇〇万に上った。人々は真珠と琥珀とを高く評価したが、それらははるか遠くの海の彼方から運ばれてくる物だからである。

この国の人々はくしゃみをする時、ちょうどわれわれがするように十字を切って「真理《まこと》の神は三にして一つ」と唱える。こんなことからもすでに私が示したように、ここの人々がキリスト教のある知識をもっているということを、うかがい知ることができよう。

6

ティンプラン到着後一カ月経って、一五四六年一一月三日に、大使は帰路についた。

われわれは、ピトゥイ河を夫婦の神キアイ・ジャレンに捧げられた僧院のあるところまで下り、それからパウェルという街まで下った。その街で、大使はシナの小間物を幾つか買ったが、麝香、良質の陶器、絹布、いたちの皮、その他の毛皮類などを非常に廉く売っていたのである。また鞣皮《なめしがわ》も買い求めた。この地方はひどく寒かったので、鞣皮は必需品であった。商人の話では、鞣皮はフリウカランジャーという遠い地方からそこに運ばれてきていた。そこには鞣皮で生計を立てているカロジェンとか、フンガオとかいわれている人々がいて、なかなかの射手でもあるという。彼らは日焼けしていて、ひどく毛深く、牛のように丸い足をしており、背中の骨の下には、二拳くらいの大きな瘤がある。彼らは、冬の夜長などに本当にぞっとするような呻き声が聞えてくる非常に深い坑や洞のある、高い、荒涼たる山の中に住んでいるという。

これらの人々の住んでいるところから、さほど遠くないところに、カロウホ、ティンパーテ、ブジエンといった人々が住んでおり、またそれよりかなり先には、オケウとマゴーレと呼ばれる人々が住んでいるという。彼らは狩猟で手に入れた野獣の生肉とか、蜥蜴、蛇、毒蛇などの爬虫類を食べて生きている。彼らは狩りに出かけたり、バナゼスと呼ばれている動物に乗って敵国に戦いにおもむく。バナゼスは馬くらいの大きさがあり、前頭部に尖った三本の角を持っており、背中の真中に棘が一列に走っていて怒るとその棘で突いてくるのである。これは太くて短いが、蜥蜴のような恰好をしている。なお首の上にたてがみの代わりに背中のものよりもっと長くて大きい棘、肩のところに魚の鰭《ひれ》のような形をした短い翼をもっているのが特異である。われわれはブミオエンと呼ばれている他の人々に話しかけた。彼らも山に住み、非常に丈が高く、シナ人のような眼とひげをしていた。彼らの一群は荷鞍をつけて、商品を運んでいる二〇〇〇頭の牛をひいていた。またわれわれはかなり長いひげを蓄えていて、耳と鼻孔に細い金線をびじょう留めにしている別の人々をも見た。これらの人々はジナフォガオスと呼ばれていて、シアムマイの湖によって境《きょう》されている、ラウホスの山脈の中にあるスロバサイの地方からやってきたのであった。彼らは裸足で歩き、頭には何も被らず、毛深い革をまとっているが、大変金持で銀塊で商取引をするとのことであった。

同じように、トゥパロエンにも出会った。彼らは日焼けした大食漢で、肉の逸楽に耽溺していた。彼らはわれわれのために饗宴を催してくれたが、その時、フランシスコ・テームドは彼らに酒呑み競べを挑戦して、見事にそこにいた二〇人の連中をすべて打ち敗かしてしまった。そこで、彼らはフランシスコ・テームドを象の上に載せて、太鼓を打ちならし、ラッパを吹いて街中を練り歩いた。もちろん彼らの隊長すなわちサピトンも、大使も、ブラマー人たち全員も、われわれ自身もそれに従った。そして最後には、フランシスコ・テームドのために寄付を集めはじめ、絹地だとか、他の贈物を勘定に入れないでも、銀塊二〇〇両（塊）も集めてしまった。

また腕利きの射手であり、騎手であるパウィレンスにも出会った。彼らは日本人のように絹を着ていて、シナ人のように小さな棒（箸）で食事を口にもって行く。彼らはわれわれに、自分たちの国はここから二〇〇レゴア河上にあるビナゴレンであるといった。彼らの商品はスマトラ島のメナンカボでとれるような砂金であり、ラック（漆）、伽羅、麝香、錫、絹、蠟といったようなもので、これらと交換して、彼らは生姜や、塩や、胡椒や、酒や米を得ていたのである。非常に肌の色が白くて、この地方の女たちのうちでは、一番会話も上手なこの種族の女たちは、われわれに次のように語ってくれた。彼らは太陽と空と星とを崇拝している、そして魂は肉体とともに消え去ってしまう息吹きにすぎないと考えている、と。われわれがパウェルで、こんなにも種々雑多な民族に出会ったということから、カラミニャンの君主政治が未知の多くの国々にまで及んでいるということが、容易に推察できたのである。

われわれは道中を続け、ルンゴールの村を通り過ぎた。そこでピトゥイの河を離れ、ヴェントラウの河へと入って行った。その河を下って、ジャングマー王国の最初の街であるペナウシンを通り、ラウディテンスに着いた。ここはパンカノール大公に属する二つの要塞がある地点である。それから五日後に、マルタワンへ漆が積み出されるマガダレウという大きな街についた。次いでマドゥールの峡を突破し、モウシェルという、ペグー王国の最初の村に到達した。そこではシャラゴニンという有名な海賊が三〇隻のセーロー船で河を上下して掠奪に従事していたが、彼がある夜われわれを襲って、五隻の船と一八〇人の生命を奪い、大使自身も深傷を受けるという事件がおこった。散々な目にあって、われわれはマルタワンへたどりつき、大使はそこから王に手紙を書いて、この事件の顚末を報告した。そこで討伐隊が派遣されて、海賊を滅し、われわれも真っすぐペグーに帰りつくことができた。

カラミニャンとの同盟は、七日間にわたり、豪華盛大をきわめた祭典を挙行して祝賀されたが、その時、ペグーの法王ともいうべき、モウナイ島のアイクスケンドー・ローリンが亡くなったという報知が伝わった。それですべての祝賀はたちまち中止され、すべての人々は悲嘆のどん底に落ちて、盛大な葬儀が挙行されることになった。三〇〇あまりの鳥籠に飼ってあった無数の小鳥が放たれ、幾つかの水鉢の中で育まれていた小魚が川に放たれた。というのは、この異教徒たちは、死んだ人々の魂はこれらの動物の体内に宿り、それらの動物が放たれて故人の霊魂を伴い、天上界に登って行く日を待っている、と信じていたからである。

ブラマー王は、シアムモンに対抗するカラミニャンとの同盟が結ばれたことは承知していたが、シアムモンもアワの王国を攻撃するに不適当な時節であったので、自分の乳兄弟を派遣して、ペグーから北東一三〇レゴアのサワディスを包囲させた。しかし彼の乳兄弟は大失敗をやって、われわれの主人ディオソライとともに、われわれポルトガル人が従軍していた軍隊の一部も粉砕されてしまった。

この潰走の間に、われわれは幸いにも夜陰に乗じて助かったが、惨めな放浪を続け、やっとのことである湖水の岸辺にある隠者の庵のような寺にたどり着いた。その寺の老僧がわれわれに二日の間、宿を貸してくれ、できるだけの歓待をしてくれた。彼はわれわれがまだサワディス王の領土内にいるということ、そしてその湖はオレガントールといい、「夜のはじまり」という意味であると話してくれた。また彼は祭壇に祀られている青銅の馬に手をおいて、次のような物語をした。昔、この湖のほとりにオクンシャレウと呼ばれる大きな街があった。アワ王がこの地を占領した時、捕虜にした男の子たちが成人した際、王からこの地を奪還しないように、その子供たちを皆殺しにしてはどうか、と僧侶たちが助言した。王はその助言を容れて、みな刀で斬り殺してしまった。ところがその翌日大地震が不意に起こって、街にはたくさんの落雷があり、それが因で街は全壊し、王をはじめほとんどすべての人が死んでしまったというのである。

われわれはやっとの思いで河に沿った道を進み続けた。結局のところ、一隻の船に救われ、その船はわれわれをペグー王国のコスミン村まで案内してくれた。そこでわれわれは神の御恵みにより一隻の船にめぐりあったが、その船はルイス・デ・モンタッロヨの持ち船で、まさに出帆せんとしていたところであった。このようにして、われわれはベンガル王国のシャティガン（シッタゴング）港に到着したのである。そこにはポルトガル人がたくさんいたが、私はすぐさま一人の商人のフォイスト船に乗込んだ。その商人はフェルナン・カルデイラという人で、私を無事にゴアまで送り届けてくれた。

私はゴアで、マラッカから先に来ていたペドロ・デ・ファリアに会った。私は彼に、マルタワンのシャウバイニャーの許に使節として派遣されてから、どんなことが起こったかをすべて報告した。彼は私に二―三の便宜を与えてくれた。しばらくして私は再び船に乗って南へと向かった。その時は、もう一度シナと日本で運命を試してみたい、幾度も幾度も幸運を失ったそれらの国で、かつて私がもった運よりももっとよい運を見つけることができないかどうかを確かめたいという意図であった。

7

私がペドロ・デ・ファリア所有のジャンクに乗ってマラッカに着いたその日に、ルイ・ヴァス・ペレイラが死んだ。彼はマラマケと呼ばれ、当時その要塞の隊長だった。私の便乗していた船はスンダ列島に行った。私はそこにしばらく滞在し、それから一七日後にバンタンの港に到着した。ポルトガル人は、いつもその土地で交易をする慣わしであった。当時その国中に胡椒が大変不足していて、それを買い求める目的で来たわれわれは一冬をそこで過さなければならなくなり、シナ行は翌年と決めた。その港に滞在して約二カ月経ったころ、ニャイ・ポンバヤという、六〇に手の届きそうな寡婦がやってきた。彼女はスンダ列島の王、タガリルの許へデマー王が遣わした大使という資格できたのでである。デマー王は、ジャヴァ、アンジェニア、バレ、マドゥーラの島々、およびその群島全体の皇帝で、スンダの王はその家来であった。彼女はタガリルに、ジャパラの街に六週間以内に出向いて、パッセルワン王国攻撃の準備をととのえるようにと伝えた。ところでデマー王国の王たちは、和平とか、条約とかが問題となる場合には、女性を通して、国家の大事を交渉する慣わしを持っていた。その理由は、彼らのいうところによれば、女だと交渉の相手方に対して、男ほど角が立たないし、ずっと愛想がよく、当たりが柔らかで、人々に快く感じられるからだそうである。

バンタンにいたポルトガル人四六人のうち、われわれをふくめて、四〇人がスンダ王の軍に加わった。というのは、彼らはわれわれの商売に特別の便宜をはかってくれたし、この戦に自分とともに従軍してくれるならば、大いにありがたいといったので、彼らに同行することを拒む理由がなかったからである。

スンダ王は、一五四六年一月五日にバンタンを発ち、一九日にジャパラの街に着いた。ジャヴァ皇帝兼デマー王が艦隊司令官パナルカを彼のところに派遣してスンダ王を歓迎した。それから一四日の後デマー王自ら二七〇〇隻の船を率いて、パッセルワン王国を攻めに行った。二月一一日、彼らはイカンドゥレー河に到着したが、大きな船は砂洲のため街から二レゴア離れたところまでしか行けず、そこで兵隊を下船させた。そして小さい艪船だけで港に碇泊中の敵船を焼き打ちに行った。

街はまたたくうちに包囲された。しかしパッセルワンの王はきわめて勇敢に防禦したので、攻囲はほとんど進まなかった。国境付近の数名の住民が、卵や家禽や病気の治療に必要な品々を街に運び込んでいるという情報が入ったので、兵隊に待ち伏せさせた。果たして九人ばかり捕まって、はじめの八人を拷問にかけると、残りの一人は第一回の拷問を見ただけで、早くも、「自分はポルトガル人だ」

と喚《わめ》きはじめた。スンダ王はすぐわれわれを呼ばせて、この哀れな男のいっていることが本当かどうかとたずねた。われわれはこの者が同胞に相違ないことを確かめて、「彼をわれわれにお下げ渡し下さい」と王に頼んだところ、快くきき届けてくれたので、われわれは感謝のしるしにスンダ王の足に接吻した。

「殿方と同胞のみなさん」とわれわれに向かって彼はいった。「私の故郷はペナマコルで、私の名はヌノ・ロドリゲス・タボルダと申します。私は一五一三年に軍隊に入り、軍艦聖ジョアノン号に乗り組みました。その時の艦長はルイ・ヴァス・ペレイラでした。私はいつも立派に振舞っていましたので、アフォンゾ・ダブケルケ——神よ、彼を神の栄光の中に受け容れ給え！——は、彼が当時インドに持っていた四隻の二本マスト船の中の一隻の船長に私をして下さいました。そして私は彼とともにゴア、マラッカの攻撃に従い、オルムズとカリクットの建設に従事したのです。私は、同様に、ロポ・ソアレス、ディエゴ・ロペス・デ・シケイラや、他のインド総督の統治をつぎつぎと受けました。で、とうとう総督ドン・ヴァスコ・デ・ガマの後を継いだドン・アンリケ・デ・メネセスの世になったのでした。彼の支配が始まるとすぐ、彼はフランシスコ・デーサと一二隻の船を送って、スンダ列島に堡塁を築かせました。それは、マジェランがイスパニヤ人のために発見した新しい航路を通って、その時モルッカ諸島に来ていたイスパニヤ人たちを怖れたからなのです。私はその艦隊の中で、二本マストの船、聖ジョルジェ号の船長でした。その船で、二六人の指揮者だったのです。私たちはビンタノの防波堤から出発しましたが、ちょうど、ペロ・マスカレーニャスがそれを壊した時でした。しかしリンガ島に着きますと、嵐に襲われ、やむを得ずジャヴァに向かったのです。そこで、わが軍の二七隻の櫂船のうち、六隻が難破しました。積み重ねた数々の私の罪業のため、私の船もその仲間に入っておりました。相棒の三人と一緒に私は海辺に投げ出されたのですが、その相棒は死んでいたのでした。人間なんて弱いものです。私は自分が不幸になり、故国からはこんなにも離れ、二度と自由の身になれる望みもないのを見て、遂にこの異教徒の邪まな宗教に宗旨替えをする気になってしまったのです。この国の指折りの領主が二人も負傷してしまったので、その繃帯を巻かせるために昨日私を呼びによこしたのです。こんな工合で、私はこの犬どもの手中に落ちてしまったのです」

われわれは彼をできるだけ慰めた。彼は異教徒の服を着ていたので、彼にもう一着の被服を与え、われわれの手許に預った。

その間に、デマー王は戦争の結着をつけようとして、総攻撃の準備をさせていた。ある朝、彼は領主たちを集めて、軍事会議を開いたが、意見がまちまちで、ひどい争論が起こった。その席上デマー王はあまり喋りすぎ、しかも幾分憤怒の気分もあって、喉がカラカラに渇いたので、彼は始終側に侍らせている一二—一三歳の小姓に、蒟醤《キンマ》〔胡椒科の常緑蔓木〕をくれと命じた。蒟醤というのは、おおばこに似た葉のある草で、彼らにはその草を噛む習慣があった。彼らの信ずる所によれば、それは呼吸を爽やかにし、胃の気分を清らかにするからだそうである。この小姓は、いつもこの草を金の箱の中に入れて持っていたけれども、この時、王のいったことが聞えなかった。というのは、彼は人々の喋っていることを面白がって聞いていたから。そこで小姓の傍にいた領主の一人が彼の着物をひっぱって注意した。小姓はすぐひざまずいて、王に箱を差し出した。王はそこから葉を二—三葉取り、別に怒りもしないで軽く小姓の頭を叩きながら、「私のいっていることが聞えないなんて、お前はつんぼかね」といった。このジャヴァの国民は、世界中で一番つまらない事を気にかけたり、二心を持ったりする者である。誰もこの仕種《しぐさ》に気を留めた人はいなかったけれども、小姓は、王様がこんなふうにして、永久に不名誉になる侮蔑を自分に示したものと思い込んでしまった。そこで小姓はやにわに帯のところに佩していた小刀を抜いて、王の左乳の真中を突きさした。こんなふうにして、王は「もうだめだ」といいながら倒れ、二時間の後には息を引き取った。

その小姓は拷問にかけられた。人々が彼の殺意に嫌疑をもったからである。しかし彼はただ自分はスラバヤの領主の息子なのに頭を叩かれたので、それに復讐したいと思っただけだといった。そこで彼は生きながら杙刺しの刑に処せられ、肛門から杙を突きこまれて、襟首の処からそれが出るようにされた。彼の兄弟、父、親属六二人も同じ刑に処せられた。このことが原因で、後にジャヴァの国や、バレ、ティモール、マドゥラの諸島で、いくつかの暴動が起こった。

死刑執行の後、王の遺骸をどうすべきかが討議された。ある一派はこの地で埋葬するのはパッセルワン人どもの権力下に遺骸を委ねることになろう、といい張り、他の一派は、彼の墓のあるデマーに遺骸を運ぶとすれば、そこに着くまでに腐り果ててしまって、彼の魂は天国に迎え入れられなくなるだろう、といった。とうとうわれわれポルトガル人の一人が、遺骸を石灰と樟脳をいっぱいに詰めた箱の中に入れ、一隻の船に土をいっぱいに盛って、その中に埋葬すれば、と助言した。このために領主たちは一万ドゥカットを与えて、そのポルトガル人に酬いたが、それ以上の経費が彼にかかってしまった。

そうしてから、スンダ王の軍隊はできるだけ静粛に乗船する準備にとりかかった。しかしパッセルワン人どもはこれに気づいて、その王はミニャムンディの油を塗った三万の軍兵を率いて街から出て、わが軍に襲いかかった。ミニャムンディの油というのは一種の香油で、その国の人々には、死を覚悟した時にそれで身体を摩擦し合う風習があった。そんなわけで、荷造りに没頭していたわが軍は散々な目にあわされてしまったが、とにかくわれわれの軍隊を乗せた船は出帆してデマーの街に向かった。そうして帰りつくとすぐ、偉い人々は新しいジャヴァの皇帝すなわちパンゲイランを選出することに心を向けた。パンゲイランというのは、大列島の総ての王や領主の上に皇帝たるべき人で、その大列島は中国人、タルタリー人、日本人、およびレキオ人の文筆家がいつも、ラテナ・ケンダウ、すなわち「世界の瞼」と呼んでいる土地のことである。しかし人々の意見がなかなかまとまらなかったので、兵隊たちは外国船と自国船との区別もしないで、船を掠奪しはじめ、ついで街を襲った。街は荒されたあげく焼かれてしまった。その後、その騒乱の主だった頭目どもは出航してそれぞれの家に逃げ帰った。こんな次第で、港にあった二〇〇〇隻の船はほとんど一隻も残らなかった。

8

そうしている間に、踏みとどまっていた領主たちは、スラバヤの君主を皇帝すなわち、パンゲイランに定めた。われわれポルトガル人はそこにいたので、スンダ王に、バンタンの港にいるわれわれの船に追いつくために行く許可を求めた。というのは、シナへの航海季節がきていたからである。王はわれわれの商品に対して一〇〇ドゥカット以上、この戦争で戦死した人々の相続人には三〇〇ドゥカットの税金を免除してくれた。これはきわめて寛大な君主にふさわしい施し物であった。その後、われわれはバンタンに行き、そこからシナに向かって出帆した。その時他の四隻も同行したが、われわれはパッセルワンで見つけたと記載したロドリゲスに伴われた異教徒のポルトガル人キアイ・ナコレルの寺院の婆羅門になっていたが、シナに行くとすぐまたマラッカに帰って、そこで一年間施療院に奉仕し、再びカトリックの聖なる信仰に帰った。

　われわれの五隻の船はシンシェオ（漳州）に着いたが、全然商売ができなかった。というのは、シナ人が当時話すことといえば、反乱と暴動のことばかりで、そのうえ日本人の海賊船が海岸に頻繁に出没していたからである。それ故、われわれはシァバケエの港に移動したが、そこに碇泊していた一二〇隻の海賊船が襲いかかって、五隻の船のうち三隻を壊してしまった。その際四〇〇人のキリスト教徒が殺されたが、うち八二人はポルトガル人であった。われわれは東風に邪魔されて上陸できなかったので、再びジャヴァへ行く決心をした。二二日の航海の後、われわれはプーロ・コンドール島を見出したが、それはカンボジア王国の砂洲から八度の距離にあった。ここで南の岸から吹いてきた暴風雨に見舞われ、漂流させられて、ついにリングワ島と並ぶ位置にまで流された。それからは潮流と悪戦苦闘をしてみたけれども、西南西の突風のために帆を使うことができず、ついに暗礁に乗り上げてしまった。われわれはすっかり意気消沈して、自分を救う方法を考えるどころではなかったが、われわれが水夫として連れてきたシナ人たちは一晩中大活躍して、翌朝までに楽に四〇人は乗れる筏を寄せ集めの板や梁木で造ってしまった。われわれは危険に瀕していたので、シナ人の水夫に一緒に乗せてくれと要求したのに対し、彼らはそれを拒否したので、彼らを単なる奴隷としか考えていなかったわれわれは憤慨して、二八人のポルトガル人が彼ら四〇人のシナ人に襲いかかった。彼らは斧をもってわれわれの剣に立ち向かったが、われわれはクレドス（信仰箇条）を三―四回唱える位の時間で彼らをみな殺しにしてしまった。しかし、われわれのうち二〇人の者は、その時生命を落した。こんな事件はめったにないものだが、これでもわかるように人間生活の悲惨は全くひどいもので、一二時間足らず前には、同じ船で兄弟のように助け合っていたものが、いまや仇敵のように互いに野蛮に殺し合ったのである。われわれはその筏の上に乗り移った。同勢は召使いや、数人の子供もいれて三八人であった。これは一五四七年クリスマスの土曜日のことであった。われわれは帆の役目をする一枚の寝台掛けを持って、幾度か首まで水の中に浸りながら、まる四日間食うものとては何もなく航海したが、五日目についに死んだカファール人奴隷を喰って五日間暮した。しかしそれからさき四日間は斃れていったポルトガル人を喰うよりは飢え死にしようと決心して、何も口にしなかった。われわれが陸地を見つけたのは一二日目の、諸王の日であったが、すでに七人のポルトガル人と四人の子供だけになっていた。

われわれは浜に上がって、牡蠣や海蝦で命をつないだ。すると、そこの所で海に注いでいた淡水の河路を木材を積んだ一隻の小舟が下ってきた。それにはネグロ人、ジャヴァ人、パプア人の男九人が乗っていた。彼らははじめ大変怖がって逃げ出したが、恐怖心が去ると、われわれに色々のことを尋ねたので、われわれは一部始終を物語って、どこへでも連れて行ってくれと頼んだ。そこで彼らはわれわれに武器を引き渡させ、それが済むとわれわれを自分たちの船に放り込んで、シェルボンという村に連れて行った。彼らはそこで、われわれをセレブレス（セレベス）島の商人に売り飛ばした。実のところその商人の処では、着物にも食物にも不足はなかった。彼はわれわれを一二ピヤストルでカラパの王に再び売り渡した。その王はわれわれを自由の身にしてスンダの港に送った。ジェロニモ・ゴメス・サルメントという人がそこに三隻の船と一緒にいて、われわれを大変歓迎して、船がシナに向けて出帆するまでわれわれに必要なものは何でも供給してくれた。

私は彼と一緒にシンシェオに発たないで、私にいくばくかの金を貸してくれた他のポルトガル人二人と、パタナの船に乗り込んだ。その船でシャムに行き、大そう運命の女神を悩ませたので、運命が私を過去と同じに取り扱ってくれるかどうかを見きわめようと思ったのである。

　われわれは二六日間で、普通にはシャムといわれる、ソルナウ帝国の首都オディアーに到着した。それから一カ月の間、私は友達が貸してくれた数百ドゥカットを商品に変えて、日本へ売りに行くことに没頭した。その時、シャムの王は、シアムマイ（チェンマイ）の王が、ティモコウホス人、ラオス人、グウェオス人など、カピンペルとパッシロコから上の方の北東部を占拠している連中と結んで、キティルアンの街を攻囲していることを知った。王はただちに公告を発し、老人や不具でない者、またその国から三日以内に退去するのを好まないかぎり外国人も、すべて命令一下出発できるように仕度をして待て、と命じた。ポルトガル人たちは、この国では他のいかなる国民よりも尊敬されていたので、王はその王国の知事、コンブラカランを派遣して、自分は一身の護衛をポルトガル人に委せるつもりだから、進んで自分に従軍してくれるよう、そうすれば数々の恩恵のほかに、この王国内に教会を建てることも許可しようと申し出た。このために、われわれは大変恩誼を感じ、一三〇人のポルトガル人のうち一二〇人が王とともに出発したほどであった。

　軍隊は船に乗り、航海九日にしてスロピセンという国境の村に着いた。そこからキティルアンまでは一二―一三レゴアの道程であった。軍隊はそこに七日間留まって陸路で来る象を待って、それが合流すると、すぐさま王は攻囲している敵兵どもを襲撃し、半時間もたたないうちに遁走させてしまった。ついで彼はギベンの女王に腕ずくで貢物をさせ、普通シアムマイといわれるシンジパモール湖の周りにある一二の堡塁を征服した。それから王はオディアーの街に帰り、そこで凱旋入城をした。その祝典はこの異教徒たちの習慣に従って一四日も続いた。

　その後、女王は王の留守中に王家の御用達と関係を結んで、妊娠四カ月の身であったので、王の帰還後、不貞の発覚をおそれて、牛乳をいっぱいにした器の中に毒を盛り、それを王に飲ませた。かくて王の死後、その遺志に従って彼の幼い息子が王位についたのである。

王の死で国民の間には悲しみが生まれた。というのは彼はかつて存在した最良の王の一人であり、われわれポルトガル人にとってももっとも良い気質の王であったからである。

人々は王を殺した毒が遺体を腐らせ、そのために魂が天国に行けなくなるのではないかと心配していたので、高価な香木の薪を山と積み上げ、その上で急いで遺骸を焼いた。それから遺灰を銀の箱に納め、それを一隻の船に乗せて、キアイ・ポートルの塔に運んだ。僧侶を満載した他の船が何隻かそれに従い、一〇〇艘もの小舟もその後に従った。それらの小舟には蛇、蜥蜴、虎、獅子、蟇、コーモリ、鴨、アヒル、犬、象、鳶、牡山羊、禿鷹、猫、及び他のいろいろな動物の形をした偶像が積み込んであった。その偶像の顔は喪のしるしに、それぞれの色の絹で蔽われていた。他の非常に大きな船に載せられていた「煙屋敷の深坑の貪食な蛇」は大樽のような大蛇で表わされていた。その大蛇は九つの輪にもつれ、頭を高くもたげ、口や両眼や胸からは焔が迸《ほとばし》り出ていた。また他の船では四—五歳のかわいい子供が台の上に乗っていた。その子は真珠、鎖、金銀細工を全身にまとい、両肩には純金の翼をつけ、手には短剣を持っていた。その子供は悪魔どもが王の魂を盗んで行かないように、それらをみな幽閉してしまうために天上界（神）から送られた天使を表わしているのであった。

王の遺灰のはいっている銀の箱が塔の中に安置されると、人々はすぐ小舟に載せられていたすべての偶像に火をつけ、騒々しい大きな叫び声を発し、大砲を撃ち、太鼓を叩き、鐘を鳴らし、そして小さなラッパを吹いた。これらの人形は藁で作られていたので、恐ろしいほど火の手が上った。その有様はさながら地獄絵図を見ているようであった。

それがすむと人々は家の戸締りをしてその中にひきこもり、一〇日の間、貧乏な人々が夜中奇妙な哀歌を誦して物乞いしながら往来するほかは、いっさい外出せず、どこも人通りがなかった。しかしその期間が終わると、家々の門や窓があけ放たれ、塔も家もみな綴織や絹の幡旗や、あらゆる種類の陽気な看板で飾られた。あちこちの街路には白い服を着た騎兵たちが見られ、彼らは新王を迎えた喜びに人々を誘った。このようにして人々は踊りや酒宴をはじめ、喜悦の神「キアイ・ファナレル」の祠に赴いて、それぞれの資力に応じて、贈物を献《ささ》げはじめた。若い王はその時やっと九歳になったばかりであったが、あちこちの街路に姿を現わした。そうして彼の母后が摂政となり、全官僚を統裁することが定められた。

今、ここにソルナウすなわちシャムの王国のことをつけ加えて話すことは、決して話題から外れてはいないように思われる。もしわれわれがそこを征服していたならば、今日われわれがインドに有しているあらゆる国よりはるかに有益であったに違いない。

その土地は非常に肥沃で、鉱山資源も豊富であり、貴重な産物にみちみちている。とくに蘇芳と黒檀は特産物で、それらの物産を、シナや、海南島、レキオ(琉球)、カンボジア、シャンパ(チャンパ)などに輸出するために、毎年、一〇〇隻以上もの船に積み込まなければならないほどである。国王はそれらに対する税を金貨で一二〇〇万も受け取っており、二六〇〇の種族を手なずけていた。もっともこれらの土民は、城砦といっては木の柵しか持っていなくて、生まれつき女のような街の住民たちは武器など一つも持っていなかったので、征服するのはたやすいことであった。

国王はいささかも専制君主ではなかったが、プレシャウ・サレウと僭称していた。すなわち「神の聖体」という意味である。そのためか、国王は年に二度しか人民の前に姿を現わさなかった。それも素晴らしく豪華に、凄く威厳をつけて現われたのである。しかしそれにもかかわらず、彼の臣民の船が取引先のシナの国に着岸できるためには、彼はシナの国王の家来であることを自認しないわけにはいかなかった。

第六章

1

ペグー王の宮廷にディオゴ・ソアレス・ダルベルガリアという一人のポルトガル人が仕えていた。その男はガレゴという綽名で呼ばれていた。彼は一五三八年にポルトガル王国を出発し、総督ドン・ガルシア・デ・ノローニャの率いる艦隊の一軍艦に便乗してインドに渡った。そうして一五四八年には、彼はブラマー（ビルマ）の王から二〇万ドゥカットの年金を貰い、王弟という肩書と、ペグー王国総督という称号を得ていた。征戦に際して、ブラマー王のしたことといえば、みな彼の進言によるものであった。

そのうちに、たまたま次のような事件が起こった。マンボゴアーというペグーの街の裕福な商人が、娘に婿を迎えたのである。当時、幸運の絶頂にあり、王国のどんな君主よりも高位に就いていたディオゴ・ソアレスが、お供を連れてマンボゴアーの家の前を通った。そこで彼は象を止めさせて、祝の言葉をマンボゴアーに贈った。老人はそれを非常に光栄に思い、花嫁を手にとってディオゴ・ソアレスの前に進み出で、ともどもに土下座して敬意を表し、あまつさえ花嫁が指にはめていた豪華な指環を外すように命じて、この「王弟」に贈ったのである。が、そのポルトガル人は生まれつき、多情淫乱な男だったので、やにわに女の腕を摑むと「こんな綺麗な娘を俺の手に落させないで、他人にくれてやるなんて、とんでもない！」といった。この屈辱には老人も黙っているわけにはゆかず、これを難詰した。それに対して、ディオゴ・ソアレスは答えず、自分の護衛隊長をかえりみて、「この犬を叩き殺しちまえ！」と命じた。この護衛隊長はトルコ人だった。この時、マンボゴアーは逸早く逃げてしまったけれど、駆けつけた新夫や、身内の者は虐殺されてしまった。その間、女たちは家の中で泣き叫んでいたのである。私はポルトガル国民の名誉のために、この事件の顚末をこれ以上委《くわ》しく記すのは気が進まない。その可哀そうな娘は、帯にしていた紐で首を縊ったというだけで十分であろう。

四年の間、マンボゴアーは一歩も外出しなかった。彼は悲歎と無念を極端に表わすために、ぼろぼろになった古い筵にくるまり、自分の使っていた奴隷たちに施し物を乞い、食事をする時は必ず真裸で横たわって、顔を地べたに向けていた。ペグー王国の王が替り、他の王になったことを知るや、彼は一目散にキアイ・フィンタレウの祠堂に馳せつけた。それは「苦しめられた人々の神」であった。その時にも相変わらず筵にくるまり、首には一条の太い縄をかけ、長い白ひげを帯のあたりまで垂れていた。彼はその神像を壇からおろして腕に抱き、民衆に語り始めた。その結果何千人もの人々が王宮におし寄せ、ディオゴ・ソアレスの命をよこせとわめき騒いだ。最後には王もディオゴ・ソアレスを彼らの手に委ねてしまった。こうして彼はバラバラにされ、首と胴は路上を引きずり廻された。また彼の家は掠奪をほしいままにされ、彼の下僕や奴隷どもは拷問にかけられ、都合七人のポルトガル人が惨殺されたのである。運に恵まれて最高の位に就き、しかも自らの罪で恥をさらしながら殺されていったこの男の最期はざっとこんなものであった。

それゆえ、私は一五五二年以前にペグーに起こったいろいろな騒ぎについては話したくないのである。その間、私は日本に行っていたのだが、その時の同行者は、ジョルジェ・アルワレスという名の、エスパダ・シンタのフレイクソ生まれの人であった。

二六日間かかって、われわれはガンシロというところに到着した。そこはタニクスマ（種子島）という島にあるのだが、われわれはそこにはほとんど滞在しなかった。というのは、その翌日すぐに、豊後の国の首都フシェオ（府中）に向かって出航したからである。

われわれはフシェオ（府中）で非常な歓待を受けた。たとえ、殿様がわれわれの滞在中にフカラン殿に殺されなかったとしても、これ以上の歓待を受けることができたかどうかわからないくらいに歓待された。フカラン殿は豊後の殿様に自分の娘とアシラン殿との結婚の仲人をしてくれるように頼みに来ていたのである。アシラン殿というのはアリマ（有馬）の殿様の甥であったが、伯父たる有馬の殿様に虐待されていたので、豊後の殿様の邸に居候をしていたのである。そうこうしているうちに、有馬の殿様が死に、アシラン殿が後を嗣いで、領主の位についた。それだけになおいっそう、フカラン殿はこの縁組を重く視たわけである。ところが彼の娘はある若い貴族を恋していた。その貴族はグロジェ・アールンとかいう人の息子で、われわれの国でいえば、平男爵《ひら》といったぐらいの人である。娘はその若者に自分を掠奪させて、彼女の伯母が住職をやっている尼寺に運びこませてしまった。翌日、父は娘のいないのに気がつき、まず邸にいる一〇〇人もの下女の首を斬らせた。その口実は下女たちこそこの駆け落ちの加担者であるというのであった。それから彼は、娘が隠れていそうな数軒の屋敷を捜索させてくれるように殿様に願い出たが、殿様はそれを許さなかった。日本人のこういった人々は自分たちの名誉に関することであるかぎり、世界中のどんな国民よりも気難しいのである。そこでフカラン殿は殿様の許しを得られなかったことに非常に腹を立て、殿様の禁止をも顧みず、娘がいるのではないかと思われる屋敷に、自分の両親の加勢をも得て、是が非でも闖入しようと企てたのである。そのため大騒動が起こり、一夜にして一万二〇〇〇人以上の人々が殺されてしまった。殿様は護衛隊を引き具して駆けつけ、その騒動を何とか鎮圧しようと努めた。だが、フカラン殿とその一族郎党はかえってその憤怒の矛先を殿様に向け、殿様の従者共に襲いかかり、ついには殿様さえも弑《しい》し、さらに奥方や姫君三人をはじめとして五〇〇人以上の女まで殺してしまった。暴徒はとうとう街の六―七カ所に火を放って、たけり狂う風に大火はあおりたてられ、そのためわれわれポルトガル人は船に退避しなければならなかった。船の錨を海中に下したままで、われわれが助かったのは正に奇蹟のようである。

その翌日、暴徒共はカナファマ（金浜？）と呼ばれる丘の上に退却し、新しい殿様を擁立する目的で、そこに城を築いた。新しい殿様というのは、フカラン殿も槍を喉に受けて死んでしまったからである。

殺された殿様の息子、若殿はフシェオ（府中）から七里のところにあるオスキ（臼杵）の城にいた。彼は家老の進言をとりあげて、近侍の者たちに警笛を吹かせた。ここで知っておかなければならないのは、日本王国の昔の習慣によると、住民すべてが海の貝殻で作った笛（ほら貝）を家の中に持っていなければならなかったということである。そして一揆が起こると一回、大火事の時は二回、盗難の場合は三回、謀叛の際には四回、吹き鳴らす義務があった。そしてそれを耳にした者は誰でもみな同じように、自分も吹き鳴らさなければならなかった。謀叛の合図などというものは、そうありふれたものではないので、それが鳴り響くと、国中の人心はいたくどよめいた。大そう多勢の人々が、この若殿の合図に集まった。こうして七日の後には、若殿が軍勢を率いてフシェオ（府中）に赴いたのでである。

　彼が第一に気を配ったことといえば、二晩続きの父の葬儀をとり行なうことと、自らを領主として宣言することであった。それを済ませてから、彼は領民の助けを得て、叛徒を攻撃に出掛けて、彼らを皆殺しにしてしまった。

　一方、われわれの方はというと、そこから九〇里ばかり離れたカンゲクスマ（鹿児島）の湾にあるヤマンゴー港に行った。しかしそこでは何も売ることができなかった。そのわけは日本のこの（九州）島では港という港、入江という入江はミナト（湊）、タノラ（田ノ浦）、フュングワ（日向）、ファカター（博多）、アングネー（阿久根）、ウブラのように、シナ船でいっぱいになっていて、しかもそこでは商品取引はきわめて安価に行なわれていたからである。シナで一〇〇両も出して買う一ピコの絹がそこではたった二八両か三〇両しかしていなかった。しかし幸いなことには、われらの主（キリスト）がご自身だけご承知の理由から、ものすごい大暴風雨をお起こしになって、これらの船をみんな沈め給うたが、それは一二月の新月の時、すなわちその月の五日のことであった。沈没してしまった船のうち、二六隻はポルトガル船で、他のキリスト教国の船も数隻沈んだ。それ故、助かった一〇隻ないし一二隻の船は自分たちの望む値で商品を売ったのである。私の乗っていた船も助かった船の仲間であったことはもちろんである。

　われわれは他の積荷を買い込むと、「諸王の日」（一月六日）の朝出航しようとした。しかし、われわれが錨を上げ、前檣を用意し終えたばかりの時、大帆の何本かの帆桁が折れ、そのために大帆架が船壁に落ちて、四つに砕け散った。そんなわけで、われわれは港に戻り、大ボートを陸に送って大三角帆桁と大工を探さねばならなかった。

われわれはその土地の代官に贈り物をしたお蔭で、破損箇所はその日のうちに修繕することができたが、錨を上げようとしていた時、錨索が切れてしまった。それはわれわれに残されていた唯一の錨だったので、またしても潜水夫を探さねばならなかった。一〇ドゥカットもらった潜水夫たちが、一〇尋の深さに潜って錨に綱を結びつけ、こうしてわれわれはやっとの思いで、その綱を上に引き揚げたのだが、これでまた丸一晩つぶしてしまった。

ついに帆架に帆をかけることができる日が来たが、またもや一陣の風が不意に吹いて、われわれは今にも暗礁に乗りあげようとし、すんでのところで、あえない最期をとげるところであった。われわれが何とかして暗礁のある辺りから逃れようとしていた時、三人の武士が海岸に現われ、われわれに手ぬぐいで合図をした。私は、他の三人と語らって逃亡してしまった私の奴隷の一人のことで、武士たちが何か報せてくれるのかと思ったので、私をボートに乗せてくれと、ジョルジェ・アルワレスに頼んだ。ボートは武士たちの合図が何のためのものかを知るために海岸に向かって漕ぎ出させようとしていたものであった。海岸につくと武士たちの中で、頭《かしら》と思われるのが、私に対して非常に感動的なやり方で歎願するのであった。「どうか自分たちも一緒に連れて行って欲しい」と。そこで彼らを小舟に乗せてやると、ちょうどその時、一二三人の武士が駆けつけて来て、アンジロウ（安次郎？）という名のこの日本人を、自分たちに委せてくれという。だが私はアンジロウをその朋輩と一緒にわれわれの船に連れて行った。船には、われわれのこれからの長い航海に必要なものがすべて、ポルトガル人たちによって用意されていた。

2

われわれは、ヤマンゴーの川とカンゲクスマ（鹿児島）の入江とを一五四七年一月一六日に出発した。神の御意に召してか、順風に恵まれて、一四日の後シンシェオ（漳州）の見えるところに到着した。しかし港の入口に一隻の海賊船がいるときいていたので、ラマウに行き、そこからマラッカに着いた。

われわれはそこで神父フランシスコ・シャヴィエルにあった。師は耶蘇会《イエズス》インド分会の総長で、モルッカからほんの数日前にこの地に着いたばかり。しかも師が大奇蹟の数々を行なうのを見たために、人々が師に与えた称号、〝聖人〟という嘖々たる名声を持ってきたのである。この聖人はわれわれが二人の日本人と同道していることを知ると、すぐさまわれわれ、すなわちジョルジェ・アルワレスと私とに会いにきた。日本人の一人は家柄のよさそうな人で、彼の国の法律や慣習に非常に精しく通じていた。コスモ・ロドリゲスとかいう人の家にわれわれを訪ねた師はわれわれが連れてきた（日本）人のいうことが聞けたら何よりだといわれたので、われわれはすぐさま彼を探しに出掛けた。

師は彼をインドに同行し、ゴアでキリスト教徒にした。そして彼にパウロ・デ・サンタ・フェという名を与えた。その日本人はゴアで読み書き、およびキリスト教の教義をすべて学んだ。この聖神父は日本へ行って、〝生ける神の子、罪人のために十字架の磔にされたイエス・キリスト〟という、師が常に口にしていた言葉を説教したいと思って、その異国人が、彼の仲間でやはり洗礼を受けてジョアンと呼ばれた者とともに、神父の通訳を勤めてくれると考えていたのである。二人とも、しだいに神父には忠実に、神の奉仕には従順になっていった。

シャヴィエル神父がドン・ジョアン・デ・カストロのなかだちで日本への旅をしている間に、マラッカの長官、シマン・デ・メロは総督に手紙を出して、この聖人が自分の前で行なった予言を知らせた。私にはここでその予言を報告することが適当であるように思われる。

一五四七年一〇月九日、午後二時、艪兵を算に入れずに、五〇〇〇の軍兵を擁し、七〇隻の船舶を有するアシェン王の軍隊がマラッカの港に上陸した。そうしてその軍隊は、ひどく雨の降っていた夜陰に乗じて街の囲壁を乗り越えようとした。しかし神の加護で、うまくこれを防ぐことができ、敵軍は五―六隻の大船に火を放ち、肉豆蒄《にくずく》の実とマシを積んだ一隻の船を分捕っただけで退却した。それはポルトガル王の船であった。

ところが街中に湧き起こった大きな叫び声のために、城塞の中は混乱と狼狽の坩堝《るつぼ》と化した。シマン・デ・メロは三隻の船を偵察に出し、その船の報告によって、夜の間に襲来したのはまさしくアシェンの軍勢に相違ないことが判明した。果たして夜が明けると、湾の中に絹の幡旗を立てた多数の帆船、艪船が確認された。長官（シマン・デ・メロ）は彼らを驚かすために、重火砲を数門発砲させた。そこで彼らは三分の一里ばかり、ウペ島の岬の方に退却して、艪に手をかけたまま夕方近くまで待ち、自分たちが大勝利を得た時のような喚声や歓呼の声をあげた。そして彼らはそこで、漁師とその妻子たち七人を載せて釣から帰って来たパラオ船一隻を分捕り、軽蔑のしるしとして、七人のうちのある者はその耳や鼻を、他の者は足の指を切り落された。彼らは、その七人を自分たちの血で書いた手紙と一緒に送りかえしたのである。その手紙の内容は、

「我はラジャのセリビヤヤ・プラカマの息子ビヤヤ・ソーラなり。我は父の名誉のために、大ス

ルタン（トルコ皇帝）アララディンの米を黄金の箱の中に特別に保有せる者なり。我はメッカの聖屋の香煙立ち昇る香炉なり。しかして、アシェン並びに二つの海の国々の王なる我、ビヤヤ・ソーラは、これを汝の王に知らしめんがため汝に知らしむ。我、汝の王の意に反するも、その王の海にて我の望むかぎり、いつにても漁せんと欲す。我はかの海にていこい、そこにて我が叫び声にてかの王の城塞を怖れしむ。またその証《あか》しに、月より天に至るまで、他のすべての要素もろとも我かの地とその住民をとらんとす。そは、汝が王は征服せられ、名誉を失いて死し、その軍旗は倒されて、勝利を獲る者の許しによるにあらざれば、再び建つることを得ずと、我確信すればなり。これ、世界を征服せる者の下における如くわが王の足下に汝の王の頭を置き、爾後我王の奴隷たらしむる理なり。されど、我、汝をしてこの真なる理を自らの口にていわしめんがため、もし汝わが計画に反対せんほどに勇敢ならば、我現在の所より、汝に戦を挑まん」

その七人の可哀そうな下人どもがみな血まみれになり、醜い顔にされて街に来ると、彼らはすぐ城塞に連れていかれた。そこで長官は全員を前にしてその手紙を読んだが官僚たちは彼ら流に戯談をいい始めた。しかし、そうしているうちに神父シャヴィエルがいつものように、ノートル・ダム・デュ・モン寺院にミサをあげてからお着きになったので、長官は立ち上がって出迎えた。それから表面は微笑を浮べているような顔で、いま受け取ったばかりの手紙など大して気にもとめないというふうを示しながら、シャヴィエル師に次のようにいった。

「神父様、敵の奴は今、私にこんなふうに挑戦してきました。神父様は、これについて、どのような勧告を下さるでしょうか」

「閣下が私の意見を求められている以上、申し上げましょう。この事件は決して笑い種にして済まされるようなものではありません。したがって、出撃してもこちらの海岸でただ敵に向かって遠吠えしている、などということのないような軍隊を創ることに思いを致さねばなりません」

「ご意見まことにごもっともと思われます」と隊長はいった。「しかし神父様はわれわれには、もはや小ガリー船たった四隻しかないことをご存知でございましょう。それもあんまりボロ船なので、ただ船腹の割れ目につめ物をして、水が漏らないようにしようとするだけで、新しく造船するよりもずっと多く時間がかかってしまうのです」

これに答えてシャヴィエル師は、「船を修繕するだけでよいのなら、神と王との名誉のために、私がそれをお引き受けしようと思います。ただそればかりではなく、私はイエス・キリストに仕える人々と一緒に一身を捧げて、十字軍の敵どもと闘いに参りましょう」

これをきいて長官は神父の手をとり、一緒に港へ降りて行った。そこには味方の小ガリー船が六―七隻とカッターが一隻しかなかったので、長官はこれを見て、さっそく船大工ドゥワルテ・バレットを呼び、できるだけ早く船腹の割れ目につめ物をせよと命じた。しかし大工の答は、倉庫の中には、釘も、つめ物も、布も、閣下が命令されたことをするのに必要なものは何一つないというのであった。

その時、神父は喜ばしげな声でこう叫んだ。

「悲しみなさるな。同胞《はらから》よ、殿方よ。神はわれらとともに在《いま》します!」

自分の周りにいた七人の富裕な立派な人たち、すなわちそれらの船の船長たちを見て、「わが友よ」と神父はいった。「あなた方一人一人がみな一隻ずつ、これらの船の世話をして下さい。このことは、われらの主、イエス・キリスト様のために是非必要なことなのです。あなた方のお骨折に対して、お受け取りになる報酬は一〇〇倍になりましょう」

そこで船長たちはおのおの一隻の小ガリー船に一〇〇人以上もの人を取りかからせた。そんなわけで、一カ月かかるところが、たった五日でできてしまったのである。

シマン・デ・メロは、自分の義兄弟、ドン・フランシスコ・デーサをこの艦隊の司令官にした。シャヴィエル師も、この征伐には必ず一員として参加しようと決心していたのであるが、ミゼリコルデの修道協会員や、一群の住民たちが押しかけてきて、マラッカを離れないようにと歎願したので、そのありさまに心うたれた神父は総督の要請もあってマラッカを離れなかった。

八日後には一八〇人の精鋭より成る軍勢が整った。七隻の軍艦の艦長は、ドン・フランシスコ・デーサ、その兄弟のドン・ジョルジェ・デーサ、ディオゴ・ペレイラ、アフォンゾ・ジェンティル、ベルシオル・デ・シケイラ、ジョアン・ソアレス、ゴメス・バレットであった。小カッターは孤児の裁判官、アンドレ・トスカノの指揮下にあり、斥候の役を勤めることになっていた。さて、出撃の日、司令官が出帆すると、その小ガリー船が沈没した。乗組員のうち数名が辛うじて救助されただけであった。兵士たちはこのことに非常に驚いて、勇気もくじけてしまったようであった。「シャヴィエル神父は、六〇隻の艦艇に対するに七隻の小艦、五〇〇〇の敵に一八〇人の味方を派遣せよなどと、気違いじみた進言をしたもんだ」と数名の兵士は大声でわめいた。艦長たちも、こうした兵隊たちをうまく黙らせることはできなかった。そのなりゆきを見て、城塞の長官は、すぐにノートル・ダム・デュ・モン寺院に聖人を探しにやった。寺院では、聖人がミサをあげていた。使いの者が着いたとき、ちょうど神父は「われ、その任にあらず」の言葉を捧げていた。神父は使者に邪魔をしないようにと合図をして、聖体を拝受し、淡々として勤めを了えた。それからおもむろに聖器所の中で衣服をかえて、師は城塞の下に赴いたのである。

「神父様にお願い申し上げます」とシマン・デ・メロは叫んだ。「あの部下たちのいうことをお聴き下さい。そして彼らに、私に罪がないということをお説き下さい。私には、彼らの口を閉ざすことができないのです」。神父は答えた。

「何ですか。あなたはこんなつまらぬことで驚いておられるのですか」

いい終わるや、神父は艦長や兵士たちやみなの者を抱擁し、聖書にある幾多の例を挙げて激励したのである。そしてみなから離れた所に行って、シマン・デ・メロと一緒に坐った。その間に、税関の書記のバルテザール・リベイロがみなの意見を書きとめた。ところが異口同音に、自分たちが神に誓ったことは決して取り消さない、と言明したことが判明した。そのため神父は大そう彼らを称揚し、失った小ガリー船の代わりに、ほんのしばらくの間に二隻は取り戻すであろうと予言した。シマン・デ・メロは全艦長に城塞で食事をするように勧め、一方神父は施療院に病人の世話をしに出かけた。

日没一時間前、北の方に二つの三角帆が現われるのが見えた。その二隻の小艦には、僚艦から離れて、ペグーに行っていたディオゴ・ソアレス・オ・ガレゴと、その兄弟、バルテザール・ソアレスの指揮下にある六〇人のポルトガル人が乗っていた。神父シャヴィエルはこの報せを受けると、すぐさま船中のディオゴ・ソアレスの許に案内させた。そこで神父はドン・フランシスコ・デーサの遠征隊に参加するように頼んだのである。ディオゴ・ソアレスは、「喜んでそう致しましょう。しかし、そのためには港に上陸して、武器、糧食を用意しなければなりません」と答えた。そして彼は神父に、「自分の持っている商品に税を納める義務を負わせませんように、通行証を下しおかれますように」と頼んだ。神父はそのことを快諾した（もっと先に進まないうちに、私は次のことを明らかにしておかなければばならない。すなわちこのディオゴ・ソアレスは、さきに述べたペグーで殺された人物と同一人物なのである。それ故、私がここで語ることは、彼の死ぬ前の出来事である）。

このような次第で、ディオゴ・ソアレスはドン・フランシスコ・デーサの軍隊とともに、一五四七年一〇月二五日の金曜日に出発した。四日の後、軍隊はマラッカから六〇レゴア〔一レゴアは六・六キロメートル〕のプーロ・サンビランに到着。そこで、ドン・フランシスコはそれより前進してはならないとの命令を受けたので、軍隊はその地に駐屯した。

その軍隊は逆風のため、結局、そこに二三日の間釘づけにされてしまった。一カ月分の糧食しか持っていないのに、出発してからもう三六日も経っていた。それ故、兵隊たちはもはや食べるものがなかった。それで、ジュンサランや、タナウサリンに食物を探しに行かなければならなかった。その途中、ケダー王国のパルレス河に立ち寄り、給水をし、漁師のパラオ船を捕えたが、それによって、ほんの少し前にその王がパタナに逃げたということを知った。その原因はといえば、パルレス河の中に堡塁をつくって、ベンガルからマラッカへ行くポルトガル船を待ち伏せしているアシェンの大軍であった。

われわれの司令官はこの種の情報を得たことに大そう喜悦して、祭礼服を着、艦上に軍旗を掲揚させ、全軍の大砲を全部打ちならさせて、食物の配給量を上げた。彼は三隻の小船を偵察に出した。船は河を遡り、奇襲によって敵船三隻を捕獲した。敵船の方がずっと上等だったので、わが軍の兵士はその船に移乗して、自分たちの船を焼いてしまった。

全乗組員の生き残り六人の捕虜のうち一人を残して彼らは何もいおうとはしなかった。だが、鞭で打たれたり、冷酷にも豚の脂や、スペイン蠟で火炙りにされたので、そのうちの二名は死んでしまった。他の者もこれを見て口を割ろうと決心した。彼らはわれわれに「アシェン人どもは、わが軍の大砲の音をきいて、攻撃の準備をしている」と知らせた。事実、敵の艦隊はその翌日姿を現わした。それは日曜日のことであった。

前衛には、三隻のトルコ人の帆船と、軍司令官たるペーディィル王坐乗の小艦。その後には、艪船六隻の船列九つと、舳に数門の小火砲と軽砲とを装備した多数の小ガリー船が従った。水流は敵に有利で、しかも敵艦はよく装備されていた。敵艦が軍歌に合わせて、艪を漕ぎつつやって来ると、敵のすべてのものは、その囚人たちの叫び声に和して、あたりに大恐怖をひき起こした。

敵の帆船団は、三隻の小ガリー船からなるポルトガル船列の第一列に発砲してきた。だが彼らの狙いは上すぎたので、何の損害も与えなかった。むしろジョアン・ソアレスの小ガリー船の放った大砲の弾が、ペーディィル王の乗っていた船を撃沈してしまった。敵の帆船は、王を救おうと集まってきて、王を溺死から免れさせた。しかしそれらの帆船は三隻とも混乱し、その上、第二船列が水流に流されて、その中に飛び込んできた。これを見て、ポルトガル人は大砲の一斉射撃を行なったが、それがみな命中して、敵側は混乱の極に達した。そんなわけで、血腥い戦闘が終わってみると、敵艦九隻は海の藻屑と化し、わが軍は敵を制圧しており、難を逃れた敵艦はやっと三隻ぐらいであった。

この勝利の報せに、逃亡していたパルレス王は大至急約五〇〇人の人間を糾合した。そしてそれらの人々とともに、アシェン人の建てた柵壁の中に突撃、敵がそこに残していた二〇〇人の病人を最後の一人まで殺してしまい、自分の方から持って行かれた鹵獲《ろかく》品を奪回、アシェン人どもが奴隷にしていた部下二〇〇〇人を救出した。

あいにくと、水夫の数が足りなかったので、ドン・フランシスコ・デーサは敵船の大部分を焼き払わねばならなかったが、彼は三隻の帆船を含む二五隻を残した。

この間、マラッカでは、フランシスコ・シャヴィエル神父が、敵との戦闘におもむいた人々のために、われわれの聖なる誓についてお祈りを捧げていた。しかし一五日か二〇日も経つと、流言がひろがりはじめた。人の口の端にのぼったことは、セランゴールから来た船が、「わが軍は粉砕されてしまった」とビンタン行の他の船に伝えたというのである。そのため、長官シモン・デ・メロは大そう評判を落し、このことがもとで、彼は外出する元気さえも失い、教会にも行かなくなった。そしてシャヴィエル神父が信者たちに、わが遠征軍の幸ある成功のために「われらの父」や「アヴェ・マリア」を誦えなさいとすすめると、大勢の人々は膝をつきあって、あざけりの言葉を交し合った。「あの人たちと聖油を受けた人々のうち助かるものはごくわずかしかいないにちがいない」また「お前たちが、もし何時の日にか、彼らに会えるならば、お前たちは、十字のしるしを切る（感謝を捧げる）がよい」などと。

同じ年の一二月六日の日曜日、神父は説教の終わりにあたって、頭を説教壇につけた。その有様はあたかも疲れ果てた人のようであった。が、突然、満面に喜悦の色をたたえて立ち上がり、列席者の方に顔を向けて叫んだ。「みなさん、〝われわれの父〟と〝アヴェ・マリア〟をお唱え下さい。私たちの父なる神が、わが軍に与えられた勝利の謝恩の祈りを捧げるのです」。この言葉にもかかわらず、次の金曜日に、ドン・フランシスコ・デーサの派遣した船が勝利の報せをもたらしてはじめて、みなは勝利を知ったのであった。思うに神はこの気高き神父に、何が起こったかを啓示されたのである。

3

このようにして、神はかの幸多き奉仕者を援助した。しかし、いまその神父がゴアに着いた時どうしたかを、われわれは語らなければならない。

神父は四月になったら、すぐに日本へ出発したいと思っていたが、インドにある耶蘇会《イエズス》の大学総長という職務が神父に課していた諸々の義務のために、そうすることができなかった。またドン・ジョアノ・デ・カストロ総督が一五四八年六月にゴアで死んだことも、その原因であった。神父は新総督ガルシア・デ・サーから一五四九年四月に急報を受け取り、まずマラッカに渡った。しかし、真夏（夏の聖ヨハネ日）もすぎた頃になってから、やっと彼はそこでシナの私掠《しりやく》船の小舟に乗込むことができたのである。

聖母昇天祭（八月一五日）の日に、彼は日本のカンゲクスマ（鹿児島）のある港に上陸した。そこは、パウロ・デ・サンタ・フェと呼ばれていたアンジロウの生まれた土地である。殿様は彼を大歓迎し、多くの坊主どもの意に逆らって彼を引き立てた。神父はその地で八〇〇人を改宗させた。その八〇〇人の人々は神父がパウロ・デ・サンタ・フェの嚮導下《きょうどうか》に委せておいた人々で、パウロは五カ月の間、彼らの世話をしていた。後に、アンジロウは坊主どもの迫害のために、シナに移り住まなければならなくなり、かの地でリァンポー（寧波）の王国の盗賊に殺されてしまった。

その間に、シャヴィエル神父は北の方のフィランド（平戸）の国に行った。そこにカスチリヤの国籍を持ち、一五四四年に新イスパニヤの副王が派遣した艦隊に兵隊として乗り組み、同じカスチリヤ人でコルドヴァ生まれのジョアン・フェルナンデスと一緒にモルッカにやってきていた神父コスメ・

デ・トーレスを残して、シャヴィエル師は、日本全国でもっとも東にある島の中のミオコ（ミヤコ）の街京都へと出発した。そこには、日本の法王ともいうべきクブンサマ（公方様）が住まっていた。この旅でシャヴィエル神父は幾多の辛苦に耐えねばならなかった。その辛苦とは、北緯四〇度に位するこの国の風土の、ほとんど耐え難い寒さであった。また外国人は貢物を納めなければ、その街に入ることができなかった。したがって金を持っていない神父は、道を歩いている時に一番初めに逢った身分の高い人の従者であると自分を思わせたり、人の馬の後を従僕のように走ったりしなければならなかった。こんなことも、寒さに劣らず辛いことであった。われわれの貨幣の六〇〇ドゥカットにあたる、一〇万カイシャスが無かったので、神父はクブンサマ（公方様）に近づくことができなかった。その上、ミオコ（ミヤコ）では、人々の不和や、戦乱のために何の成果も得られなかった。そこで神父はそこから一八レゴアのシカイに移り、船に乗ってフィランド（平戸）の国へ行き、コスメ・デ・トーレスと再会したのである。

フィランド（平戸）の国に数日滞在してから、オマングシェ（山口）の国に赴いた。一五五一年九月五日にその地に着き、数カ月の間に三〇〇〇人以上の人を改宗させた。ついに神父は、一隻のポルトガル船が豊後の国に来て、人をやって代官《カピタン》に頼み、自分をその船に乗せてインドへ連れ帰ろうとしている、という噂を聞いた。神父はフシェオ（府中）の街に行くため出発したが、途中、ピンラサウという所で頭痛のため先へ進むことができなくなった。それに徒歩で六〇里も歩いたので、両脚が腫れ上がってしまったからでもあった。

ドワルテ・ダ・ガマという人と三〇人のポルトガル人たちはその報せを受けるや、すぐ神父を探しに行った。私もそのポルトガル人の中の一員だった。一行は二人のキリスト教徒を伴ってやってくる神父に出会った。その二人のキリスト教徒は、オマングシェ（山口）の国でもっとも身分の高い人たちで、一カ月前に改宗していたのである。そのためオマングシェ（山口）の殿様は、二人がそれぞれ与えられていた年金二〇〇〇両を没収してしまった。さて神父は徒歩で、肩には一つの荷物を担いでいた。その中にはミサを行なうのに必要なものが入れてあって、二人の同行者がときどきその荷を担いで、神父を助けていた。そこへやってきたわれわれは立派な馬に乗り、祭礼の服を着ていたので、神父がこんなみすぼらしい身装りをしているのを見て、しばし呆然としてしまった。だが、神父はわれわれの馬を一頭も受けようとしなかったので、神父の意志ではなかったけれども、われわれも徒歩でお供をしなければならなかった。

われわれが船の投錨しているフィンゲ（日出《ヒジ》）川に着くと、神父に敬意を表して大砲が斉射された。その音は周囲にある岩の洞穴のために大そう大きくなったので、ブンゴ（豊後）の殿様は、そのあたりの海岸にいるという噂のあった海賊船団とわれわれとが戦っているものと思い、一人の貴人をわれわれの許に遣わして「いったい何事なのか」と尋ねさせたぐらいであった。ドワルテ・ダ・ガマは彼に、「われわれはシャヴィエル神父の到着を喜んでいるのです」とだけ答えた。その貴人は帰って殿様に「あのお方は聖人に違いありません」といった。というのは、われわれが神父の到着に示した態度は、ちょうど金や銀の地金を積んだ自国の船を見つけた時のようであったからである。このため殿様（大友義鎮《よししげ》）は神父に会ってみようという好奇心を起こし、フシェオ（府中）にある御殿へくるよう、神父を呼びにやった。

この会見をするには、神の名誉のために、できるかぎり最大の準備をしなければならないと決定された。そこでわれわれは船の大ボートと、軍旗や絹の旗をなびかせた二隻のマンシュア船に乗り、船上にオーボエ吹きを乗せて交替に吹奏させた。あまりのもの珍しさにこの国の人々は非常に驚いて、群衆が船着場にひしめき合い、われわれは大変な苦労をして、やっとの思いで船着場の地面に足をつけるという有様であった。神父は殿様の遣わした駕籠に乗ることを欲せず、着飾った三〇人ほどの青年を従えて御殿に赴いた。神父自身は黒い呉絽の法衣をまとい、その上に白衣を着、金襴の刺繡のしてある緑の襟垂をつけていた。その後に進む船長は、手に商館長の杖を持っていた。その後には、商人の中でもっとも富裕で、もっとも位の高い五人の者が続いた。彼らはみな神父の従僕の体《てい》よろしく次のようなものを持っていた。最初の者は、白繻子の袋に神父の本を持ち、次の者は、黒ビロードの上靴を持ち、三番目の者は、金をちりばめてあるベンガルの籐杖を持ち、四番目の者は、菫色の緞子の中に、聖母マリアの像を持ち、最後の者は小さい日傘を持って徒歩で歩いていた。このような身装りをして、われわれは街の九つの目抜き通りを縦列をなして進んだのである。

フィンゲイン殿（殿様の護衛隊隊長）は六〇〇人の部下とともに、御殿の第一の中庭で待っていて、われわれをずいぶん長い廊下へと招じ入れた。その廊下で例の五人の商人は跪いて、神父に前述の品々を捧げた。これを見て、そこに居合わせた貴人たちは大そう驚いた。それからわれわれは大広間の中に進んだ。そこには繻子と緞子の着物を着た貴族たちが大勢いた。彼らは金の板金で蔽われた大刀を脇に佩用していた。その広間で一人の子供が進み出て、神父に折目正しく挨拶をした。われわれはこの子供があんまり幼いのでたまげてしまった。次の部屋では、数人の若い貴人が立ち上がって、グロメナール（叩頭）をした。それは三度ずつ頭を地につけるというお辞儀であって、これが最大の敬意を表する挨拶である。それからわれわれはオレンジ（蜜柑）の樹のある廊下を通り、前のと同じ長さの広間の中に入った。そこには殿様の弟、ファシャラン殿が神父を迎えに来ていて、次の間へと案内した。その部屋で彼ら二人は、「殿様の部屋へ来るよう」といいに来るまで、立ったままで話をしていた。

殿様は、その足許に平伏しようとしている神父の前へ五―六歩進みよった。殿様は神父が平伏することを許さず、逆に手をかして立ち上がらせ、三度にわたってグロメナール（叩頭）を神父に対して行なった。これには居並ぶ貴人たちも驚いたが、われわれの方がいっそう驚いた。そうしてからやっと殿様は神父を自分の側に坐らせた。

この有様を見て、そこにいた坊主の一人がカンカンになって怒ってしまった。坊主は我慢ができなくなり、殿様に非難の言葉を浴びせ、果ては罪人呼ばわりをしたり、明き盲人《めくら》、無信念などといい始める始末となった。殿様は大変恥かしく思い、この僧を黙らせるように弟に合図をした。ファシャラン殿は坊主に座を立つよう命じたが、坊主の方もこう叫んだ。「いつの日にか、いま政治をしている殿様方は、わしに触れる価値さえなくなる日がくるであろうぞ」。この言葉を聞くと、殿様は神父を見て微笑んだ。それはちょうど「この傲慢さはあなたの眼にどう映じなさる？」といっているかのようであった。神父は殿様を慰めようとしてこう答えた。「殿、いつの日にか、あの御坊もこんなにはきつく怒らない日がくるでしょう。その日まで、この会見を延期なさった方がよろしいかと存じますが」。これを聞いて、殿様はその僧に「立て」と命じ、怒りをおさめるようにと忠告した。そのため、僧はそこにいる人々の方を向いて、彼らにこんな言葉を浴びせかけた。「イアカタ　パッシラン　フィジアンコール　パッシナウ」。その意味は、「天なる火よ、こんな殿を焼いてしまえ！」というのである。これだけいってしまうと、他の事はいっさいいわずに、ブツブツ口の中でいいながら戸口の方に向かって行った。彼が行ってしまうと、貴人たちは彼のことを少し嘲った。それは御殿仕えする人々のしきたりのようで、殿様もやはり彼のことを茶化しておられた。

それから食事が殿様の所に運ばれてきたので、彼は神父に一緒に食事をしようと申出た。この申出は日本人にとって、友情を最大に表明することなのである。神父は感謝を表すために、腰につけている彼の刀に接吻をした。これは日本人同士の間に行なわれているならわしなのである。そうしてから神父は一碗の米を少し味わった。その間、われわれはみな膝を地につけて、殿様に感謝をした。それは殿様があの坊主から加えられた誹謗にもめげずに、神父に公の席で示された名誉に対する感謝であった。

フシェオ（府中）に来てから四六日というもの、かの幸多き神父は人々の魂の改宗ということのほか考えなかった。その没頭の仕方といえば、夜の精神講演の時か、朝の懺悔の時以外に、神父に会えるとすれば、それは驚異的なことであるといえるほどであった。神父は殿様のもとに自由に出入りできる権利を持っていたので、殿様を説いていろいろな悪弊をやめさせもした。もし神父が殿様ともっと長い閒話をしていたら、改宗させていたことであろう。

しかし、坊主どもは、殿様が身を焼かれてしまうであろうと予言することを忘れなかった。それというのも、彼らのいうあの「厚かましくて、どんな乞食より貧しく、虱がたかっていて、南京虫を食らい、夜土から掘り出した死人の肉で養われている犬」を殿様が引き立てたからに他ならなかった。彼らは神父が国の中に留まっているのを許した人々をも、みな罵った。その中の一人にフィアンシン（フィアンシマ）の学校を卒業し、そこで三〇年間教壇に立っていた男がいた。彼はその坊主どもの全知識の頂点におり、その要約されたものともいえた。その男が、殿様の面前で神父に食ってかかったことがあった。しかし神父は明らかに彼のいうことを反駁した。しかもきわめて明々白々な理論と、もっとも適切で自然な比喩をもってしたのである。相手は全然これを聞こうとせず、ただ口汚なく返答するだけであったので、そのために殿様は相手を追い出させてしまった。

その後、僧侶たちは街中の寺という寺を全部閉めてしまった。それやこれやで領民が暴動を起こしはじめた。これを見て、われわれは乗船する決心をした。ドワルテ・ダ・ガマ船長は自らある貧しい小屋に神父を探しに行った。神父はそこに八人のキリスト教徒とともにひきこもっていたのである。船長は神父を説いて、われわれに従うようにとすすめた。しかし聖人はそれを断わった。そこでわれわれも神父がよろこんで出発する日まで、ともに留まることを決心したのである。実際に神父が出発したのは、僧侶たちと五日間にわたる公開討論会を開いた後であった。その討論会で、神父は大成功を収め、そこに列席した殿様と賢い人々は神父の方に道理があることを認めた。日本の人々がこの地方の他の国民より、ずっと賢いということはすでに述べたとおりである。

4

その翌日の朝、殿様に別れの挨拶を済ませて、われわれは聖なる神父とともに出帆した。メレイトルと呼ばれるミナコ（宮古?）の殿様の島の見える所を通り過ぎ、七日間航海し続けた。すると悪天候が南の方からわれわれを襲った。雨を混えて荒れ狂い、あたかも冬の悪天候のような様相を呈した。われわれはそのため余儀なく旋回して、船首を北北西の方向に向け、まだ誰も航海したことのない未知の海に乗り出さなければならなかった。その海で五日間続いた嵐に襲われ、その間一回も太陽を見なかった。それ故、舵手は緯度を測ることができず、われわれはどこにいるのかわからなくなってしまったが、幸いにして神父が一緒に活動して、われわれを元気づけてくれた。

第二日目に、大ボートを結びつけてあるロープをしっかり取り付けたいと思ったが、その作業が完了しないうちに夜になってしまった。ボートまで降りて行っていた一五人の人々は、そのために船に上ってくることができず、そこに留まっていなければならなかった。真夜中のころ、彼らの叫び声が聞え、曳綱が切れるのが認められた。この災難に仰天した船長は、何をしていいのかよくわからないので、風下に進むに委せて大ボートに追い付こうと思った。しかし船が帆をほとんどつけていなかったために、舵のいうことをきかず、二つの大きな横波の間に入ってしまった。そしてその片方が船尾に溢れ入り、船の中に非常に多量の水が入った。そのため船は危く沈没しそうであった。神父は船長室の中で、檣踵にもたれてひざまずいていたが、すぐ駆けつけてきて、声をはり上げて次のように叫んだ。「おおイエス・キリスト様、わが魂の愛する御方よ！　われわれをお救い下さい。主よ、われらのためにあなたが十字架の木で耐え忍ばれた五つの苦しみによって！」。すると船は奇蹟的にも、波の上に浮び出たのであった。

われわれはいそいで荒天帆の代わりに前檣の所に置かれてあった排水栓を整えようと駆けつけた。神の御恵みによるとはいえ、それはちゃんとしたままではあったが、われわれが船首に帆を立てていた時に、大ボートは全く見えなくなってしまった。それでわれわれ全員、ボートにいた人々の霊のために泣いてお祈りをあげ始めた。

夜が明けた。見渡す限り、白い泡沫の裂け目を見せる海の波ばかり。他には何にも眼に入らない。神父はそれまで船長の部屋に引込んでいたが、司令塔にやってきて、「誰かを檣楼にやって、大ボートが発見できないものか、見させてくれ」と舵手長に頼んだ。舵手長は一人の水夫を連れて、自らそこに登った。しかし一時間近くも見張った後、「何も見えない」と叫んだ。

「では、降りていらっしゃい、もう仕方がありません」と神父は大声でいった。それから私をよんで、「胃が弱っているような気がする故、湯を少しばかり沸かして下さい」と頼んだ。私にこのお勤めができなかったのは、今までに犯した数々の罪の報いであろう。前の日に船を軽くするため、他の多くの物と一緒に釜も海中に放り込んでしまったのである。湯を所望する時、神父は私に向かって、「頭が痛む」とか、「衰弱したように感ずる」とか歎いておられた。

「神父様のお加減が悪くなるのも当然のことでございましょう」と私は申上げた。「ドワルテ・ダ・ガマの従僕の一人に聞いたところによりますと、神父様は三日も前から一睡もなされず、おそらく一かけらのパンすら召し上がっておられないとか」

「私はあの子があんなに悲しんでいるのを見るのが大そう辛い。昨夜は一晩中、甥の死を悼んで泣き続けていたのです。アフォンゾ・カルヴォという甥が大ボートの中に取り残されたのです」

「神父様」と私は神父がたえずあくびをするのを見て再び口を開いた。「私の小部屋におさがりになって、そこで御休息なすった方がよろしくはございませんか」

「是非そう願いたい」と神父はいった。「ついてはあなたにお願いがあるのだが。あなたのシナ人のボーイに、上の戸を閉めに行ってもらって、私が呼ぶまでそう六時か七時ごろになるだろうが、その時までそこから動かないようにして欲しいのです」

こういって、神父は私の部屋に行き、夕方までそこにいた。その間、私は戸の傍に歩哨に立っている私のボーイを呼んで水を一杯もらい、神父が眠っているかどうか彼に尋ねた。

「おやすみになっておられません」と彼はいった。「寝台の上でひざまずかれ、そこで涙を流しておられます。お顔を下の方にお垂れになって」

これを聞くと、私はボーイに、帰って戸の所に坐っているようにと命じた。

太陽が傾きかけたころ、とうとう神父は部屋から出て司令塔に行った。そこにはポルトガル人がみないたが、船が大きく動揺するので、床にへばりついていた。神父は彼らに会釈して、「大ボートを誰も見なかったか」と尋ねた。舵手は「大波のためにたぶん転覆してしまったのでしょう」と答えた。そして「たとえ神がお救いになったとしても、ここから五〇レゴアも離れた所にいるに相違ありません」とつけ加えた。

「そりゃあどうも。もっともなことだ」と神父はいわれた。「が、後生だが、あなたがもう一度檣楼に行かれるか、誰か水夫でもやってくれると大変嬉しいのだが」

舵手は、喜んで行くといって、副水夫長と一緒に登っていった。しかしそれは自分の有する望みのためというよりも、むしろ神父の願いを満たすためであったのだ。事実、舵手には全然何にも見えなかった。と、神父は司令塔に頭を凭せかけて、咽び泣きを始めた。そうして泣きながら次のようにいわれた。「おおイエス・キリスト様、私の真なる神、主よ！　あなたの受難の数々の事蹟によって、どうぞ私どもにお情をかけさせたまえ。あの舟の中でさ迷う信者の魂をお救い下さい。お願い申します」。こういい終わるや、神父は再び頭を木に凭せかけた。あたかも眠っておられるかのように。そして数分の間、じっとしておられた。

突然、檣楼の上にいる一人の見習水夫が叫びはじめた。「奇蹟だ、奇蹟だ！　ボートが見えるぞ」。一人残らず駆けよってきて、火縄銃の届くぐらいの距離の辺りにボートを見出した。こんな次第で、われわれは子供のように泣きはじめ、神父の足許に身を投げたい衝動にかられたが、神父はそれをお許しにならず、船長の部屋に独り閉じこもってしまわれた。

こうして奇蹟的にも、一五五一年一二月一七日にわれわれは大ボートを見つけ、その中にいた人々はみな、船内に収容された。半時間の後、神父は見習水夫に舵手を呼ばせ、この奇蹟を行ない給うた神を讃え、「悪天候はもはや長くは続かないであろうから、船を整えておくように」と命じた。実際、大帆架が捲き揚げられ、帆の下隅索《かぐうさく》が引かれると、暴風は静まり、風は北風に急に変わった。われわれは大喜びで、各人満たされた気持で航海を続けた。

この旅行中に、神父はディオゴ・ペレイラに日本におけるキリスト教の仕事がどんな状態にあるかを語り、シナに行って、イエス・キリストの真理を説きたいと思っている、といった。そうしてから、神父は経験のある人々の意見を聞いた。彼らはみな、インドの総督が何か素晴らしい贈り物を持たせた使者を、われらの最高の領主たる国王の名において、神父と一緒に派遣するのでなければ、シナへの入国はできまいということに意見が一致した。しかしそのためには、大勢の仲間とかなり豪奢な贈り物が必要なので、総督がそれを聴き容れてくれるかどうか、彼らは疑問に思ったけれども、結局、ディオゴ・ペレイラは神の御意にそわんがために、費用全部を負担する旨、約束をした。そこで神父は提供物の償いはポルトガルの国王にさせようと彼に約した。

神父はマラッカで乗船し、すぐゴアに向かった。ゴアで神父は自分の計画を総督ドン・アフォンゾ・デ・ノローニャに伝えた。総督は神父に、当時マラッカの長官であったドン・アルヴァーロ・デ・タイデ宛の免許状を何通か与えた。総督はこうして、ディオゴ・ペレイラに使者として、シナ国王の許に行くことを委任したのだが、運の悪いことには、シナ国王はその長官と大そう仲が悪かった。王がこの長官に一万ドゥカットの貸付を断わったことがあるからである。そんなわけで、ドン・アルヴァーロは総督の命令を実行しなかったのである。

「総督の申されんとするこのディオゴ・ペレイラは」と彼はふざけながらいった。「ポルトガルにいるある殿様で、神父が私に紹介した男ではありません。その男はついこの間までドン・ゴンサロ・コーティニョの平従僕で、シナの国王のような大君主の許に使者として派遣されるにふさわしい身分ではないのです」と。

街の最上層の人々が数人、彼の所にやってきて、神の名誉にとり、こんなにも重要なことに対して、罪を犯すようなことはしないようにと頼んだのだが、無駄であった。彼の答えは、「自分はもう十分な年になっているのだから、忠告などして欲しくない。もし神父が神に仕えたいのなら、ブラジルか、マナモタパへ行けばいい。そういうところにも、シナと同じくらいに不信心者がいるのだから。その上、神父は、ディオゴ・ペレイラは商人という資格で行くのでもなければ、使者という資格で行くのでもないと誓ったのだ。もし神がそれを報告せよというのなら、自分が報告してやろう。ディオゴ・ペレイラは一〇万ドゥカットを儲けるために、神父を<u>だし</u>に使ってシナへ行こうとしているのだ。だからその旅は、わが父たる伯爵提督の奉仕に対する報酬として、自分の権限に属しているのであって、ドン・ゴンサロ・コーティニョの権限に属していないのだ」

ある朝、最高財政監査官と他の数人の人々が、彼の所に王の命令を示しに行った。王の命令は、もしその人が税金を払いに帰ってくる義務を負うならば、何人もいかなる船の出発にも反対してはならない、ということを厳命しているものであった。そしてディオゴ・ペレイラは半分を現金で、残りは担保を入れて、三万ドゥカットを支払う、と約束したということを彼に示した。彼の答は、もしディオゴ・ペレイラが王に三万ドゥカットを支払う約束をしたのなら、自分は、このすぐ前に置いてある斧戟の柄で、あなた方に棒打三万回を支払う義務がある、というのであった。そういい終わるや、彼は自分のいったことを行動に移すために、刀架にとびついたが、こんな有様なので監査官たちも早々に引き返した。

われわれは二六日もの間、この紛争の中で過ごした。が、ドン・アルヴァーロを宥める手だてはなかった。そのために、とうとうディオゴ・ペレイラはマラッカに留まらなければならなかった。神父は彼の船に乗ったものの、その条件は総督が予想していたものとは、およそかけはなれたものであった。すなわち船長は他の人であり、あらゆるものにことをかき、監督官の施し物に余儀なく頼らされ、自分の着ている法衣の他には何も持って行ってはいけない、という条件であった。

出発の日、午前二時に監督官は甥を、ノートル・ダム・デュ・モン寺院によこして、神父に対して、出帆するのだから早く乗船せよ、といわせた。聖人はすぐさまこの若者の手をひき、当時マラッカの主任司祭であったジョアン・ソアレスに伴われて港に向かった。神父は船に乗る瞬間、教会の正面大玄関の方を向き、ひざまずいて祈りを捧げた。そうしてから編上靴を脱ぎ、それを石にぶつけて、埃を払い落すような恰好をした。その時、神父は次のように申された。

「ドン・アルヴァーロと私とは、かの恐るべき荘厳の日に、ジョサパテの谷で会い見《まみ》える以外にはもう会うこともないでしょう。だが、その日にこそ、神の子、イエス・キリストが生者と死者を裁きに来るでしょう。その時、ドン・アルヴァーロは私が信仰なき人々の許に説教をしに行くのを邪魔した、諸々の理由を報告しなければならないのです。私は確信をもっていいますが、そのために彼は自らの名誉も財産も、生命も、たちまちにして罰せられることでしょう」

二三日の後、船はサンシャン（上川）の島に到着した。この偉大な神の奉仕者は、その港の一番立派なシナ商人に頼んで、カントン（広東）に連れて行ってもらおうとした。その商人の名はシェポシエカといい、広東は上川島から二三レゴアのところにあった。二〇〇両払うことによって、神父はカントンの街からちょっと離れた所におろされることが決められた。またもし官憲がやってきて、外国人だからといって神父を逮捕し、誰に連れられてきたのかとたずねた場合に、神父にはそれがいえないように、この旅の間中ずっと眼を閉じていることも決められた。そのわけは、この商人が、ポルトガルの神父をカントンに連れて来たのが自分の仕事だと判明した場合には首を斬られはしまいか、とおそれたからである。しかし、この企てが成功することを神は喜ばなかった。

その時、幸多き神父はすでに熱があり、赤痢に罹っていて、その病がだんだん重くなるのがわかっていたのである。神父は船の中で、ずっと寝台に寝ていなければならなかった。それから一四日経った後も、病気は依然として快方に向かわなかったので、神父は船から大地におろしてくれるようにとたのんだ。小枝と芝とで、これほどうまくできるものかと思われるほど上手に隠された小屋におろされた。そこにまた一七日間も留まらなければならなかった。

神父の側を少しも離れなかった三人のいうことによると、その間、日常に必要なものもなく過したとのことである。一七日の後に、神父はみなの者に別れを告げて、神が必要であると思召した自分の魂のために、みなが神に祈るようにと願った。そうしてから神父は世話をしてくれていた一人の若い少年に戸を閉めるように命じた。付近で立てる雑音が神父を苦しめたからである。そして二日間、何一つ口にせず、そのままの状態を続けた。最後に、十字架を手にとって、じっと見つめながら、何度も何度も、「わが魂のイエス・キリスト様」と口に出していった。そうして神父は数滴の涙を落しながら、その霊魂を神に返したのである。時に、一五五二年一二月二日、土曜日の午前二時であった。

5

日曜日、晩禱の二時間後、神父は浜のはずれから石を投げても届くぐらいの距離の所に埋葬された。それから三カ月と五日の後に、ポルトガル人たちはマラッカへ帰りたいと思って、墓穴を開き、身体を取り出してみると、全くいれた時のままの姿であった。ちっとも腐敗していないし、屍体を包んだ布にも、着ていた白衣にも、汚点一つ付いていなかった。それどころか、えもいわれぬ芳香を放っていたのである。その有様に、彼らポルトガル人たちはこの神の奉仕者に対して、ときどき施し物を拒んだり、また時にはその神聖を疑ったりしたことを心から悔いた。彼らは神父の屍を柩の中に入れ、舵手の部屋に安置した。こうして神父はマラッカから乗って来たのと同じ船でマラッカへ帰還したのである。

マラッカ到着の次の日、神父はノートル・ダム・デュ・モン寺院の佗び住居のあったところに埋葬された。そこは、神父がこの国にいた時、いつも住んでいたところで、九カ月と二二日前にそこからシナへ旅立ったのであった。遺骸はそこに一五五三年の三月一七日から、一二月一一日まで安置されていた。一二月一一日に、遺骸を地中から取り出して、ディオゴ・ペレイラが作らせた他の非常に立派な棺の中に納め、二人の者を付き添わせてゴアに運んだ。その二人の付添いは、耶蘇《イエズス》会の会員で、一人はペロ・ダルカソーヴァ、もう一人はジョアン・デ・タヴォラと呼ばれる者である。

この聖なる遺骸を乗せた船は、一五五四年二月一三日にコシン（コチン）に着いた。船長はそこからゴアの聖パウロ大学に使いをやって、北西の風のために船はジグザグ航路をとらなければ、一日に一里か二里しか進めない、ということを前以って知らせておいた。それ故にゴアに到着するのは、いくら早くても三月一五日になり、そうすると聖週（復活祭の前週）が始まってしまうので、歓迎会も思うとおり華々しくはできないであろうということも知らせた。

耶蘇会《イエズス》インド会派総長である神父ベルシオルは、すぐさま三人の会員と大学の小さい孤児四人を連れて、カッターに乗り込んだ。そして一〇日の後に神父の遺骸を持ち帰った。葬儀は街の中で、総督や大勢の人々が臨席してとり行なわれた。大そう敬虔に、しかも華麗に執行されたので、その国の異教徒たちも感歎のあまり指で口を押えた。彼らはものに驚くと、いつもそんなふうにする癖があった。

その同じ日の夕方ころ、アントニオ・フェレイラと呼ばれる男がゴアにやってきた。彼は総督に、ブンゴ（豊後）の殿様、ヤカター・アン殿の大変豪奢な贈り物を持参し、それに添えて一通の書状を携えていた。その書状の中で殿様は、フランシスコ・シェンシコジン神父（殿様はシャヴィエル神父をこう呼んでいた）が、約束のとおり、洗礼を受けさせにきてくれないわけをたずねていた。総督がこの手紙をベルシオル神父に見せると、神父は「自分が日本へ参りましょう」と答えた。

事実、ベルシオル神父は一五五四年四月一六日に船に乗って、マラッカへと向かった。この時の随行者は、ドン・アントニオ・デ・ノローニャといい、かつての総督の息子で、ドン・アルヴァーロ・デ・タイデの後任者となるために派遣されていた人であった。ドン・アルヴァーロは、自分の党派の者たち大勢と同様に囚われの身となり、その財産は没収されたのであった。不服従のためでもあり、また他の多くの落度のためでもあったが、そのことには触れないでおこう。彼の統治下では、街の住民が以前より減ってしまったのである。住民の多くは彼に恐れをなして、自分の家を捨て、回教徒たちの許に去ってしまっていた。このようにして、その見棄てられた要塞は、もし新長官ドン・アントニオが総特赦令を出さなかったならば、危うく滅亡してしまうところであった。かなりよく知られていることであるが、ドン・アルヴァーロは告訴された自分の罪を弁護しようとしていた時に、首に腫瘍ができて、それが因でポルトガルで死んだ。こうして彼はシャヴィエル神父のなした予言が真実であったことを証明した。かつて神父は船に乗りながら、マラッカの長官は自分の名誉、幸福、生命が間もなく乱されるのを見るであろう、とジョアン・ソアレス主任司祭に語ったのであった。

しかしながら、マラッカには、ガスパール・ジョルジェという男がいた。この男はインド総法務官、故人および孤児の総代相談官、マラッカおよび南部地区の国王代理最高財政監査官に任命されていた。ガスパールははなはだ苛酷なやり方をして、長官の権威も、権限も、滅茶苦茶に蹂躙した。そのために、ドン・アントニオ・デ・ノローニャは長官とはいうものの、名前だけの存在であった。彼はこのような恥辱を極度に感じてはいたものの、このガスパールを要塞の中で捕えて、ある人の家に幽閉してしまう日までは感情を隠して、その恥辱を辛抱強く忍んだのである。きくところによると、この哀れな男は捕えられると素っ裸にされ、鞭で叩かれ、一滴一滴肉の上に滴らされた煮えたぎる油で焼かれた。また足には足枷を、手には手枷を、首には首枷をかけられて、ひげを一本一本抜かれたということである。そしてついに航海の季節がやってくるや、彼は大そう破廉恥な調書と一緒にゴアに送られてしまった。しかしゴアの最高裁判所はその調書を無効にした。ついでドン・アントニオ自身ゴアに呼ばれ、ガスパール・ジョルジェが彼に対して作ったところの訴訟書類に三日以内に答えるように命ぜられた。しかし彼は訴訟手続を嫌っていたので、ばったり街であった時、ガスパールに傷を負わせてしまった。それでガスパールは再び立つことができなかったということであるが、このことは私にはどうも合点がゆかない。それ故、ガスパールは招待を受けた宴会の席上で毒殺されたのだと主張する者がいるのはもっともなことである。いずれにせよ、ガスパールの死は紛争を一挙に解決した。ドン・アントニオは免訴になり、自分の役所に送り返された。しかしそれから二カ月半の後に、彼もその地で卒中のため歿した。

一五五五年四月一日、われわれはマラッカを発って、日本へと向かった。その時の同行者は、ベルシオル神父、私、会の二人の耶蘇《イエズス》会員と数人の孤児で、船はカラベル船（一本マスト、三角帆の船）であった。三日後、シンガポール海峡の入口のプーロ・ピサン島の近くで、船は全帆を上げたまま、危険な暗礁に乗り上げてしまった。それというのも、舵手がこの方面をまだ一度も航海したことがなかったからである。ベルシオル神父はボートに乗り、ルーイス・ダルメイダとかいう人に救いを求めに行った。この人の船はそこから二レゴアばかりのところに投錨していたのである。さてその辺は、マラッカの昔の王で、われわれの不倶戴天の敵であるジャンタナ王の領土であるので、われわれは敵の小艪船から逃げるのに骨を折った。というのは幾回もわれわれはその船に追撃されていたのである。ルーイス・ダルメイダは一隻の船と数人の水夫を派遣したので、翌日われわれがカラベル船に戻った時には暗礁を脱していた。たしかに船首の方に浸水があったが、七日後パタナで浸水箇所を塞いでしまった。

パタナで食糧を補給した後、南東の風を得て、われわれはルーゴルおよびシャムの海岸に沿って進み、クイの砂洲を横に見て、プーロ・カンビンに着き、そこからカントン諸島に至った。しかし運悪く、われわれはほとんど一年中その海岸に猛威を振う西南西の風に襲われた。そのため、難破しないように、マレーの海岸とプーロ・ティマン島に戻らなければならなかった。われわれはその島で、暴風とその国の人たちのために重大な危険に曝された。われわれはそこに、飲み水も食物もなく、五日も留まっていなければならなかったが、そのわけは、船を軽くするために、何もかも海中に投じてしまったからである。しかし、ある朝、われわれの船にソンデ海峡からきた三隻のポルトガル船が横付けにされ、その三人の船長の意見では、ベルシオル神父は、乗っているカラベル船をマラッカへ返した方がよいというのであった。その船では、日本への航海ができる見込みがないというのであった。そこで神父に金持で、しかも立派な人物のフランシスコ・トスカノという人と一緒に船に乗ることを勧めた。その人はこの旅の間と、シナに滞在している間の費用全部を、われわれに支弁してくれた人である。

一五五五年六月七日、われわれはこのプーロ・ティマン島を出発し、シャンパ（チャンパ）王国の海岸に沿って進んだ。一二日でコーチシナの入江にあるプーロ・シャンペイロー島に到着した。われわれが水を補給するために下船してみると、建築用石材でできた大十字架があった。そこには、I・N・R・Iの四文字と、ずっと下の方に、「一五一八年」という字、さらにドワルテ・コエリョと書かれた字が彫まれてあった。遠からぬところに弩の矢が二本あって、地面に横たわっている者を数に入れないでも、七〇人の人が木にぶらさげられてあった。それらは、半ば動物に食い散らされ、死んでから六日あるいは七日ぐらい経たものらしかった。最後に、一旒の大きな旗が木のてっぺんで風に翻っており、そこにはシナ文字で次のように書かれてあるのが見えた。

「この地に到着せる船は給水をなし、早々に立ち退くべし。しからざれば太陽の息子（天子）の武器たる腕の憤怒によって打ち倒されたるこの憐れな者どもと同じ罰を招かん」。この文句から、われわれは、海賊どもがこれら不幸な人々を掠奪し虐殺して、いつものやり方でそれに正義の名目をつけたにすぎないと結論した。

われわれはそこを発って、神父シャヴィエルが埋葬されたサンシャン（上川）島に着いた。乗船していた人は一人残らずみな列をなして神父の魂が他界した場所へと赴いた。小屋は茨の叢《くさむら》で蔽われていた。われわれはそこを掃除して、周囲を木の強い手摺と柵とで囲んだ。入口の所には美しい濠を掘り、綺麗な十字架をたてた。ベルシオル神父はそこで荘厳なミサをあげ、孤児たちと歌える者たちが聖歌を合唱した。それから神父はわれわれに説教した。

われわれはサンシャンを出発して、北に六レゴアばかり進んだ所にあるランパカウ（浪白澳）というもう一つの島に着いた。ポルトガル人たちはそこでシナ人と交易をしていたが、それは広東のシナ官吏たちがわが国の人々にマカ（マカオ）という無人島をくれた一五五七年まで続いた。このランパカウの植民地が、前述したリァンポー（寧波）のそれよりも長く続けばよかったのであるが、わが国民の一人の男が無茶なことをしたために、その植民地も破壊されてしまった。

その男はランサローテ・ペレイラといい、ポルトガルのポンテ・デ・リマの生まれである。彼は数千ドゥカットの金を幾人かのシナ人に貸していたが、そのシナ人たちに返済能力がなかったので、破産してしまった。そこで彼は一五人か二〇人ぐらいのポルトガル人の怠け者を集め、二里離れたシパトン村を襲撃した。そこで彼は一二―一三人の農夫とその妻子を掠め、一三人の人を殺した。住民たちはそろってシナの当局者に訴えた。そこでシャエンは一人のアイタオ（海道）を派遣した。アイタオというのはわが国の提督のようなものである。彼は一軍を率いてやってきて、五時間も経たないうちに、剣と大砲で全植民地を破壊したので、後には物と名のつくようなものは一つも残らなかった。一万二〇〇〇人のキリスト教徒が殺され、七七隻の船が焼かれ、二〇〇〇万ドゥカットの商品が掠奪されたり、瑕物にされたりした。

さて、この不幸の上にさらにもう一つ不幸が重なった。その住民たちはわが国の人を悪魔の化身であるといって会うのを嫌ったのである。それは一五四二年のことだった。時のインド総督はマルティン・アフォンゾ・デ・ソーザで、マラッカの長官はルイ・ヴァス・ペレイラ・マッラマクであった。二年後、ポルトガル人たちはシナの役人たちに莫大な贈り物をして、シンシェオ（漳州）という港の中にもう一回植民をしてもよいという許しを得た。そこはリァンポーより五里ばかり下った所であった。私たちはそこでシナ人と一〇年半の間交易をした。それはマラッカの長官、シマン・デ・メロの厳命によって、そこに知事兼死人の世話官としてランサローテ・ペレイラと同じような気質の人が送られてくるまでであった。その人の名は、アイレス・ボテーリョ・デ・ソーザといった。

その時代に、一人の異国人がシンシェオにやってきた。その人の国籍はアルメニヤで、立派なキリスト教徒であり、しかも一万あるいは一万二〇〇〇ドゥカットも持っていた。彼は熱病に罹って、六—七カ月の後には死んでしまった。その遺言によれば、その財産のうちの二〇〇〇ドゥカットは「慈善団体」へ贈り、残りをアルメニヤのガボレンにいる妻子へ送ってくれと依頼してあった。しかし彼が埋葬されるや否や、死人の世話官である、アイレス・ボテーリョ・デ・ソーザは財産目録もつくらずにその財産を差押えてしまった。その時の言い分は、海外へ送金する前に、そこから二〇〇〇里以上も離れているアルメニヤへ人を調査にやって、その上で何か抵当か、裁判所の差押えがないかを確かめるつもりだというのであった。そしてその間に、二人のシナ商人が故人に支払うべき三〇〇〇ドゥカットの絹、麝香、磁器を持ってきたら、世話官はそれも押収してしまった。なおその上、このシナ商人たちの全商品はアルメニヤ人のものだと主張して、それも横どりしておきながら、彼らに向かって、もし望むなら、ゴアの総世話官に訴えに行け、といったのである。

その二人のシナ人は家に帰り、シャエンすなわち副王の許に駆けつけて、その足許に身を投げ出してすがった。副王はみなにわれわれと取引することを禁じ、さもなくば死刑にすると命じた。それが原因でシンシェオでは非常に食糧が欠乏し、そのためにわれわれはどうしても周りのいくつかの部落に行かざるを得なくなった。それが大騒動の原因となったのである。ついに全住民はわれわれに対して蜂起した。それから七日後、われわれは一軍隊に攻撃され、港の船を全部焼かれて、シンシェオで生活していた五〇〇人のポルトガル人のうち七〇人が殺された。

この二つの悲しい話は、われわれがシナでしていた商取引がわれわれの落度のために、住民が反抗せずにはいられなくなる時までしか続かないということをよく示している。しかし、ここで、しばらく遠ざかっていた話に立ち戻るために、その年は一年中、日本へ向かって出帆する船がなかったということを申し上げておこう。というのは商売が以前のようにはうまく行かず、そのためにベルシオル神父とわれわれの一行はこのシンシェオの港に留まらざるを得なかったのである。

6

われわれがそこに滞在すること六カ月半の時、すなわち一五五六年二月一九日のことであった。広東から次のような情報が入った。二月一日の夜中の一一時から一時まで続き、二日の日も夜中の一二時から二時まで続いた地震で、サンシイ（山西？）省が沈んでしまったのである。それで、地面の真中からは水が太い束のように迸り出て、それに伴って夕立が降り、雷が鳴った。住民たちはみな呑み込まれてしまって、七歳になる子供が一人逃れ出ただけであった。その子供はシナの天子に謁見を仰せつかったという噂である。われわれのうち一四人がサンシイ省を見に行き、それを証明する書類に署名した。その証明書はフランシスコ・トスカノを通じて、ポルトガル王ドン・ジョアン三世に名誉ある記録として送られた。

シナ人は異教徒ではあるが、われわれは広東の住民の信心の厚いのには驚いたということを告白しなければならない。というのは、その情報が知れるや、すぐさま六人の男が馬に乗り、長い喪服を着て、手に持った鈴を鳴らしながら街中の道という道をふれまわったのである。そこで全住民は五日間というもの、家の中にずっと閉じこもっていた。それが終わると、全部の人々と五〇〇〇人の僧侶が行列をなして、「天妃」という祠堂に行き、ついで「正義の神」と呼ばれるもう一つの祠堂に参詣した。彼らは莫大な施し物をし、何人かの囚人を解放し、神々の前で香を焚き、牝牛、牝鹿、豚のいけにえを捧げた。このようにして三カ月の間、あらゆる種類の善行をなしたのである。

人の話によると、地震の三日間、北京には血の雨が降り、それが因で国王は南京に行き、そこで彼は大勢の奴隷を解放した(その中には、二〇年前にポカセルで捕まった五人のポルトガル人もいた)。それから国王は六〇万ドゥカットを施し物として分け与え、多くの寺を建立した。その一つが広東にも建てられ、神の愛という意味のイパティカコウと名づけられた。

一五五六年五月七日、とうとうわれわれはフランシスコ・マスカレーニャスという船長の船に乗り込んだ。その船長は「藁助」という渾名で、ランパカウの将軍であった。一四日の後、われわれはタニクスマ(種子島)の西北西に日本の最初の島を認めた。が、航行が危険だったので、舵手は南西に向きを変えて、湊の岬を探した。しかしこの地方を支配している北東の風と、船を北方へ押し流す潮流のために、われわれが着けようとしている地点を六〇レゴアばかり通りすぎてしまった。それにもかかわらず、舵手は水夫特有のあの片意地で、自分の誤りを認めようともしなかった。そんなわけで、われわれは逆戻りしなければならなかったが、それも辛うじてのことで、危険もなくはなかった。というのはその海岸地方の全住民がわれわれの友人豊後の殿様に反抗して蜂起していたからである。

フシェオに到着し、私が仲間のうち四人を連れて、船長ドン・フランシスコの贈り物をその時オスキ（臼杵）にいた豊後の殿様に持って行くことがきめられた。海軍大将でカナファマの代官であるカンシン殿は大いなる友情をもって私を迎え、その贈り物の返礼として馬と従者を私に贈ってくれた。私はそのようにして、オスキから四分の一レゴアのところにあるフュンガワに着いた。土地の代官は人を遣って、その時セケの島で釣の道楽に耽っていた殿様にも前もって知らせてくれた。その間、代官はわれわれを立派な宿に泊め、われわれのためにアミダンソン（阿弥陀様？）の塔の中で坊さんたちに饗宴を開かせた。

殿様は、報せを受け取るや、すぐに侍従すなわち寵臣のオレタン殿にわれわれを呼びに行かせた。われわれは殿様とセケで会った。その時、殿様は投槍で武装した二〇〇人の人を引き連れて、鯨を追っていた。彼らは国の中ではそんな魚を見たこともないので、殿様にとっては、大そうな珍魚と思われたのであろう。人々がそれを殺して岸に引き上げると、彼は大そう満悦の体であった。そのために彼は国の住民の支払う税金を免除し、部下の貴族や小姓に手当と金を分ち与えた。それから私の方に笑顔を向けて、いろいろな質問をした。私はそれに答え、私の方からも質問したりして、ポルトガル人に対する尊敬の念を増加せしめたのである。

オスキで、殿様は宮人たちから、あたかも彼一人で鯨を殺したかのように、祝の言葉を贈られていた。このことから見ても、異教徒の不信仰者の御殿においても、阿諛《あゆ》追従が盛んに行なわれているということがわかった。続いて晩餐が始まると、彼はすぐにわれわれが泊っている出納官の家に、われわれを呼びに来させ、奥方にわれわれが指でものを食べるのを見せようとした。それで、テーブルには非常にうまく料理された肉がいっぱいに並んだ。婦人方は、われわれが手で皿の中のものを取るのを見ると、頓智のある言葉を発した。その言葉が殿様や奥方には、どんな喜劇よりもずっと面白かったのである。というのは、この国では、ものを食べるのには、二本の小さい棒（箸）を使うのであって、肉に手を持って行くのは無作法だと思われていたからである。

殿様の娘はちょうど一四か一五ぐらいの年頃で、その娘がわれわれについての笑劇を上演する許可を求めた。彼女が六―七人の友達と隣の部屋で衣裳を変えている間に、他の人々はわれわれを肴にして退屈を紛らしていた。私の仲間はこの国の言葉がわからないので、このことに私より驚いていた。私はすでにタニクスマ（種子島）や他のところでポルトガル人に対してこのような喜劇を演ずるのを見たことがあった。

若い姫君は商人に変装して父の前に来てひざまずき、殿様にむかって「自分は子だくさんで、多くの女と結婚した年老いた商人であり、殿様にお願いして商品を買って貰おうと思っている者である」といった。殿様は笑いをこらえて、見本を見せてくれ、といった。そうすると六人の美しい娘たちが、これも商人に変装し、肩の上に緑色の薄い絹布で包んだ包みを持って入ってきた。彼女たちは詩を口ずさみ、二つの琴と一つの七弦胡弓の音に合わせて踊りはじめた。それが終わると、彼女たちは跪いて、それぞれの包みを解いた。中からでてきたのは木製の腕で、ちょうど聖アマンドに献げる習慣になっているもののようであった。その間、一番年上の商人が非常に丁寧な言葉で、次のようにいった。「自然の命に従いまして、ポルトガル人はその手が、いつも魚か肉の臭いの致しますほどに、惨めな有様になり果てておりまする。それ故にこれは彼らにいたく便利な商品にてござりまする。と申しまするのも、一方でこの一種の手を用い、他方ではもう一つの手を洗えるからでござりまする」

殿様と奥方はこの台詞《せりふ》で吹きだしてしまった。しかしわれわれは、大変な恥辱を受けたように感じた。そこで殿様はどうか自分たちを許してくれと頼み、それだけでなく、彼がポルトガル人に対してよいことあれかしと祈っているその好意を示すためにこそ、彼らを兄弟のようにこの小さな慰みごとに与らせたのだ、といった。そして次には姫君がわれわれに、「もしあなた方の神が私をその奉仕者と見なして下さるのなら、私は神様のためにもっとよい他の笑劇をたくさんやりましょう」といった。われわれは彼女の前にひざまずき、その着物の裾に接吻して、もし彼女がキリスト教徒になったとしたら、われわれは彼女を少なくともポルトガルの女王だと思いたい、と答えた。そういうと、みな一斉に笑い出したのでわれわれは別れを告げた。

それから六日の後、殿様はフシェオに帰った。人々は喜色を現わして彼を迎え、いろいろな芸当や笑劇や、日本風の創作物をそれに随伴させて演じた。私は総督の手紙と贈り物を殿様の許に持参した。その時はこの国の習慣に従って、徒歩のポルトガル人四〇人の護衛をつけた。が、中の三人だけは馬に乗り、おのおのが一品の贈り物を持していた。その後には、鞍下に毛布を掛け、騎馬の槍試合でもするかのように武具をつけたスペインの立派な二頭の馬が続いた。われわれが通るのを見ようとして、街中大変な人出で、ナウタロエンスたちが苦労して彼らを整理していた。

われわれが行ってみると、殿様は御殿の第一の中庭にある台の上にいた。その周りには貴人やレキオの王、コーチシナの王、土佐の島、ミヤコの帝、クブカマなど方々からの使者が居並んでいた。私は日本式に殿様に挨拶をすませ、総督からの書状を手渡した。彼はそれを立ったままで受け取り、それを秘書に渡した。彼はそれをみなの前で声を張り上げて読んだ。続いて、殿様はヨーロッパに関する質問を私にしたが、私の代わりに一人のポルトガル人が答えた。というのは、彼には私の嘘の吐き方が不自然だということが解っていたからである。それがすむと、殿様は私を招いて、最後にベルシオル神父に会いにくるように伝えて欲しいといった。

この時、ちょうどポルトガル人はみな集まっており、正装を着用し、金の鎖もつけ、金の首環もはめていた。それで私は神父にすぐに行くようにすすめた。彼はポルトガル人たちに護衛されてそこに赴いた。その時耶蘇会員二人と、彼が連れて来た四人の小さい孤児を随員の中に加えた。その人たちは法衣をつけ、胸の中には絹の十字架を下げ、頭には白い琥珀織の帽子を被っていた。

二言三言挨拶を述べると、神父はすぐに殿様に説教をして、その話の中で殿様にキリスト教徒になるよう勧告したが、巧みに言葉を濁して返事されるのを見て、神父は話題を変えた。このことが殿様を喜ばせたようであった。このようにして二人は一緒に宵のうちを過ごした。その翌日、神父はまた邸を訪問したが、初めの時ほどうまくは行かなかった。その後、殿様はオスキに戻り、そこからいつかまた訪ねてくるようにと神父を招待した。しかし殿様は、それから二カ月半の間、神父を呼ぶのを避けていた。

その時、ギリェルメ・ペレイラという人がマラッカからプレステ・ジョアン家の家長、ジョアン・ヌネスからの手紙を持ってきてくれたので、神父はゴアに帰る決心をした。それに神父には、豊後の国よりもエチオピアの方がもっと善いことができるように思われたのであろう。私の方も神父がこんなふうで、もう乗船したのも同然の有様を見て、オスキへ行き、総督の手紙の返事を求めた。それから総督へといって渡された贈り物を携え、私は船に戻った。その次の日、私たちは出帆した。一五五六年一一月一四日のことである。

7

一二月四日にわれわれはランパカウの港に到着した。インドにおける航海の季節がほとんど過ぎてしまっていたので、船長フランシスコ・マスカレーニャスは急いで食糧を積み込むと、再びゴアに向けて出発した。われわれがゴアで足を土に下したのは二月一七日のことであった。

私がそこでした最初のことはフランシスコ・バレトに会いに行くことであった。この人は当時、ペドロ・マスカレーニャスの代わりにインド総督であった。そして彼に豊後の殿様が贈られた手紙、甲冑、短剣、およびその他の贈り物を渡した。この労をねぎらい、この大使の役のために私がなした大散財の謝礼として、彼は私に立派な贈り物をしたが私はこれを少しも受けなかった。しかし私は彼の前で、私がとくに書かせておいた幾多の証明書や確認書で、次のようなことを証明できるのが大変嬉しかった。すなわち、私はわれらの主人である国王に貢献せんがために何度奴隷となったことか、また何度私の商品が掠奪されたことか、ということである。というのはこれさえあれば、帰国の上私の貢献に適わしい恩賞に与かるに充分だと思ったからである。総督はこれらすべてのことの証明書を採用し、国王に宛て、私を称揚した手紙を書いてくれた。

そこで、私は船に乗り、携えている書類を私の財産の中でもっとも良いものでもあるかのように眺めながら、ポルトガルに向かった。神の御意にかなってか、無事に一五五八年九月二二日、リスボンの街の立派な港に着いた。ちょうどその時、王国は女王カテリーナに統治されていた。

私はインド総督の書状を女王に渡し、口頭で有益と思われることを話した。すると女王は私をこの種の国務を担当している大臣の許に遣わされた。はじめ大臣は私に数々の親切な言葉と、素晴らしい希望を与えてくれた。しかし実際は彼はあの憐むべき書類を四年半も放置しておいたのである。そのあげく私が得た収穫は、これらの無益な請願に費した労力と退屈だけであった。そこで私は引退して、これまで常に身につけてきた、そして私の不幸な勤めの唯一の収穫である貧困の中に留まろうと心を決めた。もし私がもっと早くその収穫を得ていたならば、多くの苦労をも免れ、莫大な金を貯めていただろうにと心の中で思いながら。

この本を読めば、私が辛苦の二一年間に一三度奴隷になり、一六回売られたことがおわかりになるであろう。私はそれにもかかわらず次のようなことを信じている。それは私が熱望した報酬が得られないとしても、それは国王のためではなくて、神の摂理から出たことなのであり、また私や他の仲間の人々の心が満たされないとしても、それは人為の誤ちであって、自然の誤ちではないということである。それ故に私は〝天に在《いま》します王〟には感謝を捧げ、地上の諸王には決して不平は訴えないつもりである。

訳者解説

江上波夫

ここに『アジア放浪記』と題して抄訳したフェルナン・メンデス・ピント Fernão Mendes Pinto の「放浪記」(Peregrinação) は、一五三七年より五八年まで二〇年間アジアにあって、ポルトガル人の東亜における当時の拠点マレー半島のマラッカを中心に、東は中国、日本、西はビルマ、インドの沿海に縦横に活躍し、「五回難破し、一三回奴隷になり、一六回売られた」という比類稀な人生の経験と、当時のアジアについて驚嘆すべきほど広範な見聞をもった一ポルトガル人の旅行綺談である。それはまさに天下の奇書であり、史料としての学術的価値は別としても、ポルトガルが生んだ大文学として珍重すべきものであることは、何人《なんぴと》も否めない。それにもかかわらずこのポルトガルの古典的旅行記が、欧米においても東洋においても、一般にはあまり知られていないのは不思議である。

とくにヨーロッパ人の手になる江戸時代以前の日本関係の紀行や報告書類が多く邦訳されて、異国叢書その他に収められているのに、このピントの「放浪記」が今日に至るまでその抄訳本さえも出版されなかったことは、私には全く了解しがたいことであった。というのはピントはヨーロッパ人としてはじめて日本(種子島)に来航して、鉄砲を伝えたポルトガル人三人のうちの一人であると自称し、またアンジロウという日本人をマラッカに伴い来たって、シャヴィエル神父の日本伝道の機縁を作ったのも自分だと、その「放浪記」に記しており、これらの記事の信憑性については問題があるが、彼がヨーロッパ人としてもっとも早く日本に上陸した一人であり、彼の著書が実際の見聞に基づいてなされた日本紹介の、ヨーロッパにおける最初のものであることにまちがいはないからである。それで私は二〇年来、探検旅行記類の叢書出版の企画がある毎に、南蛮文学あるいは日欧通交史の専門家によるピントの全訳あるいは抄訳を提案してきた。しかし一度もそれが実現しないままに、河出書房の本全集企画（昭和二八年）となり、その時も私は、是非ピントの訳を加えるようにと切望した。ところがこの厄介な翻訳の引き受け手がないということで、結局私のような南蛮文学の専門家でもなく、ヨーロッパ人のアジア発展史の研究家でもない者が、その抄訳を試みるように押しつけられてしまったのである。ポルトガル語の原文が読めず、英仏独訳本によらねばならぬ私が、あえてこの古典的な「放浪記」の抄訳を引き受けたのは、たとえでき上がったものがどんなに拙い訳業であっても、一度それが日本の読書界に紹介されれば、その内容の特異性によって、必ず一般の注意を惹き、将来専門家の手になる、ポルトガル原本からの全訳を完成せしめる気運を導き出すことができようと信じたからである。

抄訳に当っては、ページ数の関係からフィギエの仏訳本にもとづくジャック・ブーランジェの抄訳本を底本とし、ヘンリー・コーガンの旧英訳節略本をもって増補し、一六一四年刊リスボン版および一八二九年刊リスボン版「放浪記」、シュールハンマーのピント研究等を参照した。しかし私のヨーロッパ出張や帰国後の多忙のため、きわめて不完全な抄訳本を提供し得るにとどまったのは遺憾である。

*

ピントは一五一四年頃ポルトガルのコインブラに近いモンテモール・オ・ヴェーリョに生まれ、少年の頃一貴婦人の召使いとなった。しかしある事情でゲ・デ・ペドラという小港に逃れ、そこからカラベル船に乗って海上生活をはじめたが、運悪くフランスの海賊船につかまり、最初の苦難を経験した。しかし彼は一五三七年にはインド行の船に乗って、アジアのポルトガル植民地に赴く機会をつかんだ。それはヴァスコ・ダ・ガマが喜望峰を廻ってインドに到達した一四九七年からちょうど四〇年後のことで、当時ポルトガル人はインドのゴアとマレー半島のマラッカを二大拠点として、インド洋を制圧し、スンダ列島やモルッカ諸島、また中国東海岸との定期貿易を開拓しつつあった。もっともアジアにおけるポルトガル人の植民活動は内陸には及ばず、海上交通の要地に城塞を築き、寄港地を開き、商館を設けて、通商の独占を保持するにとどまった。そして当時のポルトガル植民の多くは、一攫千金を夢みる徒輩で、貿易とともに海賊を働き、また沿海諸国に傭兵となって蛮勇を振い、あらゆる手段で富財を蓄積し、なるべく早く本国に帰ることのほかは考えなかった。

ピントもまたその例外ではなく、一五三九年ゴアを経てマラッカに来た彼は、そこの城塞の長官ペドロ・デ・ファリアに知られて、彼の軍隊に入り、スマトラ方面に出征した。翌四〇年には、長官の親戚アントニオ・デ・ファリアの家来となって、中国沿海の海賊行に加わり、漳州《シンシエオ》や寧波《リアンポー》の港を訪ね、四一年から四三年までは、主としてビルマ、シャム方面で活躍した。そして四四年に初めて日本(九州)に上陸して、わが国との貿易の利を知り、四六年第二回の日本渡航の帰途、アンジロウという日本人をマラッカに伴ったが、このアンジロウに会ったシャヴィエル師は日本伝道を決意したと伝えられている。五一年第三回目の日本渡航。その際ピントは豊後でシャヴィエル師に会い、ともに大友義鎮に謁した後、ピントはドワルテ・デ・ガマの船でシャムへ、シャヴィエル師はディエゴ・ペレイラの船でマラッカに向かった。翌五二年両者はマラッカで再会したが、その年シャヴィエルは中国伝道の旅に上って、広東に近い上川島で永眠した。五三年ピントはシャムに行き、既に大財産家になっていた彼はポルトガルに帰国する目的をもってインドのゴアに赴いたが、ベルシオール・ヌーネス師の説得によって耶蘇会《イエズス》に入会し、ベルシオール師が大友義鎮よりの書簡に応じて、日本への伝道の途に上るや、ピントもポルトガル副総督の豊後駐箚《ちゅうさつ》使節の資格で同行した。五六年ピントは耶蘇会を脱会、五七年ベルシオール師とともにゴアに戻り、翌五八年ついに二〇年ぶりでポルトガルに帰国したのである。これがピントのアジア放浪の比較的信ずべき年次と径路であるが、彼の「放浪記」には中国内地の旅行などなお多くの付加がある（彼の中国内地旅行は最も問題の存するところであるが、実際行なわれたとすれば一五四一年から三年までの間であろう。また中国沿海の海賊行の時の、彼の首領アントーオ・デ・ファリアは実はピント自身に他ならないという興味ある説がある）。

帰国したピントは、ポルトガル国王のために彼が成就したさまざまな功績や費消した多くの財物等に対して報償を受けるつもりであったが、それを立証する書類はポルトガルの関係官庁によって四年半も握りつぶしにあい、失望した彼はアルマーダに隠棲して妻を娶り、子孫のために「放浪記」を書き残すことに従事した。八二年にはレベロとゴンサルヴェスに会って、彼の中国における見聞を物語ったが、その内容は「放浪記」中に記すところと大差なく、ただそれを簡略したものにすぎない。

＊

ピントの「放浪記」はもともと出版を目的として書かれたものではなく、子孫に読ませるために書き残されたもので、彼の死後その娘が父の遺言に従って、原稿をリスボンの修道尼院に寄付した。それがアンドラーダという文士によって整理されて出版されたのは一六一四年のことで、同二〇年にはスペイン訳、二八年には仏訳、五二年にはオランダ訳、五三年には英訳、七一年には独訳本が出て、それらがさらに版を重ね、一七世紀のヨーロッパの読書界で、「放浪記」はベスト・セラーの一であったようである。しかしこの書は、アジアの異国情調を背景に繰りひろげられた生命《いのち》知らずの放浪者の荒唐無稽な伝奇《ロマン》にすぎないと当時は考えられていた。たとえばイギリスのコングリーヴの Love for love という戯曲の人物が「フェルナンド・メンデス・ピントはお前のような型《タイプ》の男だ。お前は第一級の嘘言《うそ》つきだ」と言ったり、当時行なわれたポルトガル人の掛詞《かけことば》に、ピントの姓名をもじって、一人が「フェルナン・メンテス」というと、相手が「ミントー」と答える。それは「フェルナン、お前は嘘言《うそ》をつくか」「私は嘘言をつく」という意味で、ピントの名は当時ヨーロッパで大法螺吹き、大嘘言つきの代名詞として通用していたのである。

しかし現在では彼に対しても、また彼の「放浪記」に対しても、多くの人々の評価は非常に変わってきている。彼は大旅行家であり、大作家であるとともに、偉大な観察家でもあると認められるようになり、その「放浪記」もポルトガル文学の古典として、カモンイスの「オス・ルジーアダス」の詩におけるような高い位置を、散文において占めるようになった。

しかもその伝奇的《ロマン》な紀行の素材となった彼の見聞の信憑性が専門家の研究の結果段々明確になって、今日では一六世紀のアジアにおける歴史・地理・民族などの研究に、とくにポルトガル人東漸史の研究にはこれが無視できない文献の一に算えられるようになった。

しかしながらピントの「放浪記」は旅行家の見聞した事実の、単なる叙述よりなる紀行ではなく、それが多分に小説《フィクション》的な要素を加味した、ルポルタージュ文学であるというところに、その特質と真価があるというべきである。おそらくピントのこの書ほど、鮮明に、かつ深刻に、また大胆に、一六世紀のアジアの姿、また、そこにおけるポルトガル人活躍の種々相を描き出したものは、当時の東西の史書にもないであろう。そういう意味で、この書は史書以上の史書で、そこには当時世界に冠たる文明をほこった中国の社会が、ピントの眼を通して巨細に把握されており、物欲の鬼となって海上を横行したポルトガル人の群れが、これまたピントの眼を通して、冷厳に暴露されている。長くアジアの孤島であった日本にも、時代の潮流は押し寄せ、それを敏感に感じとっていた当時の日本人もピントの眼から逸しえなかった。インド文化圏の現世否定的、非人間的宗教世界に対しても、彼の眼は注意を怠らなかった。そうして彼はあらゆる外界の事物を、彼自身の眼をもって見た。しかも常に冷徹に熟視するその眼底には人間的《ヒューマン》なものをもっていた。自らの経験以外に、多くの人々からの伝聞による莫大な素材をかかえて、種々雑多な場面をあつかいながら、「放浪記」が一つのまとまったルポルタージュ文学になっているのは、全巻を貫く彼の眼の確かさによるのであろう。

一方、ピントは日本に渡航しはじめた頃から、貿易によって大いに儲け、富裕な商人になったらしいが、「放浪記」には彼の得意な姿はほとんど出てこない。常に運命の悪戯に翻弄される彼とその仲間の惨めな姿のみが強調されている。しかも性懲りもなく運命に立ち向かう彼らである。そうして事が成就しようとして、必ず根底から崩される。そのくり返しが「放浪記」の全巻に一種の無常感を漂わせ、「運命」の海上に流浪する無力な人間の悲しい韻律を響かせる。そしてそこに根無し草のようなポルトガル人のアジア発展のはかなさ、その没落の必至をも暗示しており、この書の文学としての偉大さは、そのような運命に対する大胆な直視、予見にあるのであろう。

フェルナン・メンデス・ピント（1514? － 1583）

ポルトガルの旅行家で貿易商。1537 年から 1558 年にかけ、マラッカを中心にインド・中国・ビルマ・シャム方面で活躍し、日本にも 5 度渡来した。種ヶ島に鉄砲をもたらしたポルトガル人の 1 人であると自称しており、フランシスコ・シャヴィエルに日本渡航を決意させたのも彼であるといわれる。この間、“5 回難破し、13 回奴隷になり、16 回売られる”という数奇な運命にもてあそばれている。

江上波夫（1906 － 2002）

考古学者。東京大学文学部東洋史学科卒業。1930 年、東亜考古学会の留学生として北京に派遣され、長城地帯やシリンゴール各地の調査に従う。1931 年、東方文化学院研究員となり内蒙古横断の踏査を敢行、遊牧民系騎馬集団の生活と実態をつぶさに調査した。1948 年、東京大学教授となり、このころ、世界史的視野から日本民族と国家形成について論じた仮説「騎馬民族征服説」を唱え、学界に大きな反響をよんだ。1956 年から 1966 年にかけて、東大イラク・イラン遺跡調査団を組織し、農耕起源の解明にも偉大な貢献をした。主著に、『ユウラシア古代北方文化』『日本における民族の形成と国家の起源』『騎馬民族国家』『幻人詩抄』など。

［監修］　井上靖・梅棹忠夫・前嶋信次・森本哲郎

［ブックデザイン］　大倉真一郎
［カバー装画・肖像画・地図（見返し）］　竹田嘉文
［編集協力］　清水浩史

本書は『世界探検全集 03 アジア放浪記』（1978 年、小社刊）にナビゲーションを加え復刊したものです。本書には、今日の人権意識では不適切と思われる表現が使用されています。しかし、差別助長の意図がなく、資料的・歴史的価値が認められること、および著者・訳者が故人であるため表現の変更ができないことを考慮し、発表時のままといたしました。また、地名・人名をはじめとする固有名詞や用語に関しては、当時と現在とでは呼称に一部相違があるものの、前掲の事情を考慮して発表時のままといたしました。（編集部）

PEREGRINAÇÃO
by Fernão Mendes Pinto, 1614

世界探検全集 03
アジア放浪記

2023年6月20日　初版印刷
2023年6月30日　初版発行

著　者　フェルナン・メンデス・ピント
訳　者　江上波夫
発行者　小野寺優
発行所　株式会社河出書房新社
〒151-0051
東京都渋谷区千駄ヶ谷2-32-2
電話 03-3404-1201（営業）
03-3404-8611（編集）
https://www.kawade.co.jp/

印　刷　株式会社亨有堂印刷所
製　本　加藤製本株式会社

Printed in Japan
ISBN978-4-309-71183-6

01 東方見聞録
マルコ・ポーロ　青木富太郎（訳）

02 三大陸周遊記
イブン・バットゥータ　前嶋信次（訳）

03 アジア放浪記
フェルナン・メンデス・ピント　江上波夫（訳）

04 カムチャツカからアメリカへの旅
ゲオルク・ヴィルヘルム・シュテラー　加藤九祚（訳）

05 ニジェール探検行
マンゴ・パーク　森本哲郎・廣瀬裕子（訳）

06 アマゾン探検記
ウィリアム・ルイス・ハーンドン　泉靖一（訳）

07 天山紀行
ピョートル・セミョーノフ＝チャン＝シャンスキイ
樹下節（訳）

08 アフリカ探検記
デイヴィッド・リヴィングストン　菅原清治（訳）

09 黄河源流からロプ湖へ
ニコライ・プルジェワルスキー　加藤九祚（訳）

10 世界最悪の旅
アプスレイ・チェリー＝ガラード　加納一郎（訳）

11 恐竜探検記
ロイ・チャップマン・アンドリュース
斎藤常正（監訳）　加藤順（訳）

12 ゴビ砂漠探検記
スウェン・ヘディン　梅棹忠夫（訳）

13 中央アジア自動車横断
ジョルジュ・ル・フェーヴル　野沢協・宮前勝利（訳）

14 コン・ティキ号探検記
トール・ヘイエルダール　水口志計夫（訳）

15 エベレスト登頂
ジョン・ハント　田辺主計・望月達夫（訳）

16 石器時代への旅
ハインリヒ・ハラー　近藤等・植田重雄（訳）

バイカル湖
ヤブロノイ山脈
黒龍江
興安嶺
タルタリー
蒙古高原
ゴビ砂漠
万里長城
北京
黄河
日本海
ジャッパン
太平洋
ミヤコ
オマングシェ
フシェオ
トサ
ミナト
黄海
東シナ海
タニクスマ
シナ
南京
リャンポー
揚子江
レキオ
シンシェオ
カントン
珠江
マカオ
トンキン
ハイナン島
ルソン
南シナ海
シアマイ
マルタバノ
シャム
メーコン川
チャンパ
カンボジア
パハン
コーチシナ
ミンダナオ
パタナ
ブルネイ
アール
プーロ・コンドール島
モルッカ諸島
マラッカ
ボルネオ
ビンタン島
セレベス
パプア島
スマトラ
バタス
バンタン
パスルアン
ジャヴァ
スンダ